Rat Pack
Viviendo a su manera

books4pocket

Javier Márquez Sánchez

Rat Pack
Viviendo a su manera

Frank Sinatra y sus amigos en los días de Kennedy,
la Mafia y las juergas de Las Vegas

Prólogo de José María Sanz «Loquillo»

ALMUZARA

© de la obra: Javier Márquez Sánchez, 2006
© de la primera edición: EDITORIAL ALMUZARA, S.L., octubre 2006
© de la segunda edición: EDITORIAL ALMUZARA, S.L., marzo 2007
© de esta edición: EDITORIAL ALMUZARA, S.L., mayo 2008
www.editorialalmuzara.com
info@editorialalmuzara.com
www.books4pocket.com

Diseño de la colección: Opalworks
Diseño de la portada: Talenbook
Imagen de portada: Neal Peters.
Imágenes de interior procedentes de archivos citados y archivo del autor.

Impreso por Novoprint, S. A.
Energía 53
Sant Andreu de la Barca (Barcelona)

Fotocomposición: books4pocket

I.S.B.N: 978-84-96829-75-6
Depósito legal: B-12823-2008

Impreso en España – *Printed in Spain*

A mis abuelos, Rosario y Nati, Ángel y Manolo,
por enseñarme la riqueza de la familia
y el valor de la amistad.

Y para Marta,
somethin' stupid, like I love you.

*«Cuando yo muera, Frank y Joey serán
los únicos que quedarán.
Luego ellos serán los próximos y estaremos
juntos de nuevo…
¡Maldita sea! Entonces sí que vamos a pasarlo bien.»*

Dean Martin, otoño de 1995.

Prólogo

Son las 6 de la mañana de una primavera que se resiste, los excesos de la noche están esparcidos por cada uno de los rincones del loft, una silueta femenina se funde con la línea del cielo, abajo en la calle el neón deja paso a un tráfico cada vez mayor, propio de un día laborable, la ciudad despierta, aquí en el piso 32 de la Torre de Madrid el tiempo parece haberse detenido en una canción de Sinatra, la banda sonora de una época que toca a su fin.

Dietario, abril del 97.

Cuando alguien dentro de 50 años escriba la historia del siglo XX tendrá que referirse sin lugar a dudas al Rat Pack y a su influencia sobre la vida social y política en la llamada cultura popular occidental, que tiene en la figura de Frank Sinatra su máximo exponente.

En Sinatra se resume la condición del mito que traspasa la frontera del mundo del espectáculo para crear el lenguaje de una época donde el individualismo era símbolo de independencia y las canciones trajes a medida reflejo de la vida del intérprete... la leyenda del hombre hecho a sí mismo.

11

Con Frank, los discos dejaron de ser puro entretenimiento para ser conceptuales, algo que años después las bandas de pop anglosajón reescribirán a su manera. Porque, hablemos claro, con Frank Sinatra la cultura pop da sus primeros pasos.

Todo mito necesita su leyenda, que debe alimentar día a día y, en eso, Frank era el mejor. Uno termina por pensar que la vida de Frank es el mejor guión que ha dado Hollywood en toda su historia, mezcla de novela negra y alta comedia, sazonada con ingredientes de historia contemporánea. Una historia que no sería la misma sin las distintas oleadas de emigrantes que llegaron a Estados Unidos en busca del sueño americano. Sinatra es el hijo de ese sueño, un hijo que no olvida la tradición de sus mayores, unas señas de identidad que le hacen diferente al resto creando una nueva manera de entender el mundo del espectáculo.

Es él quien controla su carrera, su propia compañía discográfica, sus giras, sus compositores; en una palabra, es el artista el que marca los tiempos y no al revés. El mundo gira a su alrededor y no al revés.

Pero para conseguirlo hay que tener talento y saber rodearse de los mejores, y en eso Frank sabía elegir… empezando por sus amigos. Aplicando el código de todo o nada, sabía ser generoso cuando era necesario y cruel en exceso cuando daba a conocer su peor cara, porque Sinatra era fuego en las brasas, un sagitario intenso y emocional que llegaba siempre hasta el final en cada uno de los duelos a los que la vida le tenía acostumbrado.

No quiero desvelar ninguno de esos duelos, ni tampoco las aventuras del Rat Pack con Dino y Sammy a la cabeza, ni hablaros de Bogart, Ava, los Kennedy, el glamour, Marilyn, la Mafia, la cultura del cóctel… historias que muchos conoceréis. No voy a hablaros del mejor artista que ha dado el siglo XX, de su contribución a la historia de la música popular, de su influencia social y política en los tiempos que le tocó vivir, de su legado musical a las siguientes generaciones que han terminado por conocer no sólo la grandeza de su voz sino el conjunto de su obra.

Prefiero que sea Javier Márquez y este trabajo suyo que empiezas a hojear; ¿una biografía?, ¿una novela histórica?, ¿un guión cinematográfico? Es difícil clasificarlo. Yo sólo añadiría que el Rat Pack es puro siglo XX.

José María Sanz «Loquillo»

Con esmoquin en la MTV

Eran los días de Michael Jackson y de Madonna. Los días del sexo seguro, del «prohibido fumar» y de «si bebes, no conduzcas». Lo políticamente incorrecto era un producto de diseño, estudiado con tanta precisión como cada minuto de emisión de la Mtv, el nuevo barómetro del *show business*, el mundo del espectáculo. Era 1988, y el desequilibrado equilibrio impuesto por la Guerra Fría apuntaba ya a su inminente derrumbe. El mundo entero se preparaba para el «fin de la Historia», para despedir antes de tiempo al siglo, al milenio y a una forma particular de vivir. Pero Frank Sinatra no era todo el mundo, y en medio de la década más estrambótica del siglo XX, se propuso recuperar el encanto y el estilo de los días grandes del mundo del espectáculo. Para ello, organizó la que debía ser la gira más sonada del año y una de las grandes de la década. Su proyecto era volver a reunirse en el escenario con sus viejos camaradas, Dean Martin y Sammy Davis Jr., más de veinte años después de su última actuación conjunta. Una vez tuvieron el mundo a sus pies, ¿por qué no recuperarlo?

En 1981 Dean y Sammy habían coincidido en la película *Los locos de Cannonball*, y en cuanto Frank vio a sus dos amigos en la pantalla —a pesar de los pésimos resultados artísticos de la cinta— insistió en participar en la segunda parte, ya en preparación. Junto al trío también estaría Shirley MacLaine, otra vieja conocida. Tras el rodaje, y a pesar de las catastróficas críticas, los tres amigos retomaron el contacto, y pasaron juntos algunos fines de semana en casa de Sinatra. Durante aquellas jornadas Frank comenzó a fraguar la idea de hacer algo juntos. «Sería genial recuperar la magia, ¿verdad "Fumador"?», le comentó a Sammy en varias ocasiones. El artista de color asentía y sonreía, pero pensaba que había poco que pudieran hacer juntos tres ancianos como ellos en un universo musical cada vez más dominado por los gustos y artistas jóvenes.

Pero Frank Sinatra no era un hombre que se doblegase ante demasiadas cosas, ni siquiera a la evidencia aplastante de las modas. «No me digas lo que debo hacer. Si quieres, sugiérelo, pero no me lo ordenes.» Esa era una frase que más de una mujer y más de un amigo habían escuchado del cantante. Y era cierto. Bastaba que algo estuviese prohibido o pareciese imposible, para que Sinatra pusiese todo su esfuerzo y todos sus recursos en intentar conseguirlo. Y si había algo por lo que Frank Sinatra estaba dispuesto a luchar era por pasarlo bien con sus amigos.

Barajaron la posibilidad de hacer una película, como las que rodaron en los sesenta, cuando dominaban el negocio y sus compañeros de juergas eran los hombres más poderosos del país, a un lado y otro de la Ley. Pero Sammy hizo comprender que si en un escenario no lo tenían fácil, en la gran pantalla sí que iba a ser difícil encontrar a quien quisiera dejarse el precio de una entrada para ver las correrías de tres carcamales. Así que todo volvió a la música. Mejor dicho, al escenario. «Mucha gente se quedó sin vernos en Las Vegas, muchos incluso nacieron después. Llevémosles nuestro show a sus ciudades.» Esa fue la gran idea de Frank, organizar una gira nacional en la que ofrecerían ante grandes auditorios un espectáculo similar a los de 1961. Las mismas canciones, las mismas bromas, la misma diversión.

Pero, además, todo sería a lo grande. Al principio pensaron hacer todo el recorrido en un tren, al estilo más tradicional —«el show ha llegado a la ciudad»—, en el que cada artista tendría su propio vagón con todo tipo de lujos. Al final, esta idea fue rechazada a favor del transporte aéreo, con Dean y Sammy en un avión alquilado y Frank en su propio jet, «El Dago». *La gira del reencuentro* (*The together again tour*), así se llamaría. Conforme veía que la fantasía iba cobrando cuerpo, Sammy se sentía más entusiasmado. A finales de 1987 iba a ser operado de la cadera, pero en breve estaría de nuevo recuperado y lleno de ilusión por volver a trabajar de nuevo con sus dos amigos. Por su parte, Frank encontraba en la iniciativa la forma perfecta de recuperar la chispa de los viejos días. En los ochenta, Sinatra estaba más cerca de ser una estatua de bronce que una persona de carne y hueso. Todo eran homenajes, premios y reconocimientos, pero lo que el «Viejo ojos azules» necesitaba de verdad era volver a sentirse vivo, y para eso, nada como volver a reír, emborracharse y golfear con Sammy y Dean.

No hubo problemas para encontrar financiación para la gira. Por el contrario, tanto American Express como otras firmas se mostraron encantadas de plasmar su imagen en un proyecto que llevaba visos de convertirse en un acontecimiento multimillonario. Incluso la cadena privada de televisión HBO adelantó su interés por grabar uno de los recitales. De esta forma, Sinatra conseguiría uno de sus objetivos, lograr para él y sus amigos el espaldarazo económico suficiente para tener una vejez sin preocupaciones. «Había pensado en jubilarme varias veces —comentaría poco después Sammy—, pero no podría mantener el tren de vida al que estaba acostumbrado. Quiero poder regalarle un collar de 4.000 dólares a mi mujer cuando se me antoje. Con aquella gira íbamos a tener más público en un solo concierto que durante todo un año en Las Vegas.»

Pero además, estaba Dean. Frank y Sammy estaban muy preocupados por su amigo, sumido en una profunda depresión desde principios de 1987, cuando su hijo mayor Dean Jr. falleció al estrellarse su caza de combate. Ya hacía tiempo que Dean Martin había iniciado un oscuro y angosto camino hacia un lugar en su interior al que nadie parecía poder acceder. El golf, el J&B y las películas del Oeste ocupaban todo su interés, todo su tiempo. Con la desaparición del joven Dean, uno de los hijos que siempre estuvo más cerca de él, Dean Martin se cerró definitivamente al mundo que le rodeaba. «Esta gira será perfecta para él, "Fumador" —le dijo Frank a Sammy—. Nos divertiremos como antes, y él volverá a ser el de siempre.»

Pero Frank volvió a cometer el mismo error de tantas otras veces en su vida, el de no preguntar al interesado, Dean en este caso, su opinión al respecto. Cuando le expuso la idea, los preparativos estaban bastante avanzados, y resultó tan insistente que Dean no pudo negarse, aunque sí que expresó su preocupación al respecto. «Creo que esto es una locura, Frank, déjame quedarme en casa.» Pero Sinatra estaba ya demasiado excitado. Se sentía joven y vigoroso ante el ajetreo de los siguientes meses, y estaba seguro de que todo el mundo —la prensa, el público, la industria— les respaldarían.

Si había algo de lo que sabía Frank Sinatra era del mundo del espectáculo. Por eso no se equivocó en sus predicciones. El anuncio de *La gira del reencuentro* se convirtió en la gran noticia del momento, acaparando espacio en las primeras páginas de periódicos de todo el mundo. Frank Sinatra, Dean Martin y Sammy Davis Jr. simbolizaban otra época, otro mundo, y un estilo de vida muy particular, idealizado por esos mismos medios de comunicación. Algunos hablaban del regreso del Rat Pack, aunque la mayoría no supiera bien de dónde procedía ni qué significaba ese nombre.

Los ensayos resultaron desiguales, con un Sinatra entregado por completo, un Sammy pletórico a pesar de la operación y un Dean de turbia entonación y memoria volátil para canciones que llevaba treinta años desgranando. Al contrario que sus amigos, él estaba acostumbrado a actuar en un escenario frente al público, y no en una plataforma rodeado de éste. Así era como estaban organizados la mayoría de los recitales, con idea de acoger al mayor número de espectadores posible. En esa situación, Dean no podía evitar sentirse despistado, más aún de lo aturdido que le tenían ya los propios acontecimientos. De ese modo, y teniendo en cuenta que su único deseo era volver a casa, ¿quién podía cantar bien? Lo único constante en Dean durante aquellos ensayos fueron sus peticiones a Frank para que suspendiera aquel «circo».

Y entre dudas y esperanzas llegó el 13 de marzo de 1988, el gran día. Los 16.000 asientos del Oakland Coliseum Arena estaban ocupados, como vendidos estaban también los aforos completos de los siguientes conciertos. Cuando la orquesta comenzó a interpretar la entrada instrumental, la multitud bramó entusiasmada. Aún en los camerinos, Dean preguntó a Frank y Sammy, rodeados los tres por sus colaboradores habituales: «¿Puede alguien decirme qué estamos haciendo aquí?» Pero nadie le respondió. Todos estaban tan preocupados como él. ¿Qué iba a ocurrir? Sus nombres eran grandes en el mundo del espectáculo, pero aquello no era Las Vegas, ni estaban en 1961. Sus chistes políticamente incorrectos podrían no tener gracia. Es más, podrían ofender a mucha gente. Entre los tres sumaban más de 200 años. Y, por Dios, ¿quién ofrecía conciertos para más de 15.000 personas luciendo un elegante esmoquin? Hasta Sinatra estaba nervioso. Los presentes recordarían después el continuo intercambio de miradas entre los tres artistas. «Nos mirábamos y pensábamos en los viejos tiempos», evocaría Sammy. Pero los viejos tiempos quedaban demasiado lejos.

Tras la introducción, cesó la música. Poco a poco también descendió el murmullo del público. Las luces se apagaron. Con un estruendo emocionante, la orquesta empezó a tocar la melodía de entrada de Dean Martin. Era el momento. Como en 1961. «¡Que empiece la acción!», escuchó alguien musitar a Sinatra.

Jerry Lewis

El organillero y el mono

Ninguno de los presentes dudaría en reconocer tiempo después que Dean Martin estaba nervioso, muy nervioso, tanto como pocos habían llegado a verle nunca. Los que le conocían eran conscientes de la indiferencia con la que Dean afrontaba cualquier situación, ya fuese buena o mala para él. Era un auténtico *menefreghista*, un tipo que va a lo suyo, haciendo lo que tiene que hacer, sin darle demasiada importancia a nada. Sin embargo, aquel 6 de marzo de 1957 era diferente. Hacía una década que no se enfrentaba al público en solitario, y después de todo, ¿quién era él antes de marzo de 1946? ¿Quién recordaba su propio espacio radiofónico de 15 minutos que se emitía desde Nueva York? ¿Quién le recordaba cantando ante una orquesta que no luciese su caricatura junto a la del «mono»? Siempre Dean y Jerry, Martin & Lewis, «el organillero y el mono». Pero aquella noche no quedaba un sitio libre en el salón Copa del hotel Sands. Por cariño algunos, por curiosidad e incluso morbo ante el desastre la mayoría, nadie quiso perderse el debut en solitario de Dean Martin, el pobre «organillero» abandonado. Los comentaristas más respetados apenas le daban un año de vida artística.

En tres semanas se estrenaría su primera película sin Jerry Lewis, *Ten thousand bedrooms*. Al igual que ocurría en Capitol Records, su casa de discos, en su estudio cinematográfico, Paramount Pictures, no sabían muy bien qué hacer con él. Jerry se valía por sí solo para triunfar, y tanto su última película como una grabación cómica que acababa de lanzar escalaban puestos con rapidez para colocarse entre las producciones más rentables del año. Pero Dean Martin... ¿Qué podían hacer con Dean Martin? Paramount le cedió a otro estudio para rodar esa película musical, y el director de la cinta, Richard Thorpe, decidió emparejarle con la actriz Anne Maria Alberghetti. Si en algún momento sus voces llegaban a combinar bien en alguna canción era por pura casualidad. Los críticos no prestaron demasiada atención al preestreno antes de dar por difunto al Dean Martin actor. Muchos recordaron entonces el gran error que cometió al rechazar su papel en la nueva película de Jerry Lewis, *Delicado delincuente*. Pero Dean tenía sus principios. Jerry le presentó aquel guión a sabiendas de que iba a fastidiarle de verdad.

«¿Hago el papel de policía? ¡¡De uniforme?!», preguntó encolerizado Dean durante su última reunión con Jerry Lewis, tras once años de sociedad. «Sí, de uniforme», respondió el cómico. «Pues ni lo sueñes. Toda mi vida he odiado a los polis de uniforme y no pienso interpretar a uno. Es indigno de mí.» Sintiéndose respaldado por el apoyo del público, del estudio y de su declarada megalomanía, Lewis se mostró firme: «En mi película has de llevar uniforme. Un poli debe llevar uniforme». «¿*Tu* película?», Dean no salía de su asombro. «Sí, *mi* película.» «Entonces —concluyó Martin—, ponte tú el uniforme.» Y aquél fue el final. Dean Martin y Jerry Lewis habían sido lo más grande en el mundo del espectáculo. Habían llenado cines, teatros, salas de fiestas y alcanzado récords de audiencia en televisión. Pero entonces, Jerry hizo lo que todos sabían que no se podía hacer con Dean: imponerle algo.

Nadie hubiese imaginado que los dos artistas terminarían así. Al menos, nadie que hubiese coincidido con ellos en Manhattan en marzo de 1945. Era una de las calles céntricas de la gran ciudad, y el cómico, entonces con diecinueve años, caminaba hacia Times Square para encontrarse con su agente. Le acompañaba su amigo Sonny King, un antiguo boxeador que intentaba hacer realidad su sueño de convertirse en cantante. De pronto, en la acera de enfrente, otra pareja de hombres apareció tras girar la esquina. Uno de ellos no destacaba de entre el millar que caminaba por el pavimento, pero el otro era diferente. Era alto y corpulento, con un abundante y atractivo pelo negro. Lucía un brillante traje de pelo de camello. ¿Qué clase de tipo presuntuoso puede salir a la calle así vestido? Su acompañante le sacó de dudas. «¡Dean. Dean Martin!», le gritó a uno de ellos, y a continuación agarró a Jerry del brazo para cruzar al otro lado. Sonny le presentó al prometedor cantante de veintiocho años y a su agente, Lou Perry. Los cuatro comenzaron a hablar sobre nada importante, cuando una mujer atractiva y elegante pasó junto a ellos. Pocos pasos después se volvió con una sonrisa en el rostro. De alguna forma, Dean lo sabía, y también giró su cabeza para corresponder con otra sonrisa. Después, cada uno prosiguió con su vida. Fueron apenas dos segundos que parecieron transcurrir a cámara lenta. Y Jerry se dio cuenta en seguida de que Sonny y Lou idolatraban a Dean por ello, por aquel control absoluto e inconsciente sobre la voluntad de cualquier mujer que estuviese a su lado. Sólo unos pocos minutos, una breve charla juntos, y Jerry Lewis pasó también a engrosar la lista, masculina y femenina, de admiradores de Dean Martin.

Desde aquel día, los dos artistas coincidirían en los camerinos de varios clubs, y aunque Dean no era muy dado a la confraternización, Jerry hizo todo lo que pudo por ganarse su amistad. «Si estoy junto a él —pensó el escuálido judío—, algo se me pegará.» Cuando coincidían en cartel, eran el mejor espectáculo del circuito. Jerry hacía reír al público con sus muecas, saltos, imitaciones y payasadas, y después salía Dean y les enternecía con sus baladas. Ofrecían la combinación perfecta. Estaba claro que, antes o después, el círculo se cerraría. Ocurrió una noche de primavera de 1956, en el Havana-Madrid, un local de Broadway. Sin previo aviso, Dean comenzó a interrumpir la actuación de Jerry, hablando desde bambalinas o incluso asomándose al escenario. Después, Jerry le devolvió la broma. Al día siguiente Dean Martin y Jerry Lewis acaparaban los titulares de la sección de espectáculos de los principales rotativos.

Durante los siguientes nueve meses continuaron combinando sus números, no tanto por voluntad propia como por imposición de los locales, que les contrataban juntos a la espera del aclamado show. El 500 Club, uno de los escenarios más populares de la época, regentado por el gánster Skinny D'Amato, sirvió de «hogar» para que germinase la química necesaria entre ambos profesionales que acabaría haciendo mundialmente famosa a la pareja. Poco después, en enero de 1947, el Loew's State colgaba un cartel que anunciaba por primera vez una actuación de Martin & Lewis. Cuando unas semanas antes acordaron presentarse formalmente como dúo cómico-musical, Jerry preguntó: «¿Cómo nos llamaremos, Lewis & Martin o Martin & Lewis?». «Creo que no hay discusión —contestó Dean—. Lo mejor es hacerlo alfabéticamente. Nos llamaremos Martin & Lewis.» «Pero la "l" de Lewis va antes que la "m" de Martin», replicó el cómico. «Pero mi "d" va antes que tu "j"», zanjó el cantante.

Tras el éxito de Martin & Lewis en los escenarios vino la televisión, con colaboraciones en diversos programas de variedades, hasta que llegó el momento de afrontar su propio espacio. Ahora Dean y Jerry eran las estrellas y otros los invitados. Era sólo cuestión de tiempo que recibieran una llamada de Hollywood. Ejecutivos de varios estudios estaban tras los pasos del dúo, a la espera del mejor momento para plantearles la oferta perfecta. Hall B. Wallis, de Paramount Pictures, estaba decidido a hacerse con ellos. Un alto cargo de la Metro Goldwyn Mayer también había advertido el potencial de la pareja, y le propuso al responsable de la empresa, el poderoso Louis B. Mayer, contratar a los dos artistas. La respuesta de Mayer fue tan contundente como descriptiva: «El organillero no está mal pero, ¿qué voy a hacer con el mono?» Wallis se acabó llevando el gato al agua, y entre 1949 y 1956, Martin & Lewis rodaron para el estudio dieciséis películas, y cada una se convertía en un éxito superior al anterior.

Mi amiga Irma (1949), *Vaya par de marinos* (1951), *¡Qué par de golfantes!* (1953), *Artistas y modelos* (1955) o *Juntos ante el peligro* (1957) son algunas de esas cintas que, hasta la última, *Loco por Anita* (1957), repetían siempre el mismo esquema. Jerry era el tipo torpe y bonachón que se metía en todos los líos, de los cuales salía merced a un Dean habitualmente vividor, igualmente bueno, que se dedicaba a seducir a cuanta mujer se le pusiera por delante a base de baladas especialmente diseñadas para él. No en vano, gracias a aquellas películas, pudo hacer realidad su sueño de triunfar como cantante (aunque fuese secundado por Jerry), y así, en 1950, cuatro años después de su primera grabación, lograba colocar *I'll always love you* en las listas de éxitos. En cuanto empezaron a rodar películas, Capitol Records les plantó a ambos un contrato por delante para distribuir las bandas sonoras de sus aventuras juntos. Dean Martin no fue sólo el que mayor partido le sacó a aquellas producciones, sino que además aprovechó la coyuntura para trabajar sus propios discos. El primero de ellos con el sello *Dean Martin Sings*, llegó al mercado en enero de 1953. *Memories are made of this, That's amore, Innamorata, Oh Mary* o *Sway* fueron algunos de los sencillos con los que Dean Martin llegó a sonar con fuerza en radios y televisiones.

Pero si en las películas, la televisión o los discos Martin & Lewis vendía bien, donde seguían siendo los reyes era en las actuaciones en directo. Entre finales de los cuarenta y comienzos de los cincuenta batieron todas las cifras de público allí donde iban, desde la recién nacida Las Vegas al Paramount Theater de Nueva York. Miles de chicas y chicos provocaban verdaderos colapsos de tráfico en las inmediaciones de los teatros en los que actuaban, al igual que había ocurrido con Frank Sinatra unos años atrás, antes de caer en el olvido. Ahora, Martin & Lewis eran los más grandes. Dean disfrutaba del momento y, sobre todo, lo aprovechaba, aunque era consciente de que, tal y como estaban estructuradas sus apariciones, Jerry era siempre la estrella, la diversión, al que todos habían ido a ver. Él no era más que el contrapunto que facilitaba los chistes, así como el amenizador musical. Dean sabía de sobra que, cuando él empezaba a cantar en una película, los chavales aprovechaban para ir a comprar palomitas.

Pero, de cualquier modo, todo aquello era mucho más de lo que jamás hubiera imaginado el joven rudo y desarraigado que nació en Steubenville, Ohio, el 7 de junio de 1917. Su padre, Gaetano Crocetti, barbero de profesión como sus antepasados, había llegado a la tierra prometida de América a comienzos de siglo. Procedente de Montesilvano, en la región italiana de Abruzzi, Gaetano se casó pronto con Angela, una paisana que no tardaría en darle hijos. Los dos intentaron defender su cultura y tradiciones italianas frente a las que imponía la nación en crecimiento, de ahí que los pequeños Crocetti sólo hablaran italiano hasta que acudieron a la escuela, pasados ya los cinco años. El menor de los hermanos, Dino, demostró pronto que los estudios no eran lo suyo, aunque no por falta de inteligencia. Con doce años ya jugaba mejor que muchos adultos a los dados y a las cartas, y un chico tan espabilado no tardaría en encontrar ocupaciones interesantes en Steubenville. James Vincent Tripodi, un gánster local de conocido talante violento al que el joven Dino idolatraba, solía contratarle para esporádicos trabajos de mensajero. Ganar unos cuantos dólares por relacionarse con gánsteres era mucho más interesante que andar con la nariz metida en unos libros llenos de historias que no interesaban lo más mínimo al pequeño Crocetti.

A los dieciséis dejó la escuela y empezó a ganarse la vida como boxeador local. Su nombre «artístico» era Kid Crochet. Ganó varias peleas, pero Dino tenía un acentuado interés por las chicas, con las que tenía bastante éxito como galán local, y le preocupaba demasiado que un mal golpe pudiese estropear su hermoso rostro. No en vano llegó a romperse varios dedos, que le quedarían ligeramente deformados para el resto de su vida. En busca de otra fuente de ingresos más segura se decantó por el mundo de las apuestas en las carreras de caballos. Y de ahí, a contrabandista de alcohol en los días de la Ley Seca o crupier en un casino de Miami Beach. Algunos de los mafiosos de poca monta que Dino conoció en su juventud, al igual que le ocurriría a Frank Sinatra, llegarían a gozar más delante de una prominente situación dentro de la gran familia de la Mafia en Estados Unidos.

Conocido también como *La Cosa Nostra* («Nuestro asunto»), el fenómeno siciliano denominado la «Mafia» fue en origen un grupo dedicado a la protección y el ejercicio autónomo de la ley a mediados del siglo XIX, ante la falta de atención por parte de las fuerzas oficiales. Sus miembros se denominaban a sí mismos *mafiosi*, es decir, «hombres de honor». Con la inmigración de finales de siglo, su estructura, tradiciones y métodos de acción se trasladaron a Estados Unidos, donde tomó fuerza como base del crimen organizado del país. Dino aprendió de los mafiosos una forma particular de vivir, de comportarse, de relacionarse. Con ellos había un código de lealtad y respeto, no la basura rastrera y cobarde que pronto le asquearía en el mundo del espectáculo.

Pero no había duda de que si algo le gustaba de verdad a Dino Crocetti era cantar. Cantar como su ídolo, Bing Crosby. Cantar aquellas baladas que derretían a las mujeres y no tener así que esmerarse en emplear las palabras justas para llevárselas a la cama. Crosby había supuesto una revolución en el ámbito de la música popular. Gracias al desarrollo del micrófono, que permitía cantar sin forzar la voz, casi susurrando (de ahí la denominación de ese tipo de intérpretes: *crooner* o «susurrador»), este joven de Tacoma, Washington, nacido en 1903, logró crear un nuevo estilo de canción, heredera directa de un sutil combinado entre la ópera más popular (importada por los emigrantes italianos) y el emergente jazz y blues de la población negra. Así, con una voz cálida, apoyada en los graves, próxima a la de un barítono, Crosby se convirtió en un baladista importante en la década de los veinte y fundamental en los treinta. Su amplio repertorio, que acogía temas de jazz, country, tradicionales y nuevas creaciones, fue muy pronto referencia ineludible para cualquier nuevo aspirante a intérprete, como fue el caso de Dino. En el verano de 1934, mientras Hitler era proclamado *Der Führer* en Alemania, el joven Crocetti cantaba por primera vez ante un centenar de personas en un local de Craig Beach. Trató de imitar lo mejor que pudo al gran Bing, pero no pudo evitar imprimir su sello personal, un estilo que reflejaba su propia forma de entender la vida, relajado, apasionado, optimista.

Sin proponérselo, su primer contrato serio no tardó en llegar, así como su primer cambio de nombre. Eran los días de las grandes orquestas y sus solistas. Y mientras un lampiño y aún desconocido Frank Sinatra empezaba a hacerse un nombre acompañando a la orquesta de Harry James, Dino Crocetti iniciaba su carrera junto al músico local, Ernie McKay. Fue él quien le convenció de que un nombre ya conocido ahorraba la mitad del esfuerzo. En aquellos días Nino Martini era el gran ídolo de las jovencitas, el nuevo Rodolfo Valentino, un excelente espejo en el que mirarse. Así que, cuando McKay presentó en sociedad a su nuevo cantante, lo hizo como Dino Martini.

Pero aquel nombre duraría poco. Una vez estallada la Segunda Guerra Mundial, cuanto más americano sonara un nombre, tanto mejor, por lo que cuando Dino dio su siguiente paso, al fichar por la orquesta de Sammy Watkins, limpió su nombre cuanto pudo de reminiscencias italianas para quedarse en el conocido Dean Martin. Corría 1941, y el nuevo artista, de veinticuatro años, no sólo parecía haber encontrado el camino correcto hacia el estrellato, sino que también se dio de bruces con la vida familiar. En octubre de aquel año se casaba con Betty McDonald.

Se conocieron a comienzos de 1941, durante una gira de Dean, cuando, a su vez, Betty viajaba por varias ciudades del país acompañada por un familiar en un inútil deseo del padre por intentar despertar alguna inquietud universitaria o laboral en la joven. Una noche, tras el espectáculo de la orquesta de Sammy Watkins, Betty y Dean coincidieron en el bar. Los penetrantes ojos irlandeses de la joven pusieron en guardia al latino, que reaccionó con agilidad. Tomaron unas copas, bailaron, y pasaron el resto de la noche como si no fueran a volver a verse. Pero, en realidad, transcurrieron pocas semanas antes de que la pareja decidiese casarse. Ocho meses después nacía el primero de los cuatro niños que tendrían juntos.

Convencido de que estaba preparado para triunfar en solitario, Dean decidió abandonar la orquesta de Watkins, libertad que le costó la cesión a éste de un diez por ciento de sus futuros ingresos. Dada la popularidad que se había ido granjeando no le fue difícil conseguir contratos en los clubes neoyorquinos de moda, como el Riobamba o el Arlequin. Y es que a esas alturas eran tales las comparaciones entre él y Frank Sinatra, que los dueños de aquellos locales luchaban por tener a uno u otro en su cartel. Sin embargo, el estilo de ambos era muy diferente. Mientras que Sinatra desarrollaba su voz para encandilar a las chicas con cada balada, Dean hacía un espectáculo de toda su actuación, desde su pose a la forma de mirar. Además, más importante aún era el hecho de que él no cantaba directamente a las mujeres. Su objetivo era crear ambiente, seducir por igual a ellos y a ellas. De esta forma, Dean no era el cantante que las enamoraba, sino el que facilitaba que los hombres que las acompañaban lo hiciesen. Por eso, al contrario que la mayoría de galanes del cine y la canción, Dean Martin no suponía un rival para los hombres, sino más bien un «camarada» del que podían aprender algunas técnicas, lo que ayudó a que sus actuaciones no fuesen sólo objeto de interés femenino.

Aunque, desde luego, no faltaban chicas a la puerta de su camerino. Y su esposa lo sabía bien. Pero no era eso lo único que no podía soportar de Dean. También estaban sus largas ausencias, tanto cuando estaba de gira como cuando no lo estaba. Su falta de comunicación, sus repentinos ataques de ternura seguidos de largos periodos de completa indiferencia. Por todo ello, Betty dejó a Dean varias veces, o más bien le echó de casa, para volver poco después a buscar la reconciliación. Terminó aprendiendo que él no cambiaría lo más mínimo. No tenía intención de hacerlo. Debía aceptarlo como era o dejarle definitivamente. Es algo que aprenderían todas las mujeres que entraron en su vida.

En una de aquellas rupturas Dean se fue a vivir a casa de Lou Perry, que intentaba ayudar al ex entrenador pugilístico Sonny King a convertirse en cantante, y a quien Dean conocía tanto por su afición al boxeo como por su mutua relación con mafiosos locales. A cambio de un 35 por ciento de sus ingresos, Perry aceptó representar a Dean y alojarle en su casa, de modo que los tres acabaron arreglándose para dormir cada noche en la única cama que había en el apartamento. Y así, al margen del 45 por ciento que llevaba ya comprometido (sumándole a lo de Perry el diez de Watkins), Dean aseguró el 20 a otro manager, Dick Richards, y el 25 al popular actor Lou Costello, que buscarían de igual modo actuaciones para él. Además, acababa de firmar con la compañía de discos MCA, que se reservaba el 10 por ciento. Las cuentas de Dean salían redondas… contra él. De cada dólar que ganase, ni un solo centavo iría a su bolsillo, claro que todo estaba bien si aquello le ayudaba a triunfar. Con que le pagasen las copas y Perry le tuviese siempre bien vestido, lo demás no tenía importancia. El problema se presentó cuando Dean le cedió otro 10 por ciento de sus ganancias a Jerry Sears, director musical de un programa de radio en el que fue contratado.

Teniendo en cuenta que estaba sin un dólar en el banco, los interesados no tardaron en descubrir que Dean no tenía posibilidades ni intención de hacer frente a aquel 110 por ciento de compromisos. Le acusaron de estafa, fueron a juicio y Dean quedó en libertad al no tener forma de devolver su deuda. Aun así, su relación con Lou Perry se mantuvo, convirtiéndose, ahora sí, en su único mánager. Por otro lado, su matrimonio con Betty también pareció mejorar. Poco a poco cristalizaron los proyectos que venían apuntándose desde hacía más de un año, desde programas radiofónicos a las primeras grabaciones como solista (en julio de 1946, para Diamond Records). Aquella estabilidad económica permitió al matrimonio añadir dos hijos a los dos que ya tenían. Y cuando ya nada parecía que pudiese ir mejor, apareció Jerry Lewis.

* * *

Dean Martin no se cansó de repetir a lo largo de su vida que los dos momentos más importantes de su carrera fueron cuando se asoció con Jerry Lewis y cuando se separó de Jerry Lewis. Dino sabía de lo que hablaba. Allí estaba él ahora, solo, sentado en un camerino del hotel Sands, que no sabía si volvería a pisar, mientras Jerry se pavoneaba como amo y señor de cada proyecto en el que se aventuraba. Tras la ruptura, Dean había intentado sin éxito un gran triunfo en algunas salas de actuaciones, pero en el mejor de los casos la respuesta fue la indiferencia del público. Sin Jerry, su número parecía incompleto, un baladista más. Todos anhelaban al cómico bailando torpemente en medio de las canciones o peleando con el cantante entre ellas. Jack Entratter, el presidente de la corporación dueña del hotel Sands durante los años dorados de Las Vegas, era el encargado del Copacabana de Nueva York cuando Martin & Lewis comenzaban a hacerse un nombre, así que no resistió echarle una mano a Dean cuando se enteró de sus penurias artísticas y económicas tras la disolución de la pareja.

El debut de Dean Martin en el Sands pudo quedar en algo anecdótico de no ser por una llamada telefónica. La que le hizo otro artista en horas bajas, el guionista Ed Simmons, que ya había escrito algunas cosas para la Martin & Lewis en su popular espacio televisivo *The Colgate Comedy Hour*. Simmons le dijo a Dean que había seguido sus últimos pasos, y creía que si quería volver a triunfar debía ofrecer al público algo completamente distinto, no un Martin sin Lewis, sino un Dean Martin nuevo, fresco y original. Así fue como, entre los dos, crearon el personaje y el mito de Dean «el borrachín». El cantante le pidió que escribiese algunos chistes en la línea del gran cómico Joe E. Lewis, toda una institución nacional que había hecho del borracho un personaje entrañable para los espectadores. Dean le admiraba realmente. Y si Simmons iba a confeccionarle la imagen adecuada, el pianista Ken Lane estaba destinado a convertirse en el apoyo perfecto en escena. Cómplice en los chistes y consumado improvisador, Lane acababa de sustituir al pianista de acompañamiento habitual de Dean, procedente de los días junto a Jerry. El cambio no pudo ser más oportuno.

Aquella noche de marzo de 1957, sentado en el sofá del camerino, con su albornoz blanco y sus relucientes zapatos negros, Dean Martin fumaba compulsivamente un Chesterfields tras otro en compañía de su círculo de confianza. Por supuesto estaba con él su amigo más cercano, acompañante en cada gira y asesor musical, Mack Gray. Había sido durante veinte años asistente del actor George Raft, un artista de conocidas relaciones con la Mafia al que Dean admiraba por su increíble forma de entender la vida. A través de Gray, el cantante había podido acercarse a su ídolo, y conocer mejor sus principios. Por ejemplo, Raft nunca trabajaba en ninguna película que no le apeteciese de verdad, ni permanecía en una fiesta cuando ésta dejaba de agradarle; no importaban los compromisos. Cuando no trabajaba, dejaba pasar las horas bebiendo cócteles al sol en su piscina, en albornoz, mientras veía corretear y bañarse a las bailarinas, aspirantes a actriz y cantantes soñadoras que eran invitadas a su casa con la única condición de que debían andar siempre desnudas por ella. Mucho de esa imagen de Raft se vería aquella noche en el escenario del Copa.

En el camerino también le acompañaban Ken Lane y Jay Gerard, su estilista habitual. Gerard le tenía preparado su esmoquin negro de costumbre, forrado de elegante satén rojo. Pero en el último momento Dino decidió romper por completo con su pasado artístico. Devolvió el esmoquin y se embutió en el elegante traje gris, tipo «espejo», con corbata a juego, diseñado especialmente para él por Sy Devore, uno de los sastres más cotizados de Los Ángeles. Era cuestión de estilo, como la decisión de no usar dos veces el mismo par de calcetines. Sentado ante su mesa de maquillaje, casi espartana al lado de las de otros artistas, Dino se untó el pelo con algo de brillantina, y tras limpiarse bien las manos, se roció a conciencia con su loción habitual. Después apuró el J&B y el cigarrillo que le acompañaban desde hacía un rato, y se dispuso a recorrer el pasillo que le llevaría al escenario.

Los nervios ya no reflejaban temor o incertidumbre, sino ansiedad. Dino Crocetti estaba deseando saber qué efecto causaría en el público el nuevo Dean Martin. Tenía algo nuevo que ofrecerles, algo que no habían visto antes, algo que había preparado a conciencia, aunque la clave estaría en hacerles creer que todo era improvisado. Tenía algo nuevo que debía conquistarles.

«Señoras y señores: el Hotel Sands se enorgullece de presentarles a la estrella de nuestro espectáculo, directamente desde el bar: ¡Dean Martin!»

Los diecisiete músicos de la orquesta de Antonio Morelli comenzaron a tocar. Los aplausos y vítores del público se mezclaban con el ruido de las copas y cubiertos al reposar sobre la mesa. Nadie comería, nadie bebería. Todos los reunidos en el salón Copa habían recorrido muchos kilómetros para asistir la resurrección o definitiva muerte de un artista muy querido. Y lo que vieron, al menos en principio, les sorprendió.

Dean Martin apareció en escena con un cigarrillo en una mano y un vaso con hielo y whisky en la otra (en realidad era zumo de manzana, lo sería durante años). Su paso era torpe, su expresión, risueña. La música sonaba a la espera de que empezase a cantar. Avanzando en zig-zag, a trompicones, continuó hasta el borde del escenario, ante el micrófono, desde donde miró a unos y a otros, que no pudieron reprimir sus carcajadas ante el inesperado aspecto del cantante. La música seguía sonando. Entonces, empezó a saludar. Lanzó guiños, movió su mano e incluso tiró algún beso. Y la música sonaba. De pronto se hizo el sorprendido al ver el micrófono, dio un paso a un lado para alejarse de éste. «Voy a quedarme aquí en lugar de allí», dijo, y bebió un trago. Miró al respetable. «Cuanto más bebo, mejor canto», y volvió a beber… Cerca de un minuto en el escenario, con tan sólo dos frases para mantener el momento, y ya logró arrancar una ovación al público. Y eso fue sólo el principio. Atacó entonces con un popurrí de grandes éxitos que tenían los textos alterados, lo que a partir de entonces sería algo característico en sus actuaciones. «Querida, si te he amado, perdóname», decía la canción original, pero Dean cantó: «Querida, si me he casado contigo, perdóname.»

Entre cada tema, Dean soltaba pequeños monólogos que hacían que el público se desternillase de risa, monólogos que cimentarían la idea de Dean «el borrachín», dentro y fuera del escenario. Todo parecía realmente improvisado, las auténticas ocurrencias de un hombre afable con algunas copas de más. El proyecto ideado junto a Simmons surtía efecto. «Olvidé comentarles el terrible accidente de mi esposa

—comentó antes de levantar su vaso—. Se bebió mi zumo de manzana para desayunar.» Otro de los clásicos que estrenó esa noche fue: «Tengo siete hijos maravillosos —Sin esperar a más, el público festejó la "hazaña", pero Dean siempre remataba sus frases—. No aplaudan, sólo me llevó siete minutos». Al terminar *That's amore*, uno de sus éxitos indiscutibles de los años junto a Jerry, levantó el vaso de nuevo y anunció solemne: «Ya no bebo —y esbozó una sonrisa—. Ya no bebo menos». Tras otra de las canciones, llegando ya la apoteosis de su número, con el público visiblemente excitado y aplaudiendo, Dean retrocedió unos pasos hasta toparse con el mastil del micrófono. «¡Ups. Perdona, Jerry!» Los vítores de la platea secundaron el chiste. Dino sonreía pletórico. Era feliz. La gente quería a Jerry Lewis, pero acababa de comprobar que él también podía contar con su cariño.

Aquella misma noche Jack Entratter le presentó a Dean Martin un contrato por cinco años para actuar en el Sands, mientras decenas de personas hacían cola ante su camerino para darle la enhorabuena. Y no eran espectadores cualesquiera, sino gente como Lucille Ball, Debbie Reynolds o Jack Benny, compañeros de profesión que habían asistido a aquellos 38 minutos de puro y gratificante espectáculo y que sabían mejor que nadie lo logrado por Dean. Quitarse de encima un pasado de fulgurante éxito para empezar desde cero no era nada fácil, pero él lo había conseguido. Al menos en el mundo de las salas de actuaciones. El cine y la música eran otra cuestión.

Pocos días después de aquel concierto, Dino fue a visitar a su madre, en Steubenville. Le confesó su miedo al fracaso, su miedo a perder el contrato de Capitol Records y que no le volviesen a proponer un papel interesante en el cine. «Siempre supe que triunfarías —le dijo su madre—, tienes madera de triunfador. Sólo debes luchar por ello y no dejar que te echen a un lado.» Aquellas palabras demostraron ser mucho más que amor de madre. Unos meses después, en junio de 1957, Dean Martin lanzaba un excelente álbum de baladas y swings titulado *Pretty baby*, el primero desde 1955 que no tenía nada que ver con sus películas junto a Jerry. Además, se abría con *I can't give you anything but love*, canción con la que volvía a alcanzar una cierta notoriedad en las listas tras *Oh, Marie, Memories are made of this* o *That's Amore*, hacía ya demasiado tiempo.

En cuanto al cine, un amigo le aconsejó que siguiese el ejemplo de Frank Sinatra, que unos años atrás había logrado una segunda oportunidad tras rebajar su caché para protagonizar un drama bélico en compañía de importantes estrellas. El consejo venía al hilo de la adaptación que estaba preparando Edward Dmytryk para la Twenty Century Fox de un libro de Irvin Shaw, *El baile de los malditos*. Dino luchó hasta conseguir una prueba para el papel del soldado vividor que acaba transformado por el conflicto. Cuando finalmente le aceptaron, no tuvo objeciones en cobrar algo menos de la mitad de lo que solía embolsarse en sus películas junto a Jerry. En esta ocasión, los compañeros de reparto valían la pena: nada menos que Montgomery Clift y Marlon Brando.

Cuando la película se estrenó, en abril de 1958, los mismos que habían hablado de la muerte artística de Dean Martin tan sólo un año atrás alababan su actuación en la película. Casi como efecto directo, le llegaba la propuesta de Howard Hawks para interpretar otro papel de fuerte carga dramática en su siguiente western, *Río Bravo*, junto a John Wayne. Interpretaría a un sheriff borracho que no sólo tiene que luchar para derrotar a los villanos, sino también para recuperar su orgullo. Hawks le citó convencido de su potencial, y le propuso hacer una prueba. Tras pasar por vestuario, Dean se presentó con un colorido atuendo, al estilo de los vaqueros de los musicales, chorreras incluidas. «Le expliqué cómo era su personaje —recordaría el director—, porque apenas habíamos tenido ocasión de hablar, y sin darme tiempo a decirle nada más, volvió al departamento de *atrezzo*. Cuando acudió de nuevo iba vestido tal y como aparecería después en la película. Fue increíblemente preciso.» Su interpretación en este western fue tan intensa que logró la difícil hazaña de no permitir que el coloso Wayne le robase una sola de sus escenas.

Y mientras su carrera cinematográfica se cimentaba, su compañía discográfica, Capitol Records, dejaba atrás cualquier duda sobre su potencial comercial. De hecho, apostó con tal decisión por Dino que entre 1958 y 1959 lanzó cuatro discos del cantante (y eso contando sólo los de larga duración). Junto a producciones al uso, como *This is Dean Martin*, había otras más interesantes, como la colección de baladas de temas «invernales» *A winter romance*, o su colaboración con Nicolini Lucchesi en *Dean Martin Sings - Nicolini Lucchesi Play*. Desde luego, allí no estaba por ningún lado la sombra de Jerry. Eran las canciones de Dino, grabadas por él en solitario para su éxito o fracaso particular. Y por el momento, todo apuntaba al triunfo.

Ya nadie ponía en duda la resurrección plena y brillante de Dean Martin, que además gozaba de una excelente vida privada. Aquella estabilidad había llegado una década atrás, cuando el día de Nochevieja de 1948, en Miami, conoció a Jeanne Biegger. Él y Jerry fueron contratados para ofrecer sendas actuaciones en el Beachcomber Club de la ciudad en Nochebuena y Nochevieja. El último día del año suponía además una celebración especial para el equipo de rugby de la ciudad. A Jeanne, de veintiún años, el fútbol no le importaba demasiado, pero como «reina de la liga», no podía faltar. Era realmente hermosa. Tenía el cabello del color del trigo, y una cara de ángel cuya sonrisa sólo podía ser superada por el impacto que causaban sus dulces ojos claros. Durante la actuación de aquella noche, las miradas de Dean y Jeanne coincidieron.

Fue amor a primera vista. Dino había escuchado hablar de esa basura, pero entonces supo lo que significaba de verdad. En septiembre de 1949, unas semanas después de divorciarse de Betty, Dean y Jeanne se casaban. Aunque él no tardó en recuperar sus periodos de silencio y ostracismo voluntario, Jeanne aprendió a aceptarle y a respetar la soledad que él tanto buscaba en ocasiones. Durante aquellos años cincuenta, la pareja tuvo tres hijos, que se sumaron a los cuatro anteriores de Dean, una vez que la batalla legal entablada con Betty dio al padre la custodia de los pequeños. Para ellos, Dean buscó la mejor de las casas en las lujosas colinas de Hollywood. Allí, en el segundo lustro de los cincuenta, los Martin comenzaron a disfrutar de la vida de lujos y diversión que proporcionaba el éxito del cabeza de familia. Y entre esos lujos, desde luego, estaban los amigos.

Una maldita pandilla de ratas

Cuando Dean y Jeanne se mudaron a su gran mansión en Beverly Hills, los primeros vecinos que fueron a darles la bienvenida fueron Humphrey Bogart y Lauren Bacall. La popular pareja, de marcada diferencia de edad, tenía su casa en Mapleton Drive, una calle localizada en Holmby Hills, una de las zonas más lujosas de Beverly Hills, el barrio más sofisticado de Los Ángeles. Allí no era usual tener que preguntar por el nombre del dueño de una u otra casa, dado que todas las viviendas de aquellas colinas estaban habitadas por reconocidas estrellas del cine, la música y las variedades. De hecho, eran estrellas las que a su vez vendían sus casas a otras estrellas.

Pero a Bogart y Bacall no les hacía demasiada gracia el ambiente del lugar. Es más, el inolvidable protagonista de *Casablanca* y *La reina de África* odiaba las fiestas de encorsetados invitados, mujeres cubiertas de joyas, y falsas sonrisas en busca del contrato perfecto. Aficionado con devoción a la bebida, Bogart prefería pasar sus veladas entre verdaderos amigos, sin cuidarse de modales, atuendos ni frases inapropiadas. Tenía un barco, el *Santana*, en el que le encantaba escaparse durante unos pocos días con gente como Spencer Tracy o Frank Sinatra, y apurar las jornadas bebiendo, hablando y disfrutando de la travesía.

No hubo necesidad de publicar anuncios en prensa para que famosos del lugar con similares formas de pensar entrasen en contacto, gente que deseaba fajarse de la estricta moralidad mojigata de Hollywood y el propio país y ponerle algo de sal a la vida. Bogart y Bacall ya fueron en su día abanderados de la resistencia contra la caza de brujas del senador MacCarthy, por lo que era lógico que ese grupo de «rebeldes» de Holmby Hills les viese como los anfitriones perfectos. Así, los fines de semana de mediados de aquella década de los años cincuenta, la casa de los Bogart acogía a gente como David Niven y su esposa Hjordis; Judy Garland y su marido Sid Luft; Tony Curtis y Janet Leigh; el agente artístico Irving Lazar, el escritor Harry Kurtniz, el reputado restaurador Michael «Príncipe» Romanoff, el compositor Jimmy van Heusen, el actor Spencer Tracy… Otros, como el escritor John O'Hara, el director de cine John Huston o el joven cantante Sammy Davis Jr. también participaban de las reuniones, aunque no eran «fijos».

Y, desde luego, si había alguien asiduo en la casa de los Bogart, ése era Frank Sinatra. Si George Raft había sido la imagen en la que se miraba Dean Martin, Bogart hacía las veces de ese ejemplo para Sinatra. Más aún, el veterano actor llegó a suponer para el joven artista una figura casi paternal. Sólo así se explican sus visitas casi diarias, hasta el punto de que tanto Lauren Bacall como su marido llegaban a tratarle como al pequeño vecino que acude a que le den de merendar. Y a Frank le encantaba. Bogart le daba consejos sobre la bebida, las mujeres o el mundo del cine, aunque las lecciones que más le interesaban a Frank eran las que Bogie, como le llamaban los amigos, le regalaba sin proponérselo, tan sólo con sus gestos, su forma de hablar, su actitud, su filosofía vital. En contrapartida, Bogart consentía al cantante bromas que ningún otro amigo se hubiese atrevido a gastarle, como cuando Sinatra llenó los camarotes del *Santana* de pequeñas bolas de metal como las que usaba Bogie para calmar sus nervios en el papel del capitán Quegg, en *El motín del Caine*. Resultaba tan insoportable el tintineo cuando el barco se hizo a la mar que la estrella de Hollywood no tuvo más remedio que volver a puerto para limpiar los suelos de su embarcación.

No es de extrañar por tanto que Sinatra no tardase en convertirse en una segunda cabeza visible de aquel grupo de amigos bien avenidos, a los que alguien vio tanta cohesión —todos bebían y arreglaban la política nacional e internacional en sus encuentros—, que acabó denominándoles el *Free Loaders Club* (algo así como «Club de libres asociados»). Pero esta denominación no perduraría demasiado. A decir verdad, resultaba excesivamente formal para aquel grupo de irresponsables.

Los rebeldes de Holmby Hills fueron noticia en junio de 1955. El literato británico Noel Coward ofrecía un show en el Desert Inn de Las Vegas, y a Frank Sinatra se le ocurrió que aquello representaba la excusa perfecta para montar una buena juerga. Como recordaría David Niven, todo el viaje estuvo diseñado a conciencia, sin reparar en lujos ni dejar un resquicio al aburrimiento. Un autobús recogió a todos los invitados en la puerta de la mansión de los Bogart, y de camino al aeropuerto se les deleitó con caviar y champán. A los pies del avión, Sinatra repartió entre todos brazaletes de distintos colores, asegurando que serían de utilidad en distintas etapas del viaje. Una vez en Las Vegas, el propio responsable del hotel Sands, Jack Entratter, les acompañó a la planta que Sinatra había reservado para el grupo, y de cuyas habitaciones él tenía la llave maestra. A partir de ese momento se sucedieron cinco días de fiesta continua, de hotel en hotel, de casino en casino, de bar en bar. A la caída de la tarde de la última jornada, Lauren Bacall bajó de su habitación una vez cambiada tras un reconfortante paso por la piscina, y encontró a su marido y al resto de los camaradas en el casino, con aspecto algo peor que desastroso, marcados todos por un incontrolado consumo de alcohol. «*You look like a goddamned rat pack!*», les gritó sonriente: «¡Parecéis una maldita pandilla de ratas!». Irónicamente, Sinatra era el único asiduo de la formación que no estaba presente en ese momento.

Cuando el grupo volvió a reunirse una semana después, ya de regreso en Los Ángeles, sirvió de sede el salón privado del restaurante Romanoff. Aquello fue algo más que un encuentro entre amigos. Se trataba de la sesión de elección de los cargos responsables del recién creado Rat Pack. Frank Sinatra fue designado líder; Bacall era la «casera»; Judy Garland, la vicepresidenta; Irving Lazar, el secretario y tesorero; Sid Luft, el carcelero, y Bogie se autoproclamó relaciones públicas. Una vez distribuidos los cargos, abrieron los pequeños paquetes que Jack Entratter había mandado a cada uno desde Las Vegas. Se trataba de pequeños ratones blancos que, en algunos casos, escaparon de las manos de sus nuevos dueños para asustar al resto de la clientela del restaurante. No pasaba nada. Media hora después Romanoff cerraba el local para que el Rat Pack pudiese disfrutar sin molestias de su fiesta inaugural. En palabras de Bogart, el grupo se fundaba «para combatir el aburrimiento y perpetuar la independencia. Nos admiramos a nosotros mismos y no nos preocupa nadie más». Y por supuesto, había reglas. Tenían principios, como apostilló Lauren Bacall. Por ejemplo, había que aguantar hasta altas horas de la madrugada, y había que estar en contra de lo políticamente correcto y de aquéllos que eran políticamente correctos. Todos tenían mucha dignidad, y defenderían a muerte a cualquier miembro ofendido. Pero por encima de todo, había que beber, y beber a lo grande. A decir verdad, ése sería el único nexo común entre el Rat Pack de Holmby Hills de 1955 y el de Las Vegas de cinco años después. Ése, y Frank Sinatra.

Para Francis Albert Sinatra la vida corría deprisa en aquellos días. Había luchado y le habían derribado, pero al final parecía que había logrado su objetivo. En 1957 no había nadie que tuviese el valor de decirle qué debía hacer. Es más, en 1957 no había demasiada gente que se negase a hacer algo que le pidiera Frank Sinatra. No vivía según las normas, prefería seguir sus propias directrices. Pocos años después, Dean Martin convertiría en asidua una frase que reflejaba esa realidad: «Éste es el mundo de Frank, nosotros sólo vivimos en él». Era difícil imaginar que hubiese logrado todo eso un chaval de Hoboken que nació muerto, al que el médico que le trajo al mundo le desfiguró la cara y cuyo tímpano fue perforado de igual modo en el momento de nacer. Pero a decir verdad, era la mejor forma de empezar para un niño que iba a tener que arreglárselas para sobrevivir en un ambiente realmente hostil.

1915, cuando el matrimonio Sinatra tuvo a su único hijo, no fue un buen año para casi nadie en Hoboken, uno de los barrios más pobres de Nueva Jersey. Era una zona portuaria bastante problemática, en la rivera del río Hudson, en la que mafiosos y delincuentes convivían con honrados ciudadanos que sólo buscaban subsistir. Anthony Martin Sinatra poseía una taberna que regentaba a su antojo su esposa Dolly. Ella era portavoz de distrito del Partido Demócrata, y había hecho todo un arte del juego de favores entre la clase política, los mafiosos de la zona y los vecinos del lugar. Todos sacaban beneficios de uno u otro acuerdo, todos le debían un favor a alguien, y en medio estaba Dolly Sinatra, en posesión de la gratitud de los tres grupos sociales. Aunque el país no vivía un mal periodo económico, Hoboken siempre se resentía más que cualquier otro lugar, sobre todo a la sombra como estaba de la efervescente Nueva York, algo así como un sueño inalcanzable al otro lado del río por el que todos los jóvenes suspiraban.

Al amanecer del 12 de abril de aquel año Dolly Sinatra avisó con su torrente de voz a todo el vecindario que estaba dando a luz. El parto estaba resultando complicado porque el bebé estaba en mala postura. El médico tuvo que ayudarse de unos fórceps para hacerle salir, más preocupado por la madre que por el hijo, al que ya daba por perdido. Efectivamente, una vez alumbrado al pequeño, cuyo rostro quedó marcado de modo evidente por el instrumental empleado, lo dejaron a un lado. Estaba callado, inmóvil, en contraste con los gritos de rabia y tristeza de su madre, en quien se centraron todas las atenciones. Las vecinas presentes también lloraban la desgracia. Pero entre ellas se abrió paso la madre de Dolly, y dando muestras de su temperamento, cogió al recién nacido y se lo llevó al cuarto de baño. Lo puso bajo el grifo de la pila. Tras recorrer su cuerpo el agua helada durante algunos segundos, Francis Albert Sinatra dejó escuchar su voz por primera vez.

Durante su infancia, Sinatra se reveló como un chico contradictorio. Si bien no reparaba en meterse en líos constantemente, sobre todo en peleas con chicos que le insultaban a él o a algo o alguien que él apreciase, por otro lado era objeto de todo tipo de burlas a causa de su pasión por la música. Se pasaba el día entonando canciones que escuchaba en la radio o en los mercados, y le gustaba coleccionar fotos de sus cantantes favoritos, como Al Johnson, Rudy Vallee o Bing Crosby. También les imitaba, pero no sólo en su forma de cantar, sino incluso en sus gustos y su aspecto, hasta el punto de que empezó a crearse fama de presumido entre los vecinos del barrio. A éstos les gustaba escuchar cantar al joven Sinatra, tanto en la taberna familiar como en los mítines de su madre, con lo que el chico se ganaba algunos centavos.

Los padres de Francis marcaron realmente al pequeño. Para empezar, Marty, que había sido boxeador en su juventud, le enseñó a pelear y a no dejarse nunca intimidar por nadie. En cuanto a su madre, moldeó en él un carácter fuerte al tiempo que generoso, abierto siempre a todos, sin prejuicios, consciente que de todos se puede necesitar algo en cualquier ocasión. Cuando estalló la crisis del 29, acentuada posteriormente con la entrada en vigor de la Ley Seca, los Sinatra se las apañaron para sobrevivir, y si ya antes Dolly había asegurado el pan de su familia ayudando a abortar a algunas mujeres, en aquellos días logró que las autoridades locales mirasen hacia otro lado para poder vender alcohol en su local.

Aunque Marty quería que su hijo aprovechase sus dotes como boxeador y Dolly quería verlo convertido en un respetable hombre de negocios, Francis Albert no se resignó a no luchar por su sueño. A los dieciséis años abandonó definitivamente sus estudios para dedicarse a cantar. Su vecina, la joven Nancy Barbato, supuso un apoyo importante a la hora de tomar esa decisión. Después de muchos romances juveniles —alguno de los cuales llegó a traducirse en un aborto provocado—, Barbato parecía ser el gran amor de Sinatra, no sólo por su belleza y carácter sino sobre todo por ser una de las pocas personas que creía que Frank podría convertirse en una gran estrella de la canción, incluso a la altura de su admirado Bing Crosby.

Los primeros pasos profesionales de Frank le llevaron desde el cuarteto The Hoboken Four a la orquesta de Harry James. Al tiempo que recorría el país de recital en recital, Sinatra trabajaba a conciencia su estilo. No quería ser un mero imitador de Crosby, como tantos otros, sino lograr su propio sonido, su propia voz artística. Acudió incluso a un profesor de dicción para mejorar su inglés barriobajero. Poco después de fichar por la orquesta de James, Frank y Nancy se casaron, y ella abandonó su trabajo como secretaria para acompañar a su marido de gira. No tardarían en anunciar a todos la llegada de su primer hijo.

Junto a James, Sinatra tuvo la oportunidad de grabar por primera vez una canción, y registrarían juntos una docena más a lo largo de 1939. Pero al final de aquel año, el vocalista se enteró de que el popular Tommy Dorsey, líder de una de las orquestas más famosas de todo el país, estaba buscando un nuevo cantante. En dos semanas pasó de una a otra formación, y con ello daba uno de los pasos más importantes de su carrera. La canadiense Ruth Lowe había escrito el tema *I'll never smile again* poco antes de abandonar a Dorsey, y le cedió a éste la canción para que la estrenara. Cuando Sinatra se unió a él, el director y trombonista le propuso cantarla. Aquél sería el primer éxito musical de la carrera de Frank Sinatra, con el que alcanzaron el primer puesto de las listas de éxitos. En poco tiempo, el buzón de los Sinatra se quedaba pequeño para el volumen de cartas de admiradoras que recibía el cantante. Y así, al tiempo que la carrera profesional de Frank parecía despegar, la personal apuntaba al fracaso. En breve tendrían su segundo hijo juntos, y como en la primera ocasión, Nancy tuvo que dar a luz con su marido a cientos de kilómetros de distancia.

Mientras, Tommy Dorsey no sólo conseguía los mejores escenarios para su orquesta, sino que también logró incluirla en una película, y en ella, Sinatra tuvo un protagonismo especial. Ante eso, el de Hoboken ni siquiera pensaba en el leonino contrato que le había impuesto Dorsey, entre cuyas cláusulas figuraba la obligación de cederle un importante porcentaje de sus beneficios de por vida si llegaba a dejarle. Pero con el progresivo éxito de su trabajo juntos, y el cada vez más evidente protagonismo de Sinatra, éste no pudo evitar plantearse las ventajas de volar en solitario. Al fin y al cabo, la avalancha de jovencitas en sus espectáculos se debía a él, no a Dorsey ni a su orquesta. Sabiendo de la dureza de Tommy como hombre de negocios, Sinatra se aseguró bien la jugada. Cuando le anunció al músico que se marchaba, éste montó en cólera y le advirtió que se arrepentiría toda la vida, que no estaba dispuesto a romper su contrato como hizo en su día Harry James. Al día siguiente, aún más encolerizado, Dorsey daba carta de libertad a Sinatra. El cantante, que comenzaba a gozar de buenos contactos, había movido los hilos adecuados para que las radios de varias ciudades amenazaran al veterano artista con no volver a pinchar ninguno de sus discos, al igual que los teatros más importantes se negarían a dejarle actuar, a no ser que dejase ir a su vocalista.

Tal vez, lo que más le dolía a Dorsey no era que el chico se fuese cuando lo había convertido en una estrella, sino que además le había dado la clave para desarrollar ese ansiado estilo que andaba buscando. Dorsey fue muy claro: «Si quieres sorprenderles cantando, aprende a controlar la respiración». Así fue como realmente Sinatra se convirtió en uno de los cantantes fundamentales del siglo XX. Comenzó a hacer deporte y todo tipo de ejercicios para que sus pulmones le permitiesen hacer con su voz lo mismo que Dorsey lograba con el trombón. Era capaz de sostener y jugar con una nota más tiempo que nadie, deslizándose por las escalas a su antojo. Décadas después, la crítica especializada aún trataba de obtener del cantante la esencia de aquellas innovadoras técnicas de interpretación, pero Sinatra se resistía a admitir que hubiese algo especial. «En aquellos días me limitaba a cantar lo mejor que podía, igual que hoy. Pero hoy me resulta imposible conseguir aquellos resultados, ya no tengo los mismos músculos, la misma resistencia.» Sea como fuere, Frank se había convertido en el artista más rentable del momento, y había que aprovechar.

En junio de 1943 Sinatra entraba por primera vez en el estudio de grabación de Columbia Records. Había firmado un contundente contrato con la discográfica al tiempo que la RKO le fichaba para protagonizar tres películas. Antes, el 30 de diciembre de 1942, inauguraba la era de la locura juvenil por los artistas. Convenció al dueño del prestigioso Paramount Theater de Nueva York para que le incluyese en el cartel del día, junto a Benny Goodman y su orquesta. Después, contrató al publicista George Evans para que se hiciese cargo de su nueva imagen en solitario. «Conviérteme en la estrella más famosa de la historia —le dijo el cantante—. Yo tengo el talento, tú ocúpate de lo demás.» Evans se atrevió a hacer lo que nadie había hecho hasta el momento con ningún cantante. Decidió explotar el atractivo sexual de Sinatra y dirigir al artista hacia el público adolescente, en lugar de al maduro como era lo habitual. El día del concierto, miles de *bobby-soxers* (jovencitas ataviadas a la moda: falda con vuelo y calcetines blancos) formaban una cola que alcanzaba varias manzanas. Tuvo que cortarse el tráfico y convocarse a varias ambulancias y decenas de policías para aquel frenético y apoteósico debut en solitario de Frank Sinatra. Cuando en 1945 firmó su contrato con Metro Goldwyn Mayer para hacer cine a lo grande, estaba claro que no había una estrella mayor que él.

Las jovencitas enloquecían por él (llegó a tener más de un millar de clubes de fans por todo el país), cantantes consagrados trataban de descubrir el secreto de su embriagador modo de cantar («¿Cuándo respiras, maldita sea?», le preguntaron en una ocasión), se le abrían escenarios impensables hasta el momento para un solista, y la CBS le dio incluso un programa radiofónico propio. Pero al tiempo que su carrera irradiaba (Evans tuvo en ello mucho que ver, él fue, por ejemplo, quien le bautizó como «La voz»), también aumentaron los escándalos. Infidelidades continuas, peleas con periodistas que se metían en su vida privada, actrices como Lana Turner que veían peligrar su carrera al quebrantar la cláusula de moralidad de su contrato por sus devaneos con el cantante y actor... Lampiño, orejudo y con la cara marcada, Sinatra, sin embargo, tenía un encanto irresistible con las mujeres, ya fuesen jovencitas desconocidas o estrellas consagradas. Pero ese poder de seducción también le acarrearía disgustos.

Durante la década de los cuarenta la prensa sensacionalista no dejó un momento tranquilo a Frank Sinatra. Los poderosos columnistas del momento, con Lee Mortimer a la cabeza, llegaron a promover verdaderas campañas en contra del artista, que a su vez les provocaba con su desafiante carácter pendenciero. Mortimer fue uno de los que acabaría probando la ira de Sinatra, traducida en violentos ataques en público. Esos periodistas centraban sus investigaciones tanto en las relaciones del cantante con miembros de la Mafia (algunos, desde sus días en Hoboken) como sobre todo en sus numerosas relaciones extramatrimoniales. Sus tonteos con chicas desconocidas no interesaban tanto como cuando Sinatra terminaba una noche de juerga en casa de Marilyn Maxwell, la citada Lana Turner o la irresistible Ava Gardner. El pobre de George Evans intentaba sin éxito que Sinatra fuese algo más discreto con sus romances, pero siempre rebelde, el artista actuaba con total indiferencia. Esas inmoralidades, sin embargo, no agradaban en absoluto al público medio americano, y dicho malestar no tardaría en unirse a otras circunstancias que acabarían golpeando con dureza a la joven estrella.

Para empezar, al finalizar la década de los cuarenta ni las películas ni los discos de Sinatra eran lo que él quería. Se quejaba de que sólo le ofrecían papeles de jóvenes inocentes cantarines, como en los grandes éxitos *Un día en Nueva York*, *Levando anclas* o *Llévame al partido*, siempre junto a Gene Kelly, que tan sólo unos años atrás pusieron el mundo a sus pies. Sin embargo, con ello nadie llegaba a verle como un actor de carácter. De hecho, el Oscar que consiguió en 1945 por su trabajo en *The house I live in*, no premiaba su labor artística sino su compromiso social (aquella película fue una más de sus iniciativas para apoyar a Roosevelt y su Partido Demócrata cuando la mayoría de los estadounidenses se declaraban abiertamente republicanos). En cuanto a sus grabaciones, la Columbia le había encomendado a las manos de Mitch Miller, un productor que le obligó a grabar un repertorio de patéticas tonadas que nada tenían que ver con las baladas inmortales con las que alcanzó la gloria. Ni siquiera su arreglista habitual de aquellos días, Axel Stordahl, pudo evitar que Sinatra hiciese el ridículo con canciones como *Mama will bark* («Mamá va a ladrar»), a dúo con la voluptuosa Dagmar.

En medio de esa crisis, a comienzos de 1950, George Evans, fallecía de un ataque al corazón. Ya no había quien frenase las noticias de sus desplantes familiares, y aún menos su relación cada vez más seria con Ava Gardner. Cuando Frank la conoció, en 1949, ella tenía sólo veintiséis años, pero era ya una gran estrella de Hollywood. De ardientes ojos verdes e irresistible sonrisa burlona, Ava había estado casada con Mickey Rooney y Artie Shaw, aunque ninguna de las dos uniones llegó a durar un año. Ella era demasiado pasional, demasiado salvaje; por algo la apodaron «el animal más bello del mundo». Lo cierto es que ella era Frank Sinatra. Tenían demasiadas cosas en común como para no enamorarse. Demasiadas como para que lo suyo pudiese funcionar. «Si fuese un hombre —comentó Ava en cierta ocasión— nunca me enamoraría de mí.» Frank sí lo hizo, y eso, a pesar de que seguía queriendo a Nancy, y de que era muy consciente de que era la mejor madre que Nancy, Tina y Frank Jr. jamás tendrían. Pero la atracción por Ava era incontrolable.

Comenzó a cortejarla. A veces, después de una noche de fiesta, cuado ella insistía en marcharse sola a casa, Frank la seguía y, borracho, se colocaba bajo su balcón para cantarle y hablarle. En otras ocasiones esperaba agazapado en su coche a que ella saliese en el suyo camino del estudio. Aceleraba hasta ponerse a su altura. Se miraban, sonreían, y ella aumentaba la velocidad. Entonces Frank volvía a acelerar hasta volver a estar a su altura. Repetían la misma operación tres o cuatro veces, hasta que, finalmente, Sinatra se marchaba. «Así era Frank —recordaría Ava—. Podía flirtear incluso en el coche.»

Cuando Nancy reconoció en público las continuas ausencias de su marido, miles de cartas llegaron a las oficinas de Columbia y Metro Goldwyn Mayer lamentando el comportamiento del antaño adorado artista. El 30 de octubre de 1951 Frank y Nancy se divorciaban oficialmente. Ocho días después, el cantante se casaba con Ava Gardner. Pero el matrimonio distaba mucho de ser lo que ambos, especialmente Frank, esperaban. Ava lo definió en lo más íntimo: «Todo era fantástico en la cama, pero de camino al bidé comenzaban los improperios». Las peleas de la pareja se hicieron famosas en medio mundo. Allá donde iban, España, África, Australia o Inglaterra, protagonizaban sonadas trifulcas en hoteles y restaurantes, la mayoría de las veces ocasionadas por los terribles celos de ambos. Tenían un acentuado sentimiento de posesión del otro, y cualquier intromisión, una simple mirada, encendía la mecha. Tras la explosión, por lo general, el ciclo se cerraba con una nueva noche apasionada bajo las sábanas. Otras veces, cuando la pelea alcanzaba mayores cotas, se zanjaba en un par de días, cuando Ava acudía a algún club a verle cantar. Se quedaba embelesada mirándole, escuchándole. Él cantaba entonces sólo para ella. «Mira a ese maldito hijo de puta —le decía Ava a los amigos que la acompañaban—. ¿Cómo podría resistirme?»

Y a imagen de la vida personal de Frank, la profesional tampoco resultaba nada apacible. El mismo año de su matrimonio con Ava, 1951, su película *Meet Danny Wilson* fue un estrepitoso fracaso en taquilla, lo que unido al manifiesto desagrado que Louis B. Mayer sentía por Sinatra, le llevó a perder su contrato cinematográfico. Unos meses después Columbia Records le anunciaba que tampoco renovaría su acuerdo discográfico. Pero lo peor era que los grandes escenarios, que una década atrás habían acogido a miles de personas ante sus puertas para ver a Frank Sinatra, ahora le negaban la entrada. Apenas si podía conseguir actuaciones para inauguraciones de hoteles y teatros de medio aforo a través de algún amigo de la Mafia. Lo cierto es que tampoco se atrevía a mucho más.

Aunque, un tiempo antes, el 2 de mayo de 1950, en el Copacabana, ya había ocurrido lo peor que Frank nunca hubiese imaginado. Tras la entrada instrumental, Sinatra colocó los labios en la posición adecuada para iniciar la canción con la entonación perfecta, pero ningún sonido salió de ellos. Una hemorragia faríngea le obligaba a cancelar sus compromisos inmediatos. Aquel incidente fue la señal del principio del fin. La estrella de Frank Sinatra caería en picado a lo largo del siguiente año y medio. «El porteador de Ava», le llamaban algunos maliciosos periodistas cuando le incluían en la crónica sobre algún rodaje de la Gardner. Era toda su ocupación, ir tras ella de un lado a otro. ¿Qué otra cosa podía hacer, si ya no parecía interesarle a nadie? Ava era lo único que tenía, lo único que le animaba a seguir. Eso, y el cominado de alcohol y antidepresivos. Hasta que su sensación de fracaso fue tal que le resultó insoportable. Además, Ava ya ni se molestaba en disimular sus romances con otros hombres. ¿Aquello era el final de todo? A Frank le faltaba el valor para comprobarlo. Cerró bien las ventanas y las puertas y abrió las llaves del gas. ¿Quién podía intentar volver tan arriba como él había logrado?

Esa vieja magia negra

Algún comentarista recordaría después que algunas canciones resultaron difíciles de oír ante la efusividad de los aplausos. En una época en la que las actuaciones duraban una media de cuarenta y cinco minutos, Sammy Davis Jr. se mantuvo en el escenario cerca de dos horas. Morty Stevens hizo que la banda vibrase en los swings, y la controló hasta el intimismo en las baladas. Y Sammy brillaba. Estaba entusiasmado, y con cada nota, cada paso de baile, demostraba que era uno de los hombres con más talento sobre la faz de la tierra. Cuando concluyó *The birth of the blues*, alguna silla cayó al suelo. El público no podía permanecer sentado ante el coraje y la profesionalidad de aquel joven entregado. Parecía tocado por la mano de Dios. Tal vez tuviese algo que ver aquella nueva estrella de David que lucía orgulloso colgada al cuello. «Gracias por el regalo», le gritó desde el escenario a Eddie Cantor.

Provocó dolores de estómago con las carcajadas inevitables ante sus elogiadas imitaciones. Si se cerraba los ojos, parecía que realmente era Frank Sinatra el que estaba entonando *Road to Mandalay*, y súbitamente, una voz chillona fraseaba *Rock-a-by my baby*; sin duda, era Jerry Lewis. Buena parte de los actores y cantantes a los que robaba la voz y los gestos estaban allí presentes, y les encantaba verse reflejados en la bondad de Sammy. El ambiente era tan espléndido que el cantante incluso se permitió hacer una exhibición de su destreza para desenfundar un viejo Colt 45. Sammy era un enamorado de la mitología del Salvaje Oeste, y desenfundar el revólver se había convertido en una de sus grandes aficiones. El público lo sabía, y consciente de sus habilidades, estaba seguro de que también eso sería un espectáculo. No se equivocaban. ¿Cuándo se había visto a alguien bailar claqué con la destreza de Fred Astaire al tiempo que hacía malabarismos como aquellos con los revólveres?

Cuando Sammy anunció el número final, tras un *When I fall in love* que hubiese hecho palidecer al mismísimo Nat King Cole, comenzaron a sonar las notas del clásico de Johnny Mercer *That old black magic*. Morty Stevens, clarinetista y director de orquesta habitual de Sammy, puso sobre aviso a sus músicos. Llegaba el momento álgido. Empapado en sudor, con la camisa abierta y el parche bien ajustado a su ojo, cantó la canción, bailó la canción, y se desvivió en el interludio musical en el que tocó la trompeta, el vibráfono y el piano, antes de concluir con un apoteósico solo de batería. Era, literalmente, un hombre espectáculo.

George Schlatter, el dueño del club Ciro's, en Sunset Strip, no recordaba una noche como la de aquel 11 de enero de 1955. Todo el mundo estaba allí. Desde el matrimonio Bogart a Cary Grant, Edward G. Robinson, James Stewart, Spencer Tracy o Dean Martin. Algunos, como Frank Sinatra y un grupo de amigos, habían cogido un avión desde Las Vegas expresamente para ver el espectáculo. Eran conscientes de que el show no tendría desperdicio, como siempre, pero más importante aún era demostrarle su apoyo al pequeño de Sammy. Después de todo, si ya era difícil triunfar en el mun-

Milton H. Green archive

do del espectáculo, ser negro no ponía las cosas nada fáciles. Y perder un ojo en un accidente de coche no auguraba un buen futuro. Sammy, tan agradecido como modesto, concluyó su actuación invitando a subir al escenario a Schlatter y todos los empleados del Ciro's, era su forma de reconocer la oportunidad que le habían dado.

Unos meses atrás, 1954 había sido el año de Sammy. En enero había logrado un acuerdo histórico con el hotel Last Frontier, de Las Vegas, para el Will Mastin Trío, del que era la gran estrella. Ningún artista de color antes de ellos había logrado la libertad de movimiento y el trato de igualdad en un casino y un hotel de aquella ciudad. A decir verdad, en pocos locales de Estados Unidos. De hecho, un año después sería inaugurado en la ciudad el Moulin Rouge, destinado a dar cabida a todos los artistas negros a los que no se contrataba en el resto de los recintos de la ciudad. Sin embargo, Sammy logró incluso que le permitiesen utilizar la piscina del hotel (aunque cuando un cliente del Sur le vio, obligó al director a vaciarla y volverla a llenar antes de tomar su baño).

Justo un mes después, Sammy Davis Jr. firmaba con Decca Records. Tras algunas grabaciones de escasa repercusión en Capitol, como parte del Will Mastin Trío, y ante la popularidad de su trabajo en los recitales, Decca decidió presentarle un contrato con el que el artista también hacía historia. Ningún cantante negro había recibido una suma tan suculenta por sus grabaciones, ni siquiera el venerado Louis Armstrong. Pero quizás la mayor hazaña fue la que aconteció a finales de marzo. El Will Mastin Trío conseguía actuar en el Copacabana de Manhattan, el escenario más importante del «show business». Por allí habían pasado, entre otros grandes, Frank Sinatra y Martin & Lewis. A comienzos de los años cuarenta, cuando el trío hacía el número de apertura para la orquesta de Tommy Dorsey y su revolucionario cantante, Frank Sinatra, Sammy y su padre solían pasear por las inmediaciones del Copacabana para ver a aquellos «blancos», con sus lujosos trajes y rostros altivos, dispuestos a disfrutar de un show hecho por «blancos». «Algún día actuaremos aquí —le aseguró Sammy a su padre—, y mamá nos estará viendo desde la primera fila. Y beberá champán.» Estaba dispuesto a conseguirlo.

Cuando Sammy Davis Jr. nació, el 8 de diciembre de 1925, fue un acontecimiento poco afortunado para sus padres. Con hogar en Harlem, la puertorriqueña Elvira Davis (bautizada Elvira Sánchez) y Sam Davis, natural del estado de Alabama, la región más racista del sur estadounidense, se habían conocido trabajando en la misma compañía de vodevil, dirigida por Will Mastin. Pasó poco tiempo antes de que la pareja comprobase el mutuo cariño que se profesaban, pero en aquellos difíciles días, en los que había que luchar con igual ahínco contra la pobreza y contra los prejuicios raciales, un bebé era lo que menos necesitaba la joven pareja. Contrajeron matrimonio a mediados de aquel mismo año en el que nacería el niño.

Con ese ambiente familiar, Sammy no tenía muchas alternativas. Trabajaba en el mundo del espectáculo desde los cuatro años, acompañando a sus padres, y ya con ocho tuvo un pequeño papel en la película satírica *Rufus Jones*. Sin posibilidad de ir a la escuela, Sammy se unió muy joven al proyecto artístico de Will Mastin, al que consideraba su tío.

Aquella iniciativa no tardó en traducirse en la creación del Will Mastin Trío, del que Sammy Davis padre era el tercer integrante. Pero tanto Mastin como Davis sabían que el pequeño tenía un talento especial. Al mismo tiempo que aprendió a leer y escribir con miembros de la compañía primigenia, también fue moldeando su forma de bailar y de cantar. Apenas recibió unas pocas pautas, pero algo en su interior parecía dictarle cada movimiento exacto, cada entonación precisa. Además, le encantaba estudiar a otros artistas. En el cine, por ejemplo, escrutaba los bailes de Fred Astaire al detalle. De este modo, aunque el joven Sammy empezó siendo el artista complementario del espectáculo de música y danza del Will Mastin Trío, poco a poco, en respuesta al clamor popular, fue convirtiéndose en su gran estrella. De hecho, a finales de los años cuarenta los carteles de los locales no tardarían en anunciar: «Will Mastin Trío, con el protagonismo de Sammy Davis Jr.»

Pero Sammy no se conformaba con que le respetaran como artista. Quería también que lo hicieran como persona. Tanto su padre como su «tío» Will estaban hechos a la idea de que vivían en un mundo de blancos, y bastante era poder ganarse la vida con algo que les gustaba. El mundo del espectáculo era duro y difícil, pero no tanto como los campos de algodón, las factorías o las cocinas. Eran unos negros con suerte. La gran diferencia, abismal, era que Sammy no se consideraba un negro, sino un hombre sin más, y no lograba entender cómo alguien podía erigirse por encima de otro, creerse superior, su dueño, por una simple cuestión de pigmentación.

Pero al margen del color de su piel, desde muy niño Sammy había sido objeto de todo tipo de insultos y vejaciones, por su físico poco agraciado. Como un día en una heladería de Boston, con siete años. Estaba hojeando un cómic mientras disfrutaba de un helado de fresa. En una mesa cercana, tres niñas, también de color, bebían unos refrescos. Miraban a Sammy y sonreían. El chico, avergonzado, correspondía con otra sonrisa. Una de ellas cogió un trozo de papel y dibujó algo. El resto de las chicas rieron al verlo, y después rompieron la hoja y la tiraron al suelo. Al rato, se marcharon. Ilusionado ante el coqueteo, Sammy estaba ansioso por ver la nota. Tal vez tendría que salir corriendo detrás de ellas. Recogió los trozos de papel y los unió, hasta que logró ver una mala caricatura de un chico de gran cabeza y nariz achatada, y una nota que decía «¡Feo!». Dolido y humillado corrió al aseo para tirar el papel al retrete. Al darse la vuelta, se miró en el espejo y rompió a llorar. Después de todo, aquellas chicas no habían dicho más que la verdad.

Los niños de su edad no eran mucho más condescendientes con él, de modo que Sammy no tenía más refugio que los artistas y el espectáculo. En ese sentido, Boston también fue el escenario de uno de los encuentros más importantes de la vida de Sammy Davis Jr. Tuvo lugar cuando el chico contaba nueve años y el Will Mastin Trío compartía cartel con Bill «Bojangles» Robinson. Se trataba del bailarín de claqué afroamericano más popular del país. Su talento le había ayudado a imponer un salario a quien le contratase que ningún otro artista negro había conseguido hasta la fecha. Tenía un estilo muy personal de bailar, muy emocionante. Y además, cuando abandonaba el escenario, era un tipo con mucha clase. Siempre iba muy bien vestido, aunque nunca con ostentación. Reparaba en cada detalle de su indumentaria, invitaba siempre a los que les rodeaban, y tenía siempre la frase perfecta para todo. Por supuesto, Sammy se quedaba boquiabierto cada vez que le veía actuar, e incluso bailó para él en una ocasión. «Bojangles» predijo que sería una gran estrella, y para ayudarle, echó a su padre y su «tío» de la habitación antes de enseñar a Sammy algunos pasos especialmente innovadores. No obstante, años después, Sammy recordaría: «Lo que Bill Robinson me enseñó realmente fue que cuando eres un bailarín de claqué… tienes que hablar a la audiencia con tus pies».

La vida de Sammy siempre se movía entre extremos. Igual el más grande bailarín le enseñaba sus secretos que unos chicos le pegaban y humillaban. En ese sentido, el paso por el Ejército, para cumplir servicio obligatorio, fue traumático para el artista. Tuvo que sufrir una humillación tras otra, y si le dolían las de los blancos, aún menos entendía las que le inflingían algunos negros. Tal vez una de las peores experiencias fue cuando le cogieron entre varios soldados, y tras inmovilizarle, le arrancaron la camiseta. Con pintura blanca escribieron en su pecho «Soy un negro», y en su frente, «Estúpido». Después le golpearon fuerte para doblegarle, y entonces le obligaron a bailar: «Vamos, negrito, haz lo que sabes hacer». Aquello no fue más que el principio de una vejación que se prolongó durante más de una hora. Una larga y dramática hora tras la cual, dejaron a Sammy tirado junto a los urinarios. Dolorido y avergonzado se puso en pie. Se miró ante uno de los espejos y no quiso reconocerse en aquella imagen. Llorando de rabia e impotencia, deseó acabar con su vida.

Pero cuantas más vejaciones sufría, más concienciado estaba a superar ese horror. Cumplido el servicio militar, y de nuevo de gira con Will Mastin y su padre, Sammy comenzó a asistir a películas, obras teatrales y otros espectáculos hechos por «su» gente. Y cada uno que veía le parecía peor que el anterior. La mayor parte de aquellas obras no hacían sino subrayar los estereotipos que los blancos habían creado. En ellos, los negros hablaban mal, eran incultos, graciosos como bufones, inconscientes… ¿Cómo querían conseguir respeto si no empezaban por respetarse a sí mismos?

Sammy fue entendiendo que su talento para la música, para el baile, para el entretenimiento en definitiva, era el mejor camino para saltar las barreras de color, además de suplir cualquier otro defecto físico. Les asombraría tanto que no podrían negarse a aceptarle como si fuera blanco. Así fue como, poco a poco, y no sin tener que entablar duras disputas con Will Mastin, temeroso de que la actitud de Sammy les costase contratos, el joven artista fue ganando batalla tras batalla. A cada hotel o local que llegaba para actuar, imponía como norma que les permitiesen andar a su antojo por el lugar, y no entrar y salir por detrás o comer en la cocina, como solía ser costumbre. A veces lograba su objetivo, a veces les echaban antes de empezar la actuación. Lo mejor era que en esa cruzada siempre encontraba a alguien que le echaba una mano y le daba la razón. El respaldo más importante en ese sentido fue el que le proporcionó Frank Sinatra.

Sammy y Frank coincidieron en cartel varias veces a lo largo de los años cuarenta, y cuando esto ocurría, Sinatra utilizaba toda su influencia para que su amigo y sus acompañantes fuesen tratados con el mayor respeto. La primera vez que hablaron, Sammy acababa de dejar el Ejército. Durante aquel duro periodo, una de sus pocas formas de evadirse era ir a ver cantar a Sinatra a su programa semanal de radio, que se emitía desde Hollywood. Le encantaba su forma de interpretar. Sammy le saludó varias veces, y Frank incluso le regaló algunas entradas, pero sin apenas reparar en él. Cuando compartieron cartel por primera vez, en 1947, Sammy se lo recordó. «¡Espera un minuto! ¿Eres el chico que iba siempre vestido de uniforme? ¿El que veía siempre mover los labios al tiempo que yo cantaba?» «Sí, señor. Ése era yo.» Aquel día, antes de que apareciese en escena el Will Mastin Trío, Frank pidió permiso para abrir la noche cantando un par de canciones. Él era el artista estelar, así que aquello no tenía mucho sentido, pero nadie se opuso. Al terminar, antes de abandonar el escenario, se acercó de nuevo al micrófono: «Damas y caballeros, les dejó ahora con un espectáculo fabuloso. Son unos tipos cuyo baile desata tormentas. No pierdan de vista al joven de en medio, es un amigo personal mío».

Para el trío fue fundamental el momento en el que el Sinatra impuso la actuación del grupo como número preliminar en la serie de conciertos que iba a ofrecer en el teatro Capitol Theatre de Nueva York, aquel mismo año. Con ocasión de aquel encuentro, y tras haber visto actuar varias veces a Sammy, le espetó: «¿Por qué no cantas de verdad?» Sammy sabía bien a qué se refería. Su forma de interpretar las canciones era bastante estándar, como también solían ser los propios temas. Centraba más sus esfuerzos en el baile y la comedia, que era al fin y al cabo su responsabilidad en el grupo. De hecho, si su forma de cantar tenía un toque personal era el que imitaba del propio Frank. «Estaría bien que sonases como yo, si fueses yo —le explicó Frank—. Debes encontrar tu propio sonido, tu propio estilo.»

También fue crucial para Sammy su encuentro con Jerry Lewis y Dean Martin. Ocurrió a comienzos de 1951, en un momento crucial de la carrera del artista negro. El manager del trío, Arthur Silber, había logrado cerrar varias noches en el Ciro's, el local de actuaciones más importante de Los Ángeles. Martin & Lewis también estaban en cartel. Tanto uno como otro establecieron una excelente relación con Sammy, a partir de la cual nacerían dos amistades muy diferentes. Así, mientras que Dean, al igual que Sinatra, trató de defender siempre a Sammy de cualquier menoscabo racial, Jerry le proporcionó algunos consejos que se revelaron fundamentales para el definitivo despegue desde la agrupación familiar. De hecho, Sammy siguió algunas de aquellas sugerencias en esas mismas actuaciones en el Ciro's, como lucir un atuendo diferente al de sus dos compañeros, desdeñando el frac, el sombrero de copa y el bastón en favor del esmoquin. Jerry no se equivocaba. Aquellas noches de 1951 en Los Ángeles fueron un gran triunfo, marcando el comienzo del éxito de Sammy Davis Jr. como solista.

Para Sammy no existían blancos ni negros, sólo buenos y malos artistas, buenos y malos amigos. Así, otra de las acciones que llevó a cabo como algo natural fue la de introducirse en un grupo cada vez más selecto de amigos blancos. El actor y compositor Jeff Chandler, al que conoció poco después de aterrizar por California, se convirtió en un compañero habitual de sus fiestas y viajes, además de un excelente «lazarillo» que acabaría presentándole a gente como el matrimonio formado por Tony Curtis y Janet Leigh. En aquellos días, todos los artistas se llevaban bien al margen del color de la piel, no ponían problemas a la hora de trabajar juntos, todo era buena camaradería; salir a cenar o acudir juntos a cócteles era algo muy diferente. En ese terreno también Sammy Davis Jr. logró imponer su criterio.

Pero todos los sueños y esperanzas de una gran carrera, una gran vida sin barreras de color, se truncaron la noche del 19 de noviembre de aquel año «afortunado» de 1954. Sammy había decidido alterar su rutina de tomar unas copas tras el espectáculo en el New Frontier, y subido a bordo del flamante Cadillac que Mastin y su padre le habían regalado en anticipo de su 29 cumpleaños, se dirigió a Los Ángeles desde Las Vegas. Iba a los estudios Universal, a grabar la canción principal de la película *Atraco sin huellas*, protagonizada por Tony Curtis. Le acompañaba en el trayecto su amigo Charlie Head, que condujo durante el primer trecho. Poco después de hacerse cargo del volante, Sammy cayó en la cuenta de que era la primera vez que salía a la calle sin el amuleto de buena suerte que le había regalado años atrás Eddie Cantor. No volvería a reparar en ello hasta unos días después, ya en el hospital.

Varios coches se aproximaron a la vez al cruce entre dos carreteras principales. Uno de ellos era el de Sammy, otro, el de un viajante de comercio consumido por el alcohol. Deslumbrado por los focos, el conductor borracho dio un volantazo que sobresaltó al resto de los pilotos. En un desesperado intento por no golpear de lleno a otro vehículo, conducido por una mujer, Sammy cambió bruscamente de rumbo. El elegante Cadillac de Sammy acabó colisionando con el destartalado Chrysler del borracho, y la fuerza del impacto lanzó al artista contra el parabrisas. Más de medio cuerpo acabó descansando sobre el capó destrozado. Cuando Sammy recobró el conocimiento en el Hospital Comunitario de San Bernardino tenía los dos ojos vendados. Su estado de salud no era grave, pero existían bastantes probabilidades de que perdiese el ojo izquierdo y una de sus piernas. Al final, las piernas se salvaron. Charlie Head perdió buena parte de la dentadura.

«¿Quién va a querer ver actuar a un negro con un solo ojo?», le lloraba a los muchos amigos que fueron a verle durante su convalecencia. Pero todos le animaban: «No te preocupes Sammy, saldrás adelante. ¡Eres grande Sammy!». Evidentemente, era difícil que alguien se creyese esas palabras. ¿Quién iba a contratar a un negro tuerto y que, además, había decidido durante su estancia en el hospital convertirse al judaísmo? Había que tener realmente muchas esperanzas para creer algo así. Y, desde luego, nadie tenía más esperanzas a comienzos de 1955 que Frank Sinatra. Gozando de una segunda y brillante época de esplendor, el cantante no dejó solo ni un instante a su joven amigo durante aquellos duros momentos.

Sammy hizo su apoteósica reaparición artística en el Ciro's luciendo un elegante parche negro. Demostró que tener un solo ojo no le provocaba problemas de estabilidad a la hora de bailar, pero nadie podía negar que no resultaba demasiado estético. En algunas reuniones del Rat Pack, Bogart, Sinatra y el resto de los amigos sorprendían al artista al presentarse todos con un parche como el suyo. Pero un día, el viejo Bogart le habló con claridad: «Deberías deshacerte de ese parche Sammy —le aconsejó—. ¿No quieres ponerte un ojo de cristal porque todos hablarán de ello? En cuanto empieces a cantar y a bailar como sabes hacerlo dejarán de hacerlo. ¿Crees que a alguien le importa que yo use alzas para parecer más alto en la pantalla? Dales lo que quieren y no les importará cómo seas».

Por supuesto, Sammy hizo caso a Bogie. Y no sólo volvió a cantar y a bailar en los clubes, sino que Decca puso toda su confianza en él. En abril de 1955, su primer disco, *Starring Sammy Davis Jr.*, lograba nada menos que el primer puesto de la lista de éxitos. El siguiente, *Sammy Davis Jr. sings just for lovers*, alcanzaba el quinto puesto tan sólo cuatro meses después. Dos discos más en 1956, cuatro en 1957… Y en lo que a temas de éxito se refiere, en esos años Sammy se convirtió en una voz tan asidua en las emisoras de radio como la de Sinatra o Dean Martin. Canciones como *Hey there*, *The birth of the blues*, *That old black magic* o *Something's gotta give* pasaron rápidamente a ser identificadas con la voz del artista. Otros muchos intérpretes las habían grabado con anterioridad, pero pocos imprimieron en ella el carisma y la emoción logrados por Sammy.

Y con todo ello, Sammy tuvo tiempo aún de afrontar un nuevo proyecto. El compositor y productor Jule Styne se había quedado boquiabierto con el espectáculo del Will Mastin Trío en el Last Frontier, más concretamente, con la versatilidad de Sammy para cantar, bailar, hacer reír y tocar cualquier instrumento como si hubiese vivido una vida para perfeccionar cada una de esas habilidades. Styne pensó que podrían conseguir un gran éxito si dotaban al espectáculo de una trama y lo estrenaban a modo de obra musical en Broadway. *Mr. Wonderful*, con Sammy como protagonista absoluto, se estrenó en Nueva York el 22 de marzo de 1956, y llegó a ofrecer 383 representaciones. No cabía duda de que lo estaba consiguiendo. Artistas de todos los campos le aplaudían y le expresaban su admiración. Sin embargo, las expectativas de Sammy no se cumplían. A finales de 1955 le había comprado a Judy Garland su mansión en Hollywood, se había ganado el derecho. Pero al despertarse el 25 de diciembre encontró en la puerta de su garaje la pintada: «Feliz Navidad, negro».

Tendría que seguir luchando, y no prestarles atención. Es lo que Bogart le aconsejó. Y hasta ahora, sus consejos habían sido muy certeros. Sammy le admiraba de verdad, casi tanto como a Sinatra. Por eso, cuando Humphrey Bogart murió, Frank pasó a ocupar el primer e indiscutible lugar en la lista de los amigos de Sammy, muy por encima de cualquier otro conocido. Más que un amigo, Frank suponía la figura del hermano mayor que Sammy nunca tuvo. Del mismo modo, Sammy pasó a convertirse en el compañero infalible, el protegido complaciente que tanto necesitaba Sinatra.

Los días del regreso de Sammy fueron también los más grandes de Frank Sinatra. Ante el asombro de todos, tal y como había hecho Sammy y haría Dean poco después, Sinatra protagonizó una resurrección artística contra todo pronóstico en 1953. Una resurrección que, al contrario de lo que ocurriría con sus dos amigos, no siempre sería recordada como fruto de su talento y esfuerzos, sino como algo más turbio. Los hechos son que al cantante le llegó la noticia de que Columbia Pictures iba a adaptar a la gran pantalla el gran éxito de James Jones *De aquí a la eternidad*, una novela ambientada en los días previos al ataque japonés a Pearl Harbor. En ella aparecía el personaje de un soldado dicharachero y vividor, Angelo Maggio, con el que Sinatra se sintió inmediatamente identificado. Intentó por todos los medios que el presidente del estudio, Harry Cohn (apodado «King Cohn» por su poder y su enérgico carácter) le diese una oportunidad, pero ni el magnate ni el equipo técnico de la película estaban dispuestos a poner en peligro una producción con tan buenas perspectivas. Sinatra no sólo estaba acabado, sino que además, al verle en el cartel, el público podría pensar que se trataba de un musical. Eli Wallach ya había hecho una excelente prueba para el papel, con lo que había poco más que pensar. Todo intento por conseguir convertirse en Maggio parecía inútil.

Pero Frank no se rendía tan fácilmente. Rodar un buen guión a las órdenes de Fred Zinnemann y en compañía de actores como Burt Lancaster y Montgomery Clift podía darle una segunda oportunidad a su carrera. Comenzó entonces una campaña de promoción que habría sido el honor de los mejores días de activista política de Dolly Sinatra. Y lo hizo él solo. «En aquellos días los amigos volvían la cara para evitar decirte que no si les pedías un favor —recordaría años después—. ¿Quién diablos se creían? Cuando era popular no cabían en un teatro todos los que se decían mis amigos, y después no había quien se sentase en la barra de un bar conmigo.»

Dispuesto a salir del atolladero, Sinatra se dedicó a mandar telegramas a Harry Cohn, al productor de la película, Buddy Adler, y al guionista, Daniel Taradash, en los que decía sencillamente «Sinatra es vuestro hombre», y firmaba: Angelo Maggio. Pero la campaña no funcionaba. Incluso Ava Gardner trató de convencer a Cohn prometiéndole rodar una película para su estudio. Pero el empresario, consciente del buen uso que la Gardner hacía de sus armas de mujer, y ante la resistencia de ésta de poner por escrito ese acuerdo, se mantuvo en su negativa.

Desanimado, Frank se fue con Ava a África, donde la actriz iba a rodar *Mogambo* a las órdenes de John Ford. Allí recibió un telegrama de Cohn: si volvía a Los Ángeles costeándose el viaje estaba dispuesto a hacerle una prueba.

Wallach había rechazado el papel en el último momento para trabajar con su amigo Elia Kazan, y Fred Zinnemann había planteado darle una oportunidad a Sinatra para demostrar si realmente era tan afín al personaje. Lo era de tal modo que para esa prueba no quiso leer el guión, sólo pidió unas pocas directrices sobre las que elaborar su interpretación. El papel era suyo.

La noche del 25 de marzo de 1954, en la gala de entrega de los Oscars, Frank Sinatra no estaba acompañado de su esposa, Ava Gardner, ni de ninguna atractiva compañera de reparto. A su lado, en la parte posterior del Pantage Theater, en Los Ángeles, estaban sentados los pequeños Frankie y Nancy Sinatra. Para Frank, aquello era demasiado importante como para no vivirlo en familia. Tenía treinta y ocho años, pero estaba nervioso como un niño. Aquella figura de menos de cuatro kilos de peso y un escueto baño de oro significaba mucho para él. Significaba el respeto y la consideración de sus compañeros. Significaba volver a ser alguien. Significaba volver a vivir.

Era la segunda gala de esos premios cinematográficos retransmitida por televisión. En esas imágenes podía verse el rostro iluminado y eufórico de la actriz Mercedes McCambridge al anunciar, como ganador del Oscar al mejor actor secundario, a Frank Sinatra. Todo el auditorio se puso en pie, proporcionándole una ovación como pocos habían arrancado hasta el momento en aquel foro. Frank tenía que recorrer un largo pasillo para llegar al escenario, y no estaba dispuesto a tardar demasiado. Sonriente, y tras besar a sus dos hijos, echó a correr mientras recogía los saludos y vivas de sus colegas. Al recibir la estatuilla era evidente la emoción en su gesto.

Pero los periodistas que habían hecho la guerra a Sinatra unos años atrás seguían estando contra él, y no tardaron en sacar a relucir sus relaciones con la Mafia como explicación de su inesperado regreso. Aquello duraría poco, porque en breve Frank Sinatra acapararía tanto poder que pocos eran los que se atrevían a seguir hablando mal de él. Quince años después, la publicación de la obra de Mario Puzo *El Padrino*, reavivó el debate sobre la forma en la que Frank consiguió el papel de Maggio. En el libro, Johnny Fontane es un cantante y actor italoamericano, ídolo de quinceañeras en horas bajas, al que las cosas no le van demasiado bien. Acude entonces a don Vito Corleone, su padrino, para que le ayude a conseguir el papel protagonista en una película bélica a punto de rodarse, con la que podría recuperar el éxito perdido. Sin reparar en medios ni formas, el mafioso logra su objetivo. En compensación, «el padrino» acude después en varias ocasiones al cantante para que le haga a su vez algunos favores. Cuando el libro se publicó, en 1969, Sinatra montó en cólera. Aunque sus más allegados le animaron a no preocuparse, era evidente que todos pensarían en él al leer la obra. Cuando Coppola llevó la historia al cine (con el cantante Al Martino encarnando al personaje), la cosa empeoró. Conociendo el carácter de Frank no es difícil imaginar lo que hubiera hecho con Puzo de no haber tenido quien lo retuviera.

Pero eso pasaría muchos años después. Aquella noche, en el Pantage Theater, rodeado de su familia y amigos, Frank Sinatra sólo pensaba que lo había conseguido. Ese Oscar era el broche perfecto para un regreso que se había cimentado un año atrás, cuando en abril de 1953, tres meses antes de que se estrenase *De aquí a la eternidad*, Capitol Records le ofreció la posibilidad de fichar con ellos para iniciar una nueva carrera musical. En otoño de ese mismo año se agotaban las entradas para verle cantar en el Riviera, un local de Nueva Jersey. El propio Sinatra se encargó de escoger a su telonero, el humorista Joey Bishop, un joven al que había conocido en el Latin Quarter de Nueva York y que se encargó de preparar al público para recibir al artista. «Fue una actuación apoteósica la de aquel primer día en el Riviera —evocaría Bishop—. Frank cantó las notas justas, con el *feeling* apropiado. Fue electrizante.» Once mil personas llenaban el local, y habría muchas más los siguientes días. Sólo había libre un asiento, el que debía ocupar Ava Gardner.

Tal vez podría pensarse que a esas alturas la relación de la pareja resultaba ya insostenible. En realidad no era muy diferente de como había sido siempre. Arrebatos de pasión y arrebatos de odio. Frank cogió un avión desde Los Ángeles a Madrid cuando se enteró que Ava estaba teniendo un romance con el torero Mario Cabré. Estuvo a punto de liarse a puñetazos con él. Aquella noche hicieron el amor hasta bien entrada la mañana, y lo que debía ser un almuerzo-intermedio antes de otra sesión de sexo incendiario se convirtió en una violenta despedida. Otra más. Para Ava, la señal definitiva fue cuando se quedó embarazada de Frank. Quería abortar, aunque él no lo aprobaba. Al final, un accidente durante el rodaje de *Mogambo* le ahorró la elección. Ava sabía que Sinatra nunca daría el paso, así que a mediados de 1954 comenzó ella misma los trámites de divorcio. Tal vez si lo hubiese hecho dos años antes, Frank hubiese sido más persistente a la hora de quitarse la vida. Ava era su gran amor, tanto en los momentos dulces como cuando ella le humillaba a causa de su fracaso artístico. Ahora que volvía a triunfar, se marchaba. No estaba dispuesta a asistir al desfile de amantes que se preparaba, ni tenía ganas de mantener más disputas a causa de sus propias infidelidades. El matrimonio tardaría tres años en estar legalmente disuelto, y cada uno encontraría compañía mucho antes. No obstante, Ava no volvería a casarse nunca más, mientras que Frank mantendría su casa llena de fotos de la actriz incluso durante su matrimonio con Mia Farrow, quince años después.

La melancolía de aquella ruptura se reflejó en la producción musical de Frank Sinatra. No en vano, Capitol Records le había dado plena libertad a la hora de trabajar sus grabaciones. Tenía su lógica. Después del desarrollo vocal que representó en los cuarenta, Sinatra había protagonizado una nueva revolución en los cincuenta con su concepción de los discos de larga duración. En los ocho años en los que Frank Sinatra estuvo bajo contrato de Capitol, lanzó 16 álbumes (al margen de sencillos, bandas sonoras y grabaciones en directo) que serían catalogados con el paso de los años como trabajos precisos y detallistas, piezas maestras de la historia de la música del siglo XX. Sin rubor alguno, los mejores vocalistas de su época reconocerían a Frank el camino abierto. Y en ese trabajo tuvo mucho que ver el arreglista y compositor Nelson Riddle.

Al fichar por Capitol Records Frank se planteó hacer algo diferente. Se consideraba un cantante excepcional, con un dominio de la voz que todos alababan. Su proyecto ahora era lograr que sus discos de larga duración (formato que comenzó a comercializarse en firme a finales de los cuarenta) fuesen algo más que meras compilaciones de canciones que habían aparecido previamente como sencillos, como era habitual. Sinatra solicitó como arreglista y productor a su habitual Axel Stordahl, pero éste seguía contratado por Columbia Records. Decidió entonces probar a Nelson Riddle, un autor de éxito de la posguerra que había hecho un trabajo excelente con los discos más recientes de Nat King Cole.

Juntos, Sinatra y Riddle pensaron en sacar el máximo partido a la sucesión de canciones que permitía el LP, una sucesión que debía crear un clima determinado en el oyente, un sentimiento. Para ello, no sólo debían cuidar que cada canción conectase bien melódicamente con la anterior, sino que además respetase un tema común. Surgió así la idea del álbum conceptual. El primero de ellos, *Songs for young lovers*, editado en enero de 1954, fue un gran éxito, y permitió a Frank recuperar la confianza de su público habitual. Así, uno tras otro, se sucedieron los trabajos de ritmo alegre, con historias de parejas felices, viajeras y bailarinas (*Swing easy, Songs for swingin' lovers, Come fly with me, Come dance with me...*), junto a otros de tono melancólico, que hablaban de soledad y corazones destrozados, o bien de amor íntimo, casi susurrado (*In the wee small hours, Close to you, Only the lonely, No one cares...*). En todo caso, siempre se trataba de proyectos entusiastas y brillantes, de una vitalidad rabiosa, fiel reflejo al fin y al cabo de un Frank Sinatra que, en años como 1956 o 1957, llegó a pasar por el lecho de mujeres como Judy Garland, Lana Turner, Kim Novak o Lauren Bacall.

Al margen de Riddle, Frank trabajó también con otros arreglistas durante aquel periodo, como Gordon Jenkins y Billy May, pero con ninguno alcanzó las cotas de genialidad que firmó junto a Nelson. Todos coincidían no obstante en afirmar que era difícil encontrar a un vocalista más implicado que Frank en el resultado final de un álbum. Nadie difundió como él las «canciones de salón», baladas íntimas y melancólicas, características de bares y salones de hotel, y que Frank elevó a la categoría de clásicos (piezas como *One for my baby (and one more for the road)* o *Angel eyes*). No sabía leer una partitura, pero había alimentado un instinto y una percepción infalibles, que le animaban a plantear todo tipo de propuestas a la hora de desarrollar los arreglos, el ritmo o el clima. Que muchos músicos y directores de orquesta llegasen a considerarlo un maestro de la concepción musical es una buena muestra del respeto artístico que logró granjearse.

Treinta y seis tragos al día

Si alguien invitaba a Frank Sinatra a una fiesta debía estar hecho a la idea de que tendría que acoger a varias personas más. Nunca iba solo a ningún sitio. No le gustaba estar solo. De hecho, muchos comentaristas de la vida social de Los Ángeles de finales de los cincuenta se referían maliciosamente al ambiente que rodeaba a Frank Sinatra como «su séquito». Ya ocurría así en los cuarenta, cuando Frank estaba compañado constantemente por su relaciones públicas, George Evans, su pianista, Bill Miller, o su hombre de confianza, Hank Sanicola. También de ascendencia siciliana, Sanicola era un duro promotor cuando Frank aún recorría bares de carretera de todo el estado de Nueva York. Acabó convirtiéndose en su mánager no oficial e infatigable acompañante en giras y fiestas. Aunque en su caso, como en el de otros muchos, no había obligación alguna. Todo el que estaba con Frank Sinatra era porque quería, porque su personalidad, su halo de vividor, parecía prometer grandes experiencias si se estaba a su lado. Por ello, cuando Humphrey Bogart murió en enero 1957, a causa de un cáncer de garganta, el carisma de Sinatra ya le había llevado tiempo atrás a convertirse en el miembro más activo del grupo, aunque Bogie seguía siendo el líder venerado. Fallecido el actor, las reuniones del Rat Pack fueron perdiendo cohesión. Algunos miembros se mudaron a vivir a otras zonas, al tiempo que llegaban nuevos famosos con ganas de juerga, como Peter Lawford o Dean Martin. Pero aquellas eran ya otras fiestas, con otros invitados. El que algunos insistieron en llamar en aquel momento el Rat Pack de Frank Sinatra (diferente al fenómeno que surgiría a comienzo de los sesenta) no era ya un grupo de vecinos con actitud desafiante, sino un grupo de amigos y colaboradores (arreglistas, compositores, estilistas…) que sólo buscaban sacar la máxima diversión de la vida. Y los límites los marcaba Frank.

Para empezar, se mantenía una regla del antiguo grupo: había que beber, y desde luego tener aguante. Tony Oppedisano, el mánager de Frank durante sus últimas giras en los años ochenta y noventa, no podía creer la resistencia de aquel hombre que tenía el doble de años que él. «Cuando estábamos en algún bar tomando unas copas —recordaba—, se las apañaba para beber, bromear con las chicas y vigilar que todo el mundo tuviese su vaso lleno. Además, de vez en cuando cogía al azar la copa de alguien y se la echaba a la garganta, de un trago. Quería comprobar que nadie hacía el viejo truco del té helado o el zumo de manzana.» No, amigo, con Frank no valían esas artimañas. El vaso debía vibrar con el alcohol, y si era Jack Daniel's, tanto mejor.

Frank Sinatra no comenzó a beber en serio hasta la década de los cuarenta, aunque no cabe duda de que se las arregló para recuperar el tiempo perdido. El gran momento tuvo lugar en el Arlequín, un garito de Nueva York en el que Jackie Gleason, maestro del humor y de las copas, solía «repostar» cuando actuaba en la ciudad. Sinatra se presentó en el local con expresión apesadumbrada. Un mal asunto con una chica o un mal día en el estudio. «¿Qué es lo mejor para cuando estás abatido?», le preguntó el joven Frankie al orondo Gleason señalando a las botellas. «¿Quieres decir que nunca te has emborrachado? ¿Que nunca has bebido de verdad? —se asombró el veterano artista, pero le aconsejó—. ¡Jack Daniel's! Es el mejor punto para empezar.» Comienzo y final. Frank sería fiel a la bebida de cabecera de Jackie Gleason hasta días antes de su muerte, igual que lo fue de los Camel sin filtro. Sammy Davis Jr. recordaría en sus memorias cómo Frank sentía recelos inmediatamente de aquellos que anunciaban altivos que no bebían alcohol. No se fiaba de ellos. Muy diferente era si bebían vodka, ginebra o, mejor aún, bourbon o whisky. «Pero si pedías un Jack Daniel's, la cara de Frank se iluminaba —evocaba Sammy—. A partir de ese momento le tenías siempre pendiente de ti, de que no te faltase nada y lo pasases bien. Y por supuesto, te llenaba el vaso cada vez que lo veía necesario.» Sammy también bebía Jack Daniel's, principalmente porque sabía que era lo que quería Frank. En una ocasión pidió al camarero también una Coca Cola para combinarla con el bourbon. Frank le acusó de profanar el líquido cobrizo, y Sammy se cuidó de no volver a tomar aquel combinado en presencia de su convincente amigo.

Cuando Frank Sinatra se vio obligado a cambiar de médico de cabecera, su nuevo doctor le hizo un examen general, y mostró un interés especial por su afición a la ingesta de alcohol. «¿Cuánto bebe usted?», quiso saber. «Unos treinta y seis tragos al día.» El médico sonrió cortésmente y recuperó la compostura. «No, en serio señor Sinatra. ¿Cuánto bebe usted?» Frank, indiferente, volvió a asegurar: «Ya se lo he dicho, treinta y seis tragos al día». «¿Cómo puede estar tan seguro?», quiso saber el médico. «Verá, doctor, bebo una botella de Jack Daniel's diaria, lo que equivale a unos treinta y seis tragos.» Sin poder salir de su asombro, el doctor le espetó, con un evidente tono de desaprobación: «¿Y cómo se siente cada mañana?». «No lo sé —respondió Sinatra poniéndose en pie—. Nunca me levanto por la mañana. Y no estoy seguro de que usted sea el médico apropiado para mí.» Pocos años después, alguien le comunicó a Frank la muerte del profesional por un problema de circulación.

Cuando Sinatra se embarcaba en alguna de sus giras de los años ochenta, varios camiones recorrían el trayecto entre uno y otro concierto. En ellos viajaba todo el material técnico para el montaje del escenario y el sonido, los instrumentos de la orquesta, los alimentos por si a Frank le apetecía una comida casera, y un cargamento completo de Jack Daniel's. La promoción que Frank Sinatra hacía de esta bebida animó a los responsables de la marca a regalarle un acre de tierra en Lynchburg, en el estado de Tennessee, asentamiento histórico de la destilería.

Dean Martin, sin embargo, era hombre de J&B. Además, era el único que pedía asiduamente una bebida contraria a la de Frank, a veces con la única intención de que él escuchase bien que lo hacía. No obstante, también disfrutaba con los Martinis. Sinatra no solía beber muchos Dry Martini, y cuando lo hacía eran sólo uno o dos, y siempre antes de la cena. Dino no le ponía hora a los cócteles. Más aún, los escogía según el momento. Le gustaba ir a algún bar tranquilo, de confianza, y sentarse al final de la barra, como si no fuese, ya a comienzos de los sesenta, uno de los rostros más populares del mundo del espectáculo. Cuentan las crónicas de Hollywood que la asiduidad de Dino con los Martinis dio lugar a una nueva variedad del combinado.

Ocurrió en el restaurante Chasen's, en Beverly Hills. Era uno de esos locales con una esquina perfecta para Dean, al que acudía tres o cuatro noches a la semana, a comienzos de la «década prodigiosa», para disfrutar de la soledad que tanto apreciaba. Pepe Ruiz, el famoso barman que custodiaba la barra, servía a Dean un Martini tras otro. Una noche, el artista se lamentó ante el camarero: «¡Estoy tan cansado de que todo sea siempre igual!». Se refiriese al combinado o a su vida, el caso es que Ruiz pasó las siguientes tres semanas experimentando, hasta que un día sorprendió al artista con el *Flame of love Martini*. En sus propias palabras, la receta consistía en: «Empapar el interior de una copa de cristal helada con unas gotas de jerez La Ina, arrojando después el líquido restante. Hay que exprimir una tira de cáscara de naranjada sobre el vaso y flambear con una cerilla. Se tira la cáscara y se llena el vaso de hielo para que se enfríe de nuevo, desechándolo después. Agregar vodka y flambear otra cáscara de naranja alrededor del borde de la copa. Agítese suavemente el líquido, y ya sólo queda degustarlo». «¡Joder, es lo mejor que me he llevado a la boca en toda mi vida!», proclamó Dean. Satisfecho, Pepe Ruiz siguió en sus menesteres sin saber muy bien en qué sentido hablaba el cantante.

Sinatra y sus amigos del Rat Pack eran gente de costumbres fijas, y eso facilitaba el trabajo a los encargados de bares, casinos y hoteles. En cada ciudad tenían sus locales preferidos (que solían ser los que marcaba «el líder»), y cuando tenían previsto pasar por alguno de ellos ponían sobre aviso al dueño para que no faltase de nada. Por ejemplo, si había planes de verse en Nueva York, avisaban al Patsy's, al P. J. Clarke's, al Club 21 o al bar del hotel Waldorf-Astoria, donde Frank siempre reservaba una habitación por si resultaba necesaria. Ante el continuo flujo de prostitutas y clientes de alto *standing* que registraba el lugar a altas horas de la noche, Sinatra llamaba a aquel hotel «Sir Herpes», de igual modo que acabaría denominando «Gonorrea Bar» a un tugurio de Las Vegas.

En la otra orilla del país, en San Francisco, acudían al viejo El Matador, al Blue Fox o al salón New Orleans, en el hotel Fairmont. El hotel Ambassador de Chicago tenía también un bar acogedor, el salón Pump, al que acudían si no iban al Gibson. En Los Ángeles estaba el Villa Capri y, cómo no, el Romanoff's, además de otros ocasionales como el Chasen's o el Nicky Blair's. Pero ninguno tan habitual como el Jilly's. Estaba en Nueva York, en el cruce entre la calle 52 y la Octava avenida (con el tiempo habría otro Jilly's en Palm Springs y uno más en Miami). El dueño, Jilly Rizzo, era un buen amigo de Frank Sinatra, y acabaría convirtiéndose en su hombre de confianza tras una pelea del cantante con Hank Sanicola. Bastante grueso y con grandes gafas ahumadas, Rizzo se encargaba de que en su local, el mundo fuese tal y como lo quería Frank. Era el único bar en el que él y sus amigos podían estar tranquilos, sin el acoso de la prensa; Rizzo tenía vetada la entrada a todos los periodistas. Tal vez por eso, además de la «pandilla de ratas», todos los famosos iban al local de Jilly.

Claro que, con el tiempo, los chicos más relevantes del Rat Pack cayeron en la cuenta de que si tanto les gustaba pasar el tiempo en un bar, lo mejor sería tener el suyo propio. Dean Martin compró en 1958 un restaurante en Sunset Bulevar y lo convirtió en Dino's Lodge, donde cuidaba de que la comida italiana fuese auténtica. Fue ya en los sesenta cuando Sammy se hizo con la mayor parte del accionariado de The Factory, una de las primera discotecas de la floreciente Los Ángeles, en sociedad con Peter Lawford. En cuanto a Frank, por la misma época que las operaciones hosteleras de Dean, se hizo cargo junto a un joven Steve McQueen del Dominick's, al tiempo que montaba el restaurante Puccini's, ambos en Los Ángeles.

Al margen de Las Vegas y la casa de Frank en Palm Springs, fue en Puccini's donde mayores veladas pasaron Frank, Dean, Sammy y el resto de los miembros del grupo, algunos provenientes de los días de Holmby Hills, como Tony Curtis y su esposa Janet Leigh, y otros de nueva incorporación, como la actriz Angie Dickinson. La fiesta se mantenía hasta bien entrada la noche, y Frank se encargaba de que nadie se largase antes de tiempo. Si alguien se levantaba de la gran mesa, le preguntaba donde iba, y ya le valía tener una buena excusa. Jilly Rizzo tenía la técnica perfecta: «Voy al baño un momento para dejarle más sitio al tío Jack (Daniel's)». Así, tal vez hubiera suerte y alguien pudiese escapar. En una ocasión, el también habitual Yul Brynner animó a Frank a invitar a una fiesta en su casa al guionista Harry Kurnitz y al productor Armand Deutsch. Ambos recordarían durante años la tortura que suponía permanecer despiertos, entre el jolgorio, las canciones y las copas, cuando sus cuerpos no resistían más. Frank no les permitía retirarse. Claro, que iban avisados. Kurnitz apuntaría años después: «Frank es la única persona que conozco que te invita a un cóctel nocturno y, antes de colgar, te recuerda que lleves tus gafas de sol».

* * *

Para Frank Sinatra la soledad resultaba inconcebible. «¿Sabes qué son los tipos solitarios? —le dijo en cierta ocasión a Sammy—. Unos perdedores, eso es lo que son.» Para Frank, la amistad era casi tan importante como la familia, por eso la mayor parte de sus buenos amigos lo fueron para toda la vida. La única vez que se había sentido solo fue en su periodo negro tras ser expulsado de la Columbia y la Metro, y se había jurado a sí mismo que jamás volvería a verse en esa situación. En este sentido, a Frank le gustaba contar un chiste cargado de ironía al salir de sus labios: «Un tipo camina por Nueva York, devastada por una bomba atómica. Camina durante cuatro o cinco días sin encontrar a nadie. Se siente tan solo y descorazonado que no ve más salida que subir al edificio más alto que continúa en pie y arrojarse al vacío. De pronto, al pasar por la planta dieciséis, escucha sonar un teléfono». Efectivamente, durante algún tiempo él fue ese hombre. Pero el teléfono sonó a tiempo para él.

Ahora tenía a su lado a dos tipos tan increíbles como Dean Martin y Sammy Davis Jr. La amistad entre los tres hombres y sus respectivas familias llegó a alcanzar tal grado de intimidad con los años que los pequeños Sinatra crecieron con un «tío» Dean y un «tío» Sammy, al igual que le ocurriría a los hijos de éstos y el «tío» Frank. En el caso de Sammy, Sinatra era mucho más que eso. En buena medida, le debía su éxito. ¿Quién si no le hubiera dado la oportunidad de actuar nada menos que en el teatro Capitol de Nueva York, junto a su padre y su tío, por el mayor sueldo que habían ganado nunca? Tras aquella actuación, Frank le dijo a Sammy: «Cualquier cosa que pueda hacer por ti, la haré. Aquí tienes un amigo para toda la vida». Después añadió: «Y recuerda, si alguien te hace daño de algún modo, házmelo saber».

Frank siempre estaba dispuesto a ayudar a Sammy. «Puedes tener mi última gota de sangre», solía decirle a él, entre unos pocos amigos especiales. Si alguna vez hubiese necesitado ayuda para superar algún obstáculo a la hora de hacer una película, de grabar un disco o algo parecido, sabía que sólo tenía que decirlo y Frank haría la llamada correcta. Sammy le estaba agradecido por ello, seguro que lo haría llegado el caso, aunque nunca le pidió nada. Si Frank actuó alguna vez en favor de Sammy fue porque se enteró de sus problemas a través de otros. A Sammy le gustaba ganarse el respeto por sí solo, a base de talento. Frank era muy consciente de eso, y de ahí que sintiera tanto aprecio por Sammy, todo un luchador.

«Soy un negro, tuerto, judío y puertorriqueño. ¿Qué más se puede pedir?» El hecho de que Sammy bromeara en el escenario sobre sus circunstancias era una prueba palpable de que no permitía que nada ni nadie le amedrentara. Y por eso Frank y Dean se permitían bromear sobre temas que, de otra forma, nunca hubieran tocado. Claro que Sammy tampoco tenía reparos en aprovechar el origen italiano de aquellos para bromear a su costa. Frank y Dean eran conscientes de que Sammy era el más grande. Era el artista completo. Sólo Frank se le acercaba en su perfección técnica a la hora de cantar —lo de Dean era puro instinto y encanto—, pero no tenía tantos registros como él. En sus imitaciones, de las que llegó a grabar un álbum completo ante la popularidad de las mismas, Sammy era capaz de saltar de la peculiar voz del actor James Cagney a la grave de Louis Armstrong, para terminar con un apoteósico final de la canción en su vibrante barítono original. Y sin embargo, ahí estaba, siempre a la sombra de Dean y Frank —mejor a la de ellos que a la de otros—, porque un negro como él, por más grande que fuese, no podía acumular el poder que ostentaba un blanco, por ejemplo, el propio Sinatra.

Al de Hoboken siempre le había calentado la sangre el desprecio por razones de raza u origen. Por supuesto, no toleraba que se metiesen con su origen italiano (una vez tumbó de tres golpes en el estómago a un matón que, al entrar en un ascensor, le ordenó: «¡Échate a un lado, jodido espagueti!»), pero menos aún podía consentir la discriminación racial que veía constantemente. De hecho, ésa era una de las razones de su incondicional apoyo al partido demócrata, tradicionalmente más dispuesto a la lucha por los derechos civiles. La palabra *nigger* («negro», en tono despectivo), le horrorizaba, y durante un tiempo se negó a cantar el clásico *Ol'man river* a causa del verso «Todos los "oscuros" trabajan en el Mississippi». El propio autor del tema, Oscar Hammerstein, la adaptaría para él: «Aquí, todos trabajamos en el Mississippi». Del mismo modo, cuando Sammy le contó que un grupo de racistas habían atacado a Nat King Cole en Birmingham, Alabama, Frank le dijo: «Sería capaz de ir allí y matar a esos miserables bastardos». «Y creedme —reconoció Sammy—, en esos momentos, y por esa razón, hubiera sido muy capaz.» Sinatra ayudó en ese sentido a Sammy Davis Jr. a abrir muchas puertas a los artistas de color en el mundo del espectáculo. Pero Sammy no sólo era negro. Desde el terrible accidente de coche también era judío, y también aquello era a un tiempo motivo de broma para Sinatra y los chicos y razón de pelea ante cualquiera que se atreviera a meterse con él. Sólo ellos, Frank y Dean (ni siquiera Peter Lawford y Joey Bishop), podían bromear con esos temas, porque sólo ellos lo hacían, como tantas otras cosas, sin maldad. Sinatra no soportaba a la gente con prejuicios, por inocente que fuese. «Parece un judío», le dijo un niño a la pequeña Nancy Sinatra al referirse a un compañero de clase. Tras contárselo a su padre, éste le advirtió: «Nadie "parece" nada, pequeña. Recuérdalo siempre».

«Sammy era el mejor amigo que un hombre pueda tener», y como tal, Sinatra no se apartó de él en el peor momento de su vida. Tras el accidente de coche, mientras Sammy ensayaba para volver a recuperar su baile, Frank le mandaba notas diarias en las que tan sólo le decía «Practica. Practica». Cuando acudió un día a visitarle, le encontró sumido en la desesperación ante la posibilidad de que tal vez no pudiese volver a bailar como antes. Frank se llevó a su amigo a su casa de Palm Springs para que no le faltara nada durante aquella rehabilitación, y forzó su entrada en el mejor club de golf de Los Ángeles —hasta entonces sólo para blancos—, apuntándole al grado más difícil. «Si de esta forma no recuperas tu equilibrio, bailaré yo en tu lugar.»

Desde entonces, la amistad entre ambos hombres alcanzó una gran intimidad. A comienzos de los sesenta ambos grabarían una canción, *Me and my shadow* («Mi sombra y yo»), que reflejaba con bastante fidelidad la relación de complicidad y dependencia entre ambos. Incluso compartían una pasión común (además de cantar, beber y seducir a hermosas mujeres), la de gastar dinero. Para cualquier fiesta o reunión, para salir a tomar unas copas, ninguno llevaba encima billetes de menos de cien dólares, y llegaban a guardar bastantes en el bolsillo antes de salir. Frank, personalmente, odiaba las monedas, nunca las llevaba. En 1959 Frank se compró el primero de sus tres aviones privados, en los que agasajaba a sus invitados con bolsas de fichas para jugar en el casino al que se dirigieran. Además, cuando invitaba a alguien a su casa, le gustaba obsequiarle cada mañana con un regalo (un reloj, una pitillera, un encendedor…) que su mayordomo entregaba junto al desayuno. En cierta ocasión invitó a Jack Benny y a su esposa para celebrar el cumpleaños del primero. La primera mañana le regaló a ella un brazalete de oro, la segunda, un reloj Cartier. Cuando al tercer día ella se sentó a desayunar y sólo encontró fruta, café, zumo y el resto de los manjares de costumbre, se volvió hacia Frank y le preguntó con sarcasmo: «¿Qué ocurre, Frank? ¿Esta mañana nada?».

En cuanto a Sammy, le encantaba comprar. Le apasionaba hasta tal punto pasar tardes enteras eligiendo regalos para sus amigos o algunas chicas, que en varias ocasiones, el asistente del centro comercial que le acompañaba en sus compras llegaba a advertirle de la cifra a la que ascendía su cuenta. Sammy entonces se frenaba, y al día siguiente ese acompañante recibía una pitillera de oro Cartier con la leyenda: «Gracias por la advertencia. Sammy». Desde niño cuando apenas se embolsaba unos dólares por sus actuaciones, sus padres le habían dado plena libertad para gastar sus ganancias en lo que quisiera; de él dependía que tuviese dinero cuando le hiciese falta de verdad. Cuando se convirtió en una estrella, con unos ingresos a la medida, las compras se convirtieron en una afición irrefrenable. En cierta ocasión, a mediados de los sesenta, paseando con su amigo Bill Angelos por el centro de Las Vegas, coincidieron con el escritor Buz Cohan. Éste les acompañó durante varias manzanas. Años después Cohan escribiría que Sammy se detuvo en una tienda de electrónica, una boutique de ropa de hombre y una joyería. Entre las muchas cosas que se le antojaron comprar había dos televisores, varios relojes y tres abrigos (uno para él y otro para cada uno de sus acompañantes). Sólo ese tramo de su paseo le salió a Sammy Davis Jr. por unos sesenta mil dólares de la época. «Me complace hacerlo —le comentó Sammy al periodista Alex Haley para explicar esa adicción a las compras—. Me gusta abrir la puerta de mi armario y preguntarme ¿Qué traje me pongo hoy? Así que tengo más de veinte trajes. También tengo varios aparatos de grabación, varios coches… No le hago daño a nadie. No robo ni rapto a nadie para conseguirlo. Tengo un montón de encendedores de oro. ¿Le hace eso daño a alguien? Me gusta, eso es todo.»

Sammy Davis Jr. trabajó con ahínco durante toda su carrera, pero es innegable que ser el compañero artístico y de juergas de los dos nombres más grandes del mundo del espectáculo le ayudó a aumentar su popularidad más de lo que jamás hubiese imaginado. Él, condescendiente, les correspondía facilitándoles siempre tanto entretenimiento como su talento, imaginación y sentido del humor eran capaces de ofrecer. Eso sin olvidar que su talante de «buen chico» le convertía en un excelente reclamo para atraer chicas que después compartía con sus camaradas.

Para Sinatra y Davis, aquella relación constituía el trío perfecto. Para Martin, ellos no eran más que dos buenos chicos con los que pasar el rato. A lo largo de los años, mientras Frank no cejaba en su deseo por mantener una diversión continua, y Sammy se apresuraba para apuntarse el primero a cada una de sus ocurrencias, Dean respondía con calma, como en todo. Cuando Sinatra decía que había que hacer algo, todos le seguían sin rechistar. Sólo Dean se atrevía a preguntar «¿por qué?», y así se había ganado el respeto y la admiración de muchos. Era una forma muy sutil de demostrar que podía ser tan grande como Frank, si realmente le interesase serlo lo más mínimo.

Si le apetecía, se unía a la fiesta, les acompañaba, pero en cuanto la cosa ya no era de su agrado, desaparecía. «Me largo, Frank. Me espera una chica increíble en mi habitación.» Aquélla era la excusa habitual de Dino para abandonar alguna de esas juergas en las que Frank controlaba el movimiento de todos. Y se marchaba. Sinatra sabía que la mayor parte de las veces no era verdad, sabía que el bueno de Dino acabaría la noche tomando un vaso de leche con galletas en la cama mientras veía algún *western* o algún capítulo de *Kojak*. Le encantaba dormir, y sobre todo, más que trasnochar escuchando estupideces, prefería madrugar para jugar al golf. El golf era un afición que acabó tornándose en pasión, hasta el punto de que llegó a tener su propia firma de pelotas y un campeonato con su nombre. A Frank le apenaba aquella actitud pasiva, pero no se oponía. En cierta ocasión, en Las Vegas, durante la fiesta que siguió a una actuación, le dio mil dólares a una chica para que esperase a Dino en su habitación. Al descubrir la trampa, éste le dio otros mil dólares a la gogó para que se largara y le contase a Frank que había pasado un rato genial con él. Dean era el único que podía decir «no» a Frank Sinatra, y aún así seguir siendo su amigo más admirado. «Frank y yo somos hermanos, ¿entiendes? —le explicó Dean a un periodista en los setenta—. Nos cortamos en la punta del dedo y nos convertimos en hermanos de sangre. Frank quería que nos cortásemos en la muñeca. Yo le dije "¿Estás loco? Ni hablar, esto es suficiente".»

Los que les conocieron bien —«¿Alguien puede conocer realmente a Dean?», comentó en cierta ocasión su esposa

Jeanne—, no han dudado en afirmar que Martin era la imagen en la que se miraba Frank. Si él se esmeraba en ser simpático, Dean desataba carcajadas sin el mayor esfuerzo. Si él gastaba miles de dólares en vestir bien, Dean resultaba elegante hasta en los momentos más sucios de cualquier película. Si él tenía que vigilar para que nadie se fuera de su fiesta, Dean no sabía cómo evitar que le invitaran a tantas. Dean Martin era realmente un *menefreghista*, todo le importaba poco, y sin embargo todo le salía impecable. Frank Sinatra tenía que esforzarse mucho para conseguir lo mismo. Pero ya sus orígenes marcaban dos caracteres bien distintos. Así, mientras Dean hacía gala del estoicismo natural de la región de Abruzzi, Frank no podía contener el apasionamiento característico de su poso siciliano. «Admiro a alguien que pueda vivir una situación tensa o difícil y continuar su vida como si tal cosa. Me temo que soy demasiado impulsivo.» Cuando Sinatra hacía ese comentario pensaba sin duda en su amigo Dean, y en situaciones como la que vivieron en el hotel Crosby Open, en Pebble Beach, a finales de los cincuenta.

Eran cerca de las dos de la mañana y estaban ellos y Shirley MacLaine en la habitación de Dean. Éste veía una vieja película en la tele mientras los otros dos bromeaban y reían a carcajadas. A Frank le entró hambre y llamó a recepción. Allí le dijeron que ya no podían servirle nada, ante lo que él exigió hablar con el director del hotel. Tuvieron que despertarle. Frank, bastante ofuscado, le exigió que alguien subiera algo de comer y de beber para él y sus amigos. Unos minutos después, el propio director llamaba a la puerta con unos bocadillos y unas cervezas sobre una gran bandeja. Al entrar en la habitación, comprobó el escándalo que tenían organizado entre los gritos, el volumen del televisor y los saltos de Shirley. Envalentonado, le recriminó a Sinatra aquel comportamiento, así como el hecho de haberle despertado a esa hora. No era una actitud propia de gente de su estilo. Frank le gritó que soltase la bandeja y se largara de una puta vez; literalmente, le mandó a tomar por culo. Shirley, preocupada por el cariz que tomaba el asunto, había ido al refugio de Dean, que continuaba como si nada, echado en la cama y tratando de ver la película, que le tapaban los dos encolerizados. El director del hotel tiró la bandeja al suelo y llamó a Sinatra «espagueti enclenque». El cantante no tardó en reaccionar y le lanzó un puñetazo a la barbilla. El hostelero, entrenador de boxeadores, le devolvió el golpe. Cuando ambos se preparaban para pegarse de nuevo, la voz de Dean les interrumpió: «Oíd, chicos, ¿podríais pelearos un poco más hacia la izquierda? Tengo ciertas dificultades para ver la película». Después, ante la sorprendida mirada de los otros tres, recogió uno de los bocadillos y comenzó a comer. «Demasiada mahonesa», musitó mientras volvía a acomodarse.

Frank y Dean apenas si se conocían bien antes de trabajar juntos en la película *Como un torrente*. Habían coincidido en algunos camerinos, y desde luego en más de una fiesta. Eran colegas de profesión con aficiones similares, como el alcohol y las mujeres, pero no mucho más. Martin no había sido tan importante como cantante como para interesar a Sinatra, y a su vez, a Dean le habían comparado tanto con Frank al principio de su carrera que llegaba a fastidiarle. Al fin y al cabo, él llevaba ya muchas actuaciones en garitos de mala muerte e incluso restaurantes chinos cuando Sinatra saltó a la fama.

Hacía pocas semanas del estreno de *El baile de los malditos* y Dean estaba entusiasmado por la excelente acogida que estaba teniendo entre los críticos y el público. No podía reprimir sus deseos de trabajar en otra película dramática, con la que demostrarse a sí mismo (mucho más que a los demás) que aquello no había sido suerte. Era el verano de 1958, alguien daba una agradable fiesta en Beverly Hills, y Frank Sinatra, por supuesto, estaba allí. Había llegado a oídos de Dean que el cantante estaba implicado en una adaptación de otra novela de James Jones, el autor de *De aquí a la eternidad*, una nueva historia sobre soldados y perdedores del Medio Oeste. Uno de los personajes parecía irle a la medida, y además, en el reparto habría grandes nombres, como Arthur Kennedy, Martha Hyer o la pequeña Shirley MacLaine. La dirección corría a cargo del reputado Vicente Minnelli. Era una gran oportunidad. «¡Oye, tú!», le gritó a Frank en medio de la fiesta. «¿Qué he hecho ahora?», bromeo éste. «He oído que andas buscando a alguien para un papel en esa película. ¿El personaje es un jugador al que le gusta beber y con un profundo acento sureño? Tío, ¡me estás buscando a mí!»

A Sinatra le encantó la idea de poder trabajar con un tipo con la fama de Dean. Era consciente de que se convertía rápidamente en el centro de todas las miradas con sólo entrar en una habitación. Tenía una poderosa personalidad. Era el tipo idóneo para tener al lado. A tenor del reciente éxito de Dean, a Frank no le costó convencer al estudio para que le contrataran para la película. *Como un torrente* se rodó en Madison, Indiana, y no pasarían muchos días antes de que se convirtiera en un antecedente de lo que un par de años después ocurriría en Las Vegas, rodando *La cuadrilla de los once*. Allí estaban Frank y Dean, incluso cuando alguno no tenía que rodar durante varias jornadas. Habían alquilado una casa cercana al hotel donde se quedaba el resto del equipo, y organizaban reuniones cada noche que se prolongaban hasta las cuatro o las cinco de la mañana. El compositor y juerguista Jimmy van Heusen estaba allí, así como varios amigos del crimen organizado de la zona. Era el caso del ayudante y leal amigo de Dean, Mack Gray, o del máximo responsable de la Mafia en Chicago, Sam Giancana, que se «escapó de Chicago» —según sus palabras— con algunos subalternos con el único objetivo de pasar unos buenos ratos junto a su amigo Frank. En aquella casa había juego, alcohol, dinero y mucha cocina italiana durante cada larga noche. No se le permitía la entrada a ninguna chica, con excepción de la risueña Shirley MacLaine, a sus inocentes veinticuatro años.

Shirley se había enamorado perdidamente de Dean cuando rodaban con Jerry *Artistas y modelos*, una de las últimas películas del dúo. Entonces ella tenía sólo veinte años. Tal vez por eso, porque Frank y Dean siempre mantuvieron una relación fraternal y no carnal con ella, Shirley fue la única mujer que tuvo un cierto peso en el Rat Pack de Frank Sinatra. Habría otras, como Janet Leigh y Angie Dickinson, pero con ninguna tenían tanta complicidad como con Shirley. La respetaban como a una hermana pequeña y eso la hacía ganarse una camaradería que no tenían con el resto de las mujeres. Tras la primera noche de fiesta, Frank y Dean le indicaron que se fuera a su cuarto, que ellos cuidarían de que nadie intentase nada. Poco después, Frank se presentó en su habitación con una botella de Jack Daniel's para tomar la última copa. Bromearon y se metieron con algunos de los presentes, pero no pasó nada más. Sinatra se despidió de ella con un beso en la frente, como si fuese alguna de sus dos hijas. Pasados unos minutos, era Dean el que se colaba en el dormitorio. Con él, Shirley estuvo mucho más sensual, pero Dino no dejó que la situación pasase de acariciar las graciosas pecas que la chica tenía en su nariz. «No entiendo cómo puedo estar entre los hombres más atractivos del país y sin embargo me hacen sentir como un chico», recordaría MacLaine sobre el respetuoso y cómplice trato que le profesaban los chicos, como más tarde harían también Sammy, Peter y Joey.

Como un torrente fue una película muy interesante en todos los aspectos. Supuso la mejor interpretación de la carrera de Dean, y una de las mejores de Sinatra. Éste, además, sacó de dudas a Minnelli sobre cómo acabar la historia al sugerirle que el personaje de MacLaine recibiera la bala que debía matarle a él. Minnelli aceptó y Shirley se ganó su primera nominación al Oscar. Por otro lado, la experiencia sirvió para que Frank y Dean estrecharan su relación y para que experimentasen juntos la diversión que puede suponer combinar trabajo y placer entre amigos. Todo ello, a pesar de las dificultades que Frank puso al rodaje.

En 1958 no había una figura más popular y poderosa en cualquier ámbito del mundo del espectáculo que Frank Sinatra. En consecuencia, había veces que se comportaba con total despotismo si las cosas no se hacían a su manera. Para empezar, había dejado claro desde el principio que ni él ni Dean ni Shirley se personarían en el plató hasta que todo estuviera dispuesto para rodar. Los dos amigos se aburrían terriblemente mientras el equipo técnico tomaba las decisiones pertinentes sobre la luz, el enfoque o el encuadre. En cuanto a los ensayos, sólo habría uno, al igual que tomas, si era posible; nada de tomas de seguridad. Una tarde, el ayudante de dirección acudió al remolque de Frank, donde los tres disfrutaban de una copa. «Todo está listo, señor Sinatra. Podemos rodar.» «Es la hora del Martini», respondió Frank para sorpresa del técnico. «Pero, señor Sinatra, vamos retrasados y hemos de ganar tiempo.» «¿De cuánto es el retraso», preguntó Frank. «Pues, de unas dos semanas.» «No hay problema. Déjame el guión.» El ayudante de dirección entregó a Frank el libreto que llevaba bajo el brazo. Éste lo hojeó con rostro serio, buscó las últimas escenas rodadas y contó una docena de hojas a partir de ese punto. De un golpe seco arrancó las páginas. «Ahí lo tienes —concluyó—. Ya estamos al día.»

En otra ocasión, durante el rodaje de la escena final en la feria, los tres estaban ya listos en el set para empezar a rodar, pero Minnelli, todo un poeta de la imagen, aún no había encontrado el plano perfecto. Miraba a un lado y a otro. Miraba a los actores y a la noria al fondo. Frank y Dean se miraban entre ellos, y Shirley, que ya les conocía lo suficiente, empezaba a temer posibles consecuencias. Cuando Minnelli cerró los ojos e inclinó su cabeza hacia el cielo, Sinatra no pudo evitar un cortante resoplido. «Sería capaz de mover la mismísima noria», dijo entre dientes. Shirley soltó una risita. De pronto, el realizador abrió los ojos y se encaminó hacia la cámara. Parecía que todo iba a empezar. Dean sacó las manos de los bolsillos y Frank descruzó los brazos. Pero una vez en posición, Minnelli volvió a detenerse. «Moved la noria», anunció finalmente a los chicos del equipo. «¡Esto es demasiado!», exclamó Sinatra. Indicó a Dean que le siguiera y juntos cogieron la limusina camino al aeropuerto. El avión de Frank les llevó de vuelta a Los Ángeles y no pudo reanudarse el rodaje hasta una semana después.

Como un torrente se estrenó el 4 de febrero de 1959. Para esa fecha, los nombres de Frank Sinatra y Dean Martin ya habían llenado algunos artículos tanto de la sección de espectáculos como de la de sociedad. Concluido el rodaje de la película en septiembre del 58, Frank invitó a Dean a su programa de televisión en la ABC, *The Frank Sinatra Timex Show*. Completaba el grupo el ídolo de ambos, Bing Crosby, y juntos interpretaron una divertida versión de la canción *Together* («Juntos») casi arreglada por completo para ellos. Exactamente un año después, el 19 de octubre del 59, los tres volvían a reunirse en el mismo programa, esta vez acompañados por la atractiva Mitzi Gaynor. Antes, el 2 de enero de aquel año, Frank y Dean decidieron trabajar en serio en uno de los estudios de Capitol Records. Ambos artistas estaban entonces bajo contrato de ese sello, y ante su extenuante deseo de hacer cosas junto a su nuevo amigo, ampliando siempre fronteras, Sinatra propuso a los directivos del sello hacerse cargo de la orquesta en el nuevo álbum de Dino. Dado el peso de su nombre en las ventas y el poder para controlar su trabajo, nadie se opuso, y en unos pocos días estaba listo *Sleep warm*, un bucólico disco de baladas para dormir en la seductora voz de Dean Martin, con la batuta en manos de Frank Sinatra (el cantante ya había publicado anteriormente dos discos como director de orquesta, y llegaría a grabar cuatro más). Fue algo realmente sorprendente para la época, e incluso se permitieron innovar con un nuevo sistema de sonido estéreo que Capitol no había puesto en práctica hasta el momento.

Tras combinar sus talentos en la pantalla y el estudio, sólo restaba un paso más para que la complicidad artística y personal de Frank y Dean se completase. Ese momento llegó la noche del 28 enero de 1959, en el hotel Sands. Dean Martin iniciaba allí su temporada de espectáculos. A mitad de la actuación, Sinatra tomó uno de los micrófonos interiores e interrumpió el monólogo de Dino al hilo de sus comentarios. Ante la diversión del público, aguardó a que empezase a cantar para volver a lanzar chistes sobre la letra de la canción. A la vista de la diversión de los asistentes ante la complicidad, Dean terminó invitando a Frank a que compartiera escenario con él. Al día siguiente, algunos de los principales rotativos del país hablaban de aquel show como de uno de los mejores que habían podido verse en los últimos años. No sabían que aquello era sólo el principio.

Era el primer mes de 1959. Sammy Davis Jr. esperaba con ansiedad el estreno a comienzos de verano de *Porgy and Bess*, la versión cinematográfica de la ópera de George Gershwin, en la que interpretaba el papel del «camello» Sportin' Life a las órdenes de Otto Preminger. Además, en breve le avisarían para rodar las escenas de su personaje en *Cuando hierve la sangre*, una película bélica protagonizada por Sinatra con la que Frank quería repetir la jugada que ya había hecho con éxito junto a Dean: compartir trabajo y placer con un buen amigo. Dirigida por John Sturges y con la participación de la sensual Gina Lollobrigida, la película supondría un espaldarazo importante para la carrera cinematográfica de Sammy, además de unos ingresos que precisaba con urgencia para cubrir ciertos gastos. Pero mientras se iniciaba la filmación, Sammy continuaba con sus actuaciones en clubes de todo el país.

En esos días de enero de 1959 estaba en Chicago, donde su número tenía tanto éxito que le invitaron al popular espacio radiofónico *The Jack Eigen Show*. La conversación fluía de manera espontánea y afable, como era habitual con Sammy, hasta que Eigen le preguntó acerca de las historias que circulaban en torno a la agresividad de Sinatra y sus malos modales. «Quiero a Frank —respondió Sammy—, y fue el hombre más amable del mundo cuando perdí el ojo en el accidente de coche y sólo pensaba en suicidarme. Pero hace cosas para las que no hay excusas. El talento no es una excusa para los malos modales. No te da el derecho de pisar a la gente y tratarles mal. Eso es lo que él hace a veces.» El revuelo entre el personal que asistía a la emisión era evidente. La entrevista continuó con un cierto grado de tensión, combinando los nombres de Frank y Sammy. Cuando ya se acercaba el final, Eigen quiso saber si era cierto que Sinatra era el mejor vocalista del país, a lo que Sammy le comentó que eso era algo difícil de precisar, que tal vez hubiera gente mejor. «¿Es usted mejor cantante que Sinatra?», planteó el periodista para cerrar la conversación. «Creo que sí, desde luego», concluyó Sammy.

Los medios de comunicación de todo el país no tardaron en propagar la noticia. Por primera vez un artista decía algunas verdades sobre Sinatra, y resultaba ser su mejor amigo y protegido. Pero lo que posiblemente más enfureció a Frank fue que aquel programa se emitiera en directo desde Chicago, donde residía el grueso de sus amigos «serios», Sam Giancana y otros mafiosos que le habían ayudado a subir y le habían dado un par de consejos sobre cómo hacerse respetar. Ahora, un amigo negro y judío le traicionaba en público. Después de todo, con Sammy hizo lo mínimo que se le podía ocurrir: eliminarle de su vida. Le dio su papel en la película a Steve McQueen (afianzando de modo definitivo su incipiente carrera), e indicó a su mayordomo, George Jacobs, y al resto de su séquito, que no le pasasen ninguna llamada o nota de Sammy. Tampoco permitió que éste estuviese presente en ninguno de sus recitales, y si entraba en alguna sala en la que él estaba, Sinatra se marchaba inmediatamente.

Sammy gastó muchas lágrimas ante mucha gente para intentar que Sinatra le recibiera, incluso pidió perdón en público a través de varios programas de radio. Pocos meses después, a mediados de mayo, coincidieron en el Moulin Rouge de Los Ángeles. Cuando Sammy estaba a punto de irse, Sinatra lo mandó llamar. Davis acudió cabizbajo. Frank le preguntó qué tal le iban las cosas y le invitó a sentarse con él. Llamó al camarero y pidió dos Jack Daniel's con hielo. Unos días después, su reconciliación se hacía pública cuando cantaron juntos *The lady is a tramp* en un acto benéfico. Así era Frank. Chasqueaba los dedos y estabas fuera. Volvía a hacerlo y estabas dentro.

No era conveniente llevarle la contraria a Frank Sinatra. Y desde luego no lo era en absoluto hacerle enfadar. En aquel momento, con el éxito de crítica y público de películas como *Ellos y ellas*, *El hombre del brazo de oro* o *Alta sociedad*, y similares resultados de sus discos para la Capitol, Sinatra era alguien todopoderoso en el mundo del espectáculo. Tenía tanta capacidad para avivar la carrera de alguien como para reducirla a cenizas. Uno de los participantes en *Cuando hierve la sangre*, el apuesto Peter Lawford, lo sabía muy bien.

Lawford era todo un dandi británico, y siguió siéndolo hasta el día de su muerte. Nació en Londres, en 1923, en unas circunstancias peculiares: sus padres estaban casados con otras personas cuando fue concebido, y no llegaron a contraer matrimonio hasta un año después de su nacimiento. Su padre era un popular actor de la época, lo que otorgó a la familia una posición acomodada. Mientras que el patriarca de los Lawford era un hombre autoritario, la madre se mostraba mucho más complaciente con el pequeño. El joven Peter debutó como actor a los ocho años, y su madre prefirió que le educasen una serie de tutores particulares en lugar de ir a la escuela. Aquel ambiente familiar convirtió a Lawford en un rebelde consentido y donjuanesco. Además, ser actor era sin duda la mejor forma de conocer chicas, viajar y ganar dinero sin tener que estar sentado ocho horas tras una mesa. Pero a finales de los años treinta se enredó en un romance con la hija de un venerable general, héroe de la Primera Guerra Mundial. Cuando la relación se hizo pública, y teniendo en cuenta que la chica estaba casada con un prometedor hombre de negocios, el joven Lawford no tuvo más remedio que marcharse a Francia para conservar intacta su buena salud.

Poco después llegaba a Hollywood, con la intención de triunfar ayudado de su inconfundible porte londinense. Era muy atractivo (dedicaba bastante tiempo cada mañana a que no hubiese duda de ello) y cuidaba de forma impecable su vestimenta. Su mayor distracción era seducir mujeres, cuanto más refinadas, mejor, y disfrutaba el resto del tiempo jugando a las cartas o tomando copas en fiestas de alta sociedad. Era sólo cuestión de tiempo que su camino se cruzase con el de Sinatra. El marco del encuentro fue la Metro

Goldwyn Mayer, estudio que tenía a ambos bajo contrato. Aunque Lawford resultaba excesivamente refinado para Sinatra, parecía ser uno de los pocos tipos jóvenes a mediados de los años cuarenta dispuesto a seguirle el juego. Pasaron juntos varias noches de juerga, e incluso llegaron a protagonizar una película en 1947, *Sucedió en Brooklyn*. A pesar de los malos momentos que seguirían en la vida de Sinatra, la suya parecía ser una amistad firme, hasta que en 1953 la prensa la dinamitó. La periodista Louella Parsons, otra pluma afilada contra Sinatra, publicó en su columna que Lawford había salido a cenar varias noches con Ava Gardner, que acababa de abandonar recientemente a Frank. Lawford no reparó en esfuerzos para proclamar su inocencia y la falsedad de aquella noticia. Sabía de la ciega pasión de su amigo por la Gardner, y de las consecuencias que podría tener aquel rumor. No se equivocaba. Frank no volvió a hablarle en cinco años.

Fue una buena amiga común, Rocky Cooper, esposa de Gary Cooper, quien quiso propiciar la reconciliación. Su gesto venía animado principalmente por su cariño hacia Peter y la tristeza que le causaba ver cómo su ya de por sí volátil carrera cinematográfica se consumía con la misma rapidez con la que el británico gastaba sus últimos dólares. Peter Lawford nunca tuvo ningún papel destacado como actor, lo que por otro lado era lógico a tenor de su escaso talento. Hizo algunos musicales y unas pocas comedias, pero llegó un momento en el que su teléfono dejó de sonar. Nadie le quería en su película o su serie de televisión. Y si había alguien que podía cambiar esa mala racha, ése era Frank Sinatra. En agosto de 1958 Rocky Cooper invitó a Frank y a Peter a una de sus populares fiestas de sociedad. Lawford no se atrevía a ir, ante las posibles consecuencias de encontrarse cara a cara con Frank (la última vez, unos años atrás, le juró que le mataría si volvía a ponerse ante él). Sinatra, por su parte, se mostró reacio en un principio, hasta caer en la cuenta de las recientes nupcias del inglés. En abril de 1954, su sonrisa ladeada y su mirada socarrona habían conquistado a la esbelta Patricia Kennedy, miembro de uno de los clanes con más peso político del país, al que le aguardaba, en breve, un destino tan brillante como trágico. Sinatra, siempre consciente de la conveniencia de tener amigos influyentes, aceptó la invitación de la señora Cooper. Aquella noche, cuando Lawford llegó a la gran mansión en las colinas de Hollywood, la anfitriona salió a recibirle. Había llegado algo más tarde a causa de un retraso en una reunión en la que había intentado hacerse con un papel para una serie de televisión. Cuando entró en el comedor, con una veintena de comensales ya dispuestos para cenar, vio que su esposa reía y cuchicheaba con un hombre de aspecto bajo y enclenque. Al volverse éste, Lawford pudo comprobar que se trataba, por supuesto, de un sonriente Frank Sinatra.

Con la inclusión de Peter en el reparto de *Cuando hierve la sangre*, Frank daba por zanjadas sus rencillas anteriores y confiaba en poder empezar de nuevo con el británico. Éste ya sabía bastante más acerca de Frank Sinatra que en 1947, por lo que estaba dispuesto a cuidar su amistad a conciencia. La ruptura de Frank con Sammy facilitó las cosas a Lawford, que aprovechó la ausencia de aquél para convertirse en la otra «sombra» de Sinatra. Se subordinaba del mismo modo a los designios y arbitrariedades de éste, con la diferencia de que no parecía portar el semblante de «en deuda contigo», del que hacía gala constante el pequeño Sammy.

Es más, Lawford estaba dispuesto a contribuir con un proyecto personal a los irrefrenables deseos de Sinatra de hacer algo grande junto a sus mejores amigos. A lo largo de varios encuentros en Puccini's, Lawford expuso a Frank, Dean y Sammy una historia cuyos derechos para el cine había adquirido a buen precio. Se trataba de un guión sobre un grupo de veteranos de la Segunda Guerra Mundial que deciden volver a reunir su vieja unidad para dar un golpe histórico en Las Vegas, el robo de la caja fuerte de los cinco grandes casinos de la ciudad: Riviera, Sahara, Flamingo, Desert Inn y, por supuesto, el Sands. Sinatra no tuvo mucho que meditar. Un grupo de amigos, entre los que se encontraban las mejores estrellas del momento, rodaría una película en la ciudad de la diversión. Frank anunció al grupo que no sólo rodarían esa aventura, sino que se montarían su propia movida cada noche, tras el rodaje, con apoteósicos espectáculos conjuntos en el Sands. Después, claro, tendrían su juerga privada. Nadie habría visto nada igual en Las Vegas. Cuando no había quien diese un centavo por Frank Sinatra, a comienzos de los años cincuenta, sus amigos de la Mafia le consiguieron algunas actuaciones en hoteles de reciente apertura en la ciudad, como el Desert Inn. Ahora que era poderoso, Frank iba a devolverles el favor haciéndoles ganar un montón de dólares.

Sands

A PLACE
IN THE SUN

FRANK   SINATRA
DEAN   MARTIN
SAMMY   DAVIS JR.
PETER   LAWFORD
JOEY   BISHOP

IN THE LOUNGE

JONAH JONES
NORMAN BRO

Corbis-Bettman

Cita en Las Vegas

A mediados de 1829, una caravana de españoles guiada por Antonio Armijo establecía por primera vez un itinerario desde Texas a Los Ángeles. Cerca ya de su destino hicieron una parada en medio del desierto. En el transcurso de aquel descanso, el joven Rafael Rivera se alejó del grupo, y tras algunos minutos caminando, descendió a un valle en el que encontró un oasis, ricos manantiales que creaban extensas áreas verdes que contrastaban con el desierto que las rodeaba. Ante esa visión, Armijo anotó en su mapa un nombre para aquella zona: Las Vegas.

Pero tuvo que pasar más de medio siglo hasta que se sentaron las bases para el nacimiento de una ciudad allí. El 15 de mayo de 1905, tras la imposibilidad de mormones y granjeros de reducir a las tribus indias que vivían en la región, el Gobierno de los Estados Unidos decidió subastar ciento diez acres de aquella tierra baldía en medio del estado de Nevada. El objetivo era conseguir que un grupo humano se estableciera allí y, a partir de sus necesarios servicios al ferrocarril, cuya todopoderosa empresa regentaría la zona, fuese surgiendo una nueva comunidad. Ese mismo día ha pasado a la historia como el de la fundación de la ciudad de Las Vegas.

Al calor del volumen de trabajadores y aventureros que acudía a la ciudad, la empresa del ferrocarril presionó al estado de Nevada para que legalizase el juego en los casinos. A regañadientes, el Gobernador aceptó. No sólo era una buena forma de mantener ocupados a los hombres ociosos, sino que aquella petición se presentaba además como una propuesta lucrativa para el gobierno local.

A pesar de todo, Las Vegas no dejaba de ser un pueblo polvoriento en medio de ninguna parte, con unos pocos locales de mala muerte que ofrecían su desvencijada ruleta y sus tapetes para que unos miles de trabajadores se dejasen sus escuálidos salarios jugando a las cartas o a los dados. En un principio, ni siquiera a la Mafia, que acudía con premura allí donde creía que podría sacar tajada, le parecía que aquella ciudad pudiese llegar a algo. ¿Quién iba a querer pasarse varios días sudando para ganar o perder unos pocos dólares? Después de todo, allí sólo había familias trabajadoras.

Pero Ben «Bugsy» Siegel no veía las cosas del mismo modo. El jefe del crimen organizado de Los Ángeles era, entre otras cosas, un soñador. Hombre inquieto y de gatillo rápido, Bugsy aseguraba que había tenido una visión durante una parada en medio del desierto, de regreso a su ciudad tras «liquidar» un asunto pendiente. Mirando la inmensidad y desolación de aquella tierra, de pronto la vio convertida en el Montecarlo americano. Grandes edificios, luces de colores, coches de lujo, juego, alcohol, mujeres y dinero, mucho dinero. Bugsy estaba al tanto de las recientes innovaciones en el terreno del aire acondicionado, que permitiría vivir en un complejo de ocio en medio del desierto a una temperatura agradable mientras más allá de sus muros se alcanzaban los cuarenta grados centígrados.

A través de su viejo colega, el alto cargo mafioso de la Costa Este Meyer Lansky, Bugsy logró convencer a Lucky

Luciano de la viabilidad del proyecto, y el gran Don de la *Cosa Nostra* le dio a Siegel un millón de dólares para construir un hotel de lujo con un gran casino. Pero Bugsy no se resignó a una construcción al uso. Quería las líneas y materiales más innovadores. En la América de la posguerra, transportar y construir unas instalaciones de esas características a cientos de kilómetros de la ciudad más cercana resultaba bastante caro, por lo que, al final, el presupuesto se disparó de tal modo que Siegel, ante las presiones de Luciano para que terminase de una vez, decidió vender acciones de participación en el hotel. Llegó a vender un cuatrocientos por cien. Al margen del escándalo que supuso aquella estafa, cuando el hotel Flamingo abrió sus puertas en 1946, la fiesta de inauguración fue un rotundo fracaso. Ninguna de las estrellas esperadas se presentó. Sólo había algunos jugadores de la zona y unos pocos rostros de mediana popularidad que habían acudido a la llamada de sus amigos de la Mafia, como el joven cantante Dean Martin.

Poco antes habían abierto sus puertas el Rancho Vegas y el Golden Nugget. Unas semanas después de la apertura del Flamingo, el estado de Nevada establecía los primeros impuestos a la industria de los juegos de azar. Bugsy veía en todo aquello buenas señales. Rogó por una segunda fiesta de inauguración, en otra época más propicia. Lo intentó en Navidad, pero a pesar de contar con algo más de asistencia estelar, el hotel y el casino seguían sin dar dólares. Su suerte estaba echada. Además, su amante, Virginia Hill, por quien el hotel llevaba el nombre de Flamingo (así la llamaba Bugsy en la intimidad) había conseguido derivar a su cuenta privada varios de los millones del presupuesto. Los jefes de La Habana, donde Luciano residía desde hacía años, no quisieron oír excusas. La noche del 20 de junio de 1947, mientras veía una película en el salón de su casa de Los Ángeles, dos ametralladoras Thompson escupieron sus cargadores sobre el mafioso soñador.

Irónicamente, no pasaría mucho tiempo antes de que las predicciones de Ben Siegel se viesen cumplidas. El esplendor de Hollywood tras la guerra hizo que viviera durante los años cincuenta una segunda edad de oro. Pero en Los Ángeles no sólo había cine. También había música, construcción, universidades… Toda una ciudad floreciente que, al fin y al cabo, tenía que divertirse. Y a sólo unos kilómetros, en Las Vegas, encontraban la mejor y más variada oferta de todo el país para pasar su tiempo libre. De hecho, se trataba de una propuesta que sólo podían disfrutar allí. A lo largo de esa década abrieron sus puertas el Sands, el Desert Inn, el Sahara y el Riviera, entre otros, y tras ellos, sin excepción, estaba la Mafia. Algunos creyeron entonces que la visión de Siegel había sido cierta. Aquel desierto se había convertido en el paraíso. Las familias mafiosas se movían a sus anchas en aquella ciudad donde el juego era algo legal, mientras el alcohol y la prostitución se desarrollaban también sin freno. El Strip, la avenida principal, parecía el escenario de una vieja película infantil de la Metro. A un lado y a otro de la calzada, grandes casinos anunciaban en sus luminosas marquesinas los espectáculos de los artistas más relevantes del momento. A ellos asistían a su vez los actores, cantantes, directores, escritores, artistas y modelos más conocidos. Tras el show, todos se dejaban una parte sustanciosa de su sueldo en el casino. Y los que ganaban, despilfarraban ese dinero en el bar o las tiendas del hotel. De una forma u otra, la casa siempre ganaba. Después, ya en la habitación, con un trato por parte de la gerencia como no se recibía en ninguna otra ciudad, cada uno ahogaba sus penas dando rienda suelta a sus fantasías más ocultas. Después de todo, no había nada imposible en Las Vegas. Pero aunque ya podían vivirse grandes experiencias en la ciudad, Las Vegas no alcanzó su momento álgido de magia, su halo de ciudad «7/24» (siete días a la semana, veinticuatro horas al día), hasta que Sinatra y sus chicos decidieron armarla en el Sands, en enero de 1960.

Peter Lawford llegó hasta el guión de *La cuadrilla de los once* en 1955, a través del director de cine B. Gilbert Kay. Éste había escuchado en una gasolinera una historia sobre veteranos de guerra que utilizan sus conocimientos para delinquir, y le planteó a Lawford el proyecto. Al británico le pareció una idea interesante como vehículo para William Holden, pero no estaba de acuerdo con que Kay lo dirigiera. Al no encontrar quien escuchase su idea, el cineasta volvió a proponerle a Lawford tres años después que le comprase su guión, esta vez sin condiciones. Si la historia le convenció en un principio, ya en 1958 Peter no tenía ninguna duda, aunque su protagonista ideal ya no era William Holden.

Warner Brothers accedió a distribuir la cinta, cuya producción correría a cargo de Dorchester Production, la productora de Frank Sinatra. Se designó al veterano Lewis Milestone como director y se le dio a Richard Breen la responsabilidad de redactar un guión aceptable. Pero como era de esperar, el trabajo de Green no fue del entero agrado de Sinatra, y el libreto pasó por las manos de varios guionistas. Incluso se pidió el asesoramiento del genial Billy Wilder para tratar de dar algo de coherencia a una historia demasiado anecdótica. El guión cambió tanto que al final apenas quedaba rastro de la idea original. Durante una reunión pocos días antes de la fecha prevista para el comienzo del rodaje, uno de los temas principales a tratar era la ausencia del libreto definitivo. «Disculpa, Frank —interrumpió Dean Martin con su sarcasmo habitual—. ¿Crees que será posible que lleguemos a leer ese guión antes de que se estrene la película.»

Al menos, lo que Frank sí tenía resuelto era la cuestión del reparto. Junto a Dean, Sammy y Peter, también aparecerían otros habituales de las juergas del Rat Pack, como Richard Conte, Cesar Romero, Henry Silva, Angie Dickinson, Shirley MacLaine, Red Skelton o el gánster por excelencia, George Raft. Sin embargo, Warner creía que para subrayar los toques de humor de la película hacía falta un actor acorde, que imprimiera algo de estilo con sus comentarios cínicos y burlones. El estudio apostó por Jack Lemmon, pero Frank impuso a su viejo conocido Joey Bishop.

Quinto y último hijo del dueño de una tienda de bicicletas de nombre Jacob Gottlieb, Joey Bishop nació en el Bronx, en 1918, y se crió entre este problemático barrio de Nueva York y la floreciente Philadelphia. Pero a diferencia de sus amigos del Rat Pack de similares orígenes humildes, Bishop se cuidó siempre de meterse en líos. Su constitución escuálida y su nulo interés por los asuntos complicados, incluidas las chicas, le llevaron a centrar todos sus esfuerzos en abrirse camino como humorista. A los veintitrés años debutó en un club de Cleveland, El Dumpo, y poco tiempo después asentaba definitivamente su vida sentimental casándose con Sylvia Ruzga. Bishop se labró poco a poco una modesta reputación gracias a su humor original e inteligente, con la palabra como principal herramienta, dejando de lado el efectismo de tartas, caídas y demás recursos heredados del legado circense de los humoristas tradicionales. El suyo era un estilo nuevo, urbano, a la medida del país que nacía al calor de la prosperidad económica de la Segunda Guerra Mudial. Un ejemplo de su estilo, improvisado en muchas ocasiones, se dio cuando Marilyn Monroe fue a ver una de sus actuaciones en el Copacabana, a finales de los cincuenta. Joey andaba de un lado a otro del escenario lanzando reflexiones sobre uno y otro tema, cuando la actriz entró en la sala. En ese momento todas las miradas se volvieron hacia ella («¿Quién iba a escucharme a mí?», comentaría después Joey). No quedaba ninguna silla libre, así que hubo un momento de silencio hasta que el encargado le preparó un sitio en primera fila. Cuando ya todos estaban dispuestos a seguir riendo con Joey, éste se acercó muy serio a la actriz y le susurró: «Creí haberte dicho que me esperases en la furgoneta.»

El matrimonio Bishop se llevó varios años recorriendo todo el país, estableciéndose temporalmente allá donde contrataban a Joey. Aún no había alcanzado el estatus suficiente que le permitiese seleccionar y rechazar los contratos menos convenientes. Pero todo cambió una noche de finales de 1952. Joey cerraba su tanda de actuaciones en el Latin Quarter de Manhattan, y Frank Sinatra acudió a verle. Aquellos no eran desde luego los mejores días del italoamericano. Se disponía a empezar su particular guerra para hacerse con el papel de Angelo Maggio en *De aquí a la eternidad*, y sus contratos musicales se debían más a la amistad con los dueños de los locales, que a su capacidad de convocatoria. Pero a Joey no le importó nada de aquello cuando Frank le propuso que abriera cada noche para él durante dos semanas en el Riviera, el club neoyorquino del músico Bill Miller. Bishop preparó un excelente número de apertura, con varios chistes diseñados con el único objetivo de reforzar su posterior actuación. A Frank le gustó aquel cómico, tanto como persona como profesionalmente. Poco después, cuando su nombre comenzó a cotizarse de nuevo, Sinatra puso como condición para varios contratos que el acto de apertura de sus recitales corriese a cargo de Joey Bishop. El Copacabana, el Paramount, el 500 Club… Incluso llegó a convencer a algunos empresarios para eliminar un par de canciones de su actuación a cambio de ampliar el tiempo que Joey permanecía en el escenario. En las publicaciones especializadas empezaron a referirse a Bishop como «el cómico de Frank Sinatra».

A Joey no le importaba aquello en absoluto. Frank le había dado la oportunidad de colocarse en la primera línea de los artistas de entretenimiento de aquellos años, y su participación en *La cuadrilla de los once* iba a proporcionarle el reconocimiento definitivo. Eso, y su responsabilidad como maestro de ceremonias y moderador de los espectáculos del Rat Pack durante los días de rodaje. Joey Bishop siempre desentonó en el grupo, pues apenas bebía, no era ni mucho menos un mujeriego y, a decir verdad, estaba fuera de lugar en las juergas de Sinatra (décadas después titularía su biografía *Un ratón en la pandilla de las ratas*). Pero todos le respetaban, especialmente a la luz de su talento. Buena parte de los chistes y gags de las actuaciones del grupo durante esos shows en el Sands llevaban la firma de Joey. En una ocasión, Frank le vio discutir con Lawford. Éste se quejaba de que uno de los chistes no tenía gracia, la gente no se reía y él hacía el ridículo. Joey argumentaba que Peter no lo contaba bien, y trataba de indicarle el mejor modo de hacerlo. Sinatra se acercó y fue directo, como cada vez que quería zanjar una cuestión: «Peter, hazlo como dice Joey o lárgate». Además, tras concluir cada día el show, Frank agradecía al público su apoyo y les comentaba, señalando a Joey: «Si les ha gustado, sepan que es obra del eje central del grupo». A partir de su trabajo con Sinatra y los chicos, Joey Bishop llegaría a tener incluso su propio programa de televisión.

El rodaje de *La cuadrilla de los once* comenzó el 26 de enero de 1960 en el Hotel Riviera, y se prolongó durante veinticuatro días. Poco antes de empezar, Sammy se vio en la tesitura de continuar en el proyecto o aceptar la invitación de John Wayne para interpretar un papel de carácter dramático en su titánica *El Álamo*. Pero aunque aquél parecía ser un trampolín más consistente para su carrera cinematográfica, Sammy no pudo dejar escapar la oportunidad de vivir aquellos intensos días junto a sus mejores amigos. Porque corriendo toda la organización de la mano de Frank, no cabía duda de que la experiencia iba a resultar excitante.

Para empezar, convocó en Las Vegas a cuantos amigos se le ocurrió, comenzando por Sammy Cahn y Jimmy van Heusen, que se hicieron cargo de preparar algunas versiones satíricas de canciones populares para las actuaciones. También acudieron a la llamada, entre otros, Robert Wagner y su mujer Natalie Wood, Tony Curtis y Janet Leigh, Kirk Douglas, Milton Berle, Jack Benny, Peter Lorre, Mario Moreno «Cantinflas», Yul Brinner, Gregory Peck, Judy Garland... Habló de igual modo con el presidente del Sands, Jack Entratter, para llegar a un acuerdo sobre los espectáculos nocturnos. Sinatra le aseguró que, como mínimo, Dean, Sammy o él, protagonizarían algunos números serios cada noche, para después organizar algo divertido junto a Peter y Joey. A cambio, cada miembro del grupo se embolsó 25.000 por semana, a excepción de Frank y Dean, que como propietarios de acciones del hotel recibieron entre 75.000 y 100.000 por semana. Lo cierto es que muy pocos de los espectáculos que ofrecieron entre el 26 de enero y el 13 de febrero contaron con alguna entre el quinteto. El evento se anunció con un par de meses de antelación, y varias semanas antes de la fecha ya no quedaba una sola habitación libre en ningún hotel de Las Vegas. El Sands, en concreto, recibió 18.000 peticiones de reserva para sus doscientas habitaciones. Todo el que era alguien en Estados Unidos hizo lo imposible por estar en la ciudad alguno de aquellos días y, sobre todo, alguna de aquellas noches.

En las jornadas previas hubo quien recuperó el recuerdo de Bogart para referirse al grupo formado por Frank, Dean, Sammy, Peter y Joey como el Rat Pack. Otros, la mayoría, lo denominaron el Clan Sinatra. Si a Frank no le gustaba que echasen mano a la memoria de Bogie, lo del Clan le enfurecía de verdad. Para el común de los estadounidenses sólo existía un «clan», el grupo racista sureño Ku Klux Klan. Teniendo en cuenta el odio que Sinatra profesaba por los racistas y la presencia en el grupo de Sammy Davis Jr., dicho apelativo no podía resultar más desafortunado. Además, el propio Sinatra había escogido ya un nombre para su «quinteto fantástico». Había leído en la prensa que en primavera se reunirían en París el presidente de los Estados Unidos, Dwight Eisenhower, el premier ruso, Nikita Khrushchev, el presidente de la República Francesa, Charles De Gaulle, y el primer ministro británico, Harold Macmillan. Los periodistas se referían a este encuentro como «la gran Cumbre del mundo occidental». Sinatra pensaba que lo que él estaba preparando era un encuentro de similares proporciones en el ámbito del espectáculo, en «su» mundo. En consecuencia, el evento terminó anunciándose como «La Cumbre de Las Vegas».

La noche de aquel 26 de enero de 1961, la marquesina luminosa del hotel Sands anunciaba el espectáculo más concurrido que se había visto jamás en la ciudad de la diversión: «FRANK SINATRA - DEAN MARTIN - SAMMY DAVIS JR. - PETER LAWFORD - JOEY BISHOP». Definitivamente no estaban preparados para algo así: el nombre de Joey casi no cabía en el cuadro.

A las ocho de la tarde, la orquesta del Sands comenzó a sonar. «¡Que empiece la acción!», exclamó Sinatra alzando su Jack Daniel's en medio del corro que formaba con sus cuatro compañeros. Entre bastidores, Sammy podía ver el gran salón Copa casi por completo. No cabía más gente. Las luces se apagaron y entre el público empezó a extenderse el silencio. Joey, junto a Sammy, cogió uno de los micrófonos internos y anunció: «Señoras y señoras, directamente desde el bar, ¡Dean Martin!» Si hubo una constante en aquellas dos semanas de espectáculo fue que nada era constante. Ninguna noche se pareció a las anteriores. Tal vez se repetían buena parte de los chistes y de las canciones, pero de una forma realmente espontánea. El quinteto salía a escena con un escueto orden de aparición, cuando lo había, y una sola premisa: intentar pasarlo aún mejor de lo que lo haría el público. Después de todo, de eso se trataba, ¿no?

Tambaleándose, con su elegante traje gris y un vaso de J&B en la mano (en Las Vegas no hubo zumo de manzana),

Dean entraba a trompicones en el escenario, a veces empujado por Frank o Sammy. Miraba al público con la expresión de un pudoroso sorprendido. Echaba un trago, saludaba con una sonrisa tonta y después se erguía. Aguantaba la respiración y dibujaba la más infantil de sus expresiones serias. En seguida, sus ojos se abrían más y más, como si se ahogara, hasta que empezaba a reír y echaba un trago. Tenía al público en el bolsillo. «¿Cuánto tiempo llevo ya?», preguntaba inmerso en su personaje de borrachín. Era el momento de interpretar algunas versiones divertidas de canciones clásicas, como *When I'm drinkin'* en lugar de *When I'm smiling*, *The gentleman is a champ* («El caballero es un campeón») en lugar de *The lady is a tramp* («La dama es una fulana») o *I love Vegas* en lugar de *I love Paris*: «Amo Las Vegas como Khrushev ama estar indignado / Amo Las Vegas como Sinatra ama el Jack Daniel's». Cuando la orquesta concluía el número, mientras el público le rendía una sonora ovación tras el combinado de varios temas cómicos, Dean se volvía hacia el pianista y le preguntaba con mucha seriedad: «¿Tengo tiempo para una más?»

Con suerte serían una o dos canciones, siempre en su línea desenfadada, algún éxito italiano, pero no más. A la siguiente canción, comenzaban las interrupciones. Por ejemplo, cuando Frank, Peter y Joey salían a escena por un extremo, con sus piernas al aire y los pantalones pulcramente doblados sobre el brazo, y cruzaban el escenario por detrás de Dean con gesto verdaderamente austero, hasta volver a desaparecer.

Después, si el grupo lograba controlarse, a lo mejor era Frank o Sammy quien salía con la intención de cantar en serio. Y realmente lo intentaban. Entonces, cuando el público estaba convencido de que aquel podría ser un recital hermoso y emocionante, estallaba la diversión. Por ejemplo, cuando la luz se difuminaba y la orquesta interpretaba los primeros tenues acordes de *It was a very good year*. Frank se imponía ante el micrófono y sacaba su mejor voz para cantar: «Cuando tenía 17 años…» Pero de pronto, la voz de Dean sonaba entre bastidores: «¡Ya eras un coñazo…!» Sin poder contener la risa, Frank continuaba hasta concluir la estrofa, y pasaba a la siguiente: «¡Cuando tenía 30 años…!» Y Dean proclamaba: «¡Seguías siendo un coñazo!» En otra canción, en un tono realmente íntimo y desesperado, Sinatra, que había logrado crear el clima propicio entre el público, le decía a su amada: «Por favor, háblame, háblame…» «¡Por Dios, que alguien le hable antes de que se pegue un tiro!», alarmaba la voz de Joey o de Dean. Otras veces, cuando Sammy interpretaba *She's funny that way*, al entonar el último verso, que da nombre a la canción: «Ella era divertida de ese modo…», Dean preguntaba: «¿De qué forma era divertida, Sammy, de qué forma? Tal vez pase después por su casa para averiguarlo». Cuando era a Dean a quien interrumpían, y el alboroto o incluso su propia risa le impedían seguir cantando, intentaba ponerse serio y esgrimía algún improperio. Sin duda, el favorito del público era su blasfemo «¡Jesucristo!». Entonces, una voz profunda y autoritaria (la de Frank) clamaba: «¿Me has llamado?»

Suficiente. Acompañados de la risa del público, el resto de los artistas salían a la luz de los focos. Dean o Peter empujaban un carrito cubierto por una sábana. Al llegar al centro del escenario, Frank descubría la mesa y aparecía una amplia selección de bebidas alcohólicas, con la debida variedad de vasos, cocteleras y todo tipo de complementos etílicos. En el centro de la bandeja, de cara al público, un cartel aconsejaba «No pienses, bebe». Ése era uno de los recursos del humor de aquellas sesiones de La Cumbre, los chistes que tomaban como referencia la actualidad más palpable. Así, en una época en la que comenzaban a darse las primeras manifestaciones por los derechos civiles, los chicos improvisaban sus propias protestas y reivindicaciones. Como casi todo en el show, éstas se daban sin previo aviso, en el momento más inesperado, porque, además, el movimiento de personal en escena fluctuaba como en una estación de ferrocarril.

Con los cinco presentes, se repartían entre dos o tres micrófonos para que todos en la sala pudiesen oír sus comentarios. «Dean, ¿cómo se hace una Fruta Cordial?», preguntaba Frank en referencia a un cóctel de moda en la época. «¡Siendo amable con la fruta!», le respondía Martin. Mientras que todos tomaban sus copas en vasos normales, a Dean se la servían en ocasiones en un gran recipiente redondo, tipo molde de pastel. Éste, por su parte, tenía un divertido ritual cada vez que quería deshacerse de un cigarrillo. Lo tiraba a sus pies e inmediatamente se tapaba los oídos y encogía el rostro, como si esperase que fuese a estallar. Las carcajadas estaban aseguradas. «Oye Frank, ¿por qué no nos cuentas todo lo bueno que está haciendo la Mafia por este país?» Joey sabía que jugaba con fuego con ese tipo de comentarios. Al fin y al cabo, estaba en un local de *ellos*. Pero nadie se ofendía, y al público le encantaba que el gusto por lo políticamente incorrecto alcanzase de esa forma a los propios miembros del grupo.

A lo mejor ése era el momento en que Frank desaparecía, mientras Lawford y Sammy bromeaban sirviéndose una copa y Joey hacía de traductor entre una bella chica del público y un Dino que fingía hablar la lengua de «borracho-landia». Segundos después, Sinatra volvía a hacer el recorrido silencioso de un extremo al otro del escenario, alzando una gran pancarta en la que podía leerse «Queremos copas gratis». Al verle, Sammy y Peter corrían a colocarse tras «el jefe».

«¡Cántanos algo, Frank!», podía escucharse alguna noche de algún espectador despistado. «¡Si quieres oírme cantar cómprate uno de mis discos!», respondía. Todos sabían que aquellas dos semanas no eran para disfrutar del talento interpretativo de Frank, Dean o Sammy, sino de su contagioso sentido de la diversión. Los pocos momentos «artísticos» a esas alturas se remitían a las poesías infantiles que entonaban juntos Dean y Sammy: «¡Si todas las mujeres en Texas / son tan feas como tu mamá / el Llanero Solitario / seguirá soltero / durante muuucho tiempo!», o al número de baile que se marcaba Sammy con Peter. Al lado de su amigo, las cualidades de Lawford para la danza podían quedar bastante en evidencia, pero Sammy simplificaba sus pasos para que la pieza resultase agradable. Siempre era la misma, el *Shall we dance* del musical *El Rey y yo*, de Rodgers & Hammerstein. Era el gran momento de Peter en el espectáculo, prácticamente el único con algún carácter artístico. Teniendo en cuenta que cada noche uno del grupo solía protagonizar el mayor número de las piezas «serias», comenzó a correr un chiste por la ciudad a tenor de las cualidades de Peter: dos amigos hacen cola para entrar en el salón Copa a ver el espectáculo de La Cumbre y uno pregunta al otro: «¿Cuál de los cinco será el protagonista esta noche?». «Con nuestra suerte —responde el amigo—, seguro que Lawford».

Peter era muy consciente de aquello, algo que le llegaba a hacer sentir un tanto incómodo en ocasiones. La mejor solución era pegarse a Frank, Dean o Sammy y no dejar de bromear con ellos, como cuando hacían una especie de espectáculo circense y colocaban en medio del escenario un tronco y sobre él, una tabla larga de madera. Entonces, uno de los cinco, con los ojos vendados, se colocaba en uno de los extremos del improvisado columpio. Entre caras de preocupación del resto y el redoble de batería, otro del grupo saltaba en el extremo opuesto de la tabla… ¡Y ésta se rompía por la mitad! Recordándolo años después, el propio Bishop se asombraba de lo estúpidas que eran algunas de las bromas, pero el público disfrutaba por igual. A Sammy y a Joey le gustaba a veces sorprenderse mutuamente desapareciendo de escena y volviendo poco después con una tarta escondida para estampársela el uno al otro en la cara. En momentos de gran alboroto como ése, Frank aprovechaba para hacer otra de sus reclamaciones, en este caso a modo de interrupción publicitaria, y cruzaba el escenario golpeando un gran bombo de banda callejera en el que podía leerse «Vaya a Puccini's» o «Dino's está a sólo tres millas». Las risas continuaban. «Oye —le preguntaba Dean al director de orquesta señalando al público con el vaso en la mano—, ¿cómo ha entrado toda esta gente en mi habitación?»

Después de la relación entre Sinatra y la Mafia, la afición de Dean a la bebida era uno de los temas más populares para bromear. «Hablemos de la bebida, *Dago*», le decía Frank. «¿Por qué, ya me he quedado seco?», respondía Dean mirando su vaso. «No. He oído que ya no bebes whisky», explicaba «el líder». «Es cierto, ahora lo congelo y me lo como.» Otras veces, el propio Sinatra le preguntaba: «Dean, ¿por qué bebes?». «Bebo para olvidar.» «¿Para olvidar qué?» «No lo sé, Frank. Se me olvidó.» Aunque en lo referente a bromas, Sammy era el que se llevaba la peor parte. Su ojo de cristal, su estatura, el color de su piel, su opción religiosa… Todo podía ser objeto de chistes. Pero, cuidado, esos chistes sólo los hacían Frank y Dean, nadie más. Porque todos, arriba y abajo del escenario, sabían que ninguno de los dos permitiría ninguna ofensa hacia su amigo, por divertida que fuese. Aquello entraba en el saco de lo políticamente incorrecto que tanto les gustaba. Claro que a Sammy, siempre sonriente, en exceso en ocasiones, la insistencia llegaba a resultarle humillante. Pero después de todo, ¿qué podía hacer? La mayor parte del país le insultaría de verdad, y desde luego no le ofrecerían las oportunidades que le daban los dos italoamericanos. Aquellas bromas eran, con diferencia, lo menos malo que le había pasado en la vida.

«Oye Sammy, no dejes de sonreír o el público no podrá verte», le decía Dean cuando aquél se disponía a interpretar un tema. Otras veces, en medio de las risas y jolgorio, Sammy se apoyaba en Dean, y éste, de pronto, le quitaba la mano con fingido desprecio: «Sammy, sabes que te quiero. Cantaré contigo, bailaré contigo, incluso recogeré algodón contigo… ¡Pero no me toques!» Aunque el chiste racial que más risas provocaba era cuando Dean cogía en brazos a Sammy y se dirigía al público: «Quiero agradecer este trofeo a la Asociación Nacional para el Progreso de la Gente de Color», en referencia a la NAACP, muy activa en aquella época. Claro que, después, en el entusiasta número de cierre, Sammy devolvía «el golpe» cuando Dean le ponía el brazo en los hombros mientras cantaban, y él lo apartaba con brusquedad. Después, se miraban, sonreían y se respaldaban mutuamente.

En el último tramo del espectáculo, un grupo de atractivas bailarinas, vestidas de forma bastante provocativa, salían a acompañar al grupo con grandes carteles en los que muchas veces llevaban las nuevas letras compuestas expresamente por Jimmy van Heusen para aquellos conciertos. En ese sentido, la canción favorita para cerrar el show era *The birth of the blues*, un clásico con gran swing que ponía de manifiesto la verdadera personalidad y disposición de cada uno: Joey, consciente de sus limitaciones, ni siquiera articulaba una nota, y prefería hacer bromas sobre la forma de cantar del resto. Sammy, sin embargo, no podía reprimir su deseo por cantar de verdad, y se esmeraba por dar algo de auténtico arte al público. En lo que respecta a Dean, se lo tomaba de forma tan distendida como cabía esperar de él, manteniendo su papel de borracho, para lo que reservaba para ese momento su apoteósico resbalón, con lo que quedaba tendido por completo en el suelo con una mano tapando el vaso de whisky y proclamando orgulloso que no se había derramado ni una gota. En su irremediable deseo de ser como su amigo, Frank forzaba su voz, desafinaba y trataba de improvisar sin éxito cuantos errores se le ocurrían durante su canto. Era inútil, todos atendían a Dean o Sammy. Peter, por su parte, intentaba desatinar lo menos posible y seguir atento para reír todas las gracias de Sinatra. Una vez terminada la canción, la banda comenzaba a interpretar una alegre melodía de despedida, la misma que abría el espectáculo. El quinteto se ordenaba entonces uno tras otro y comenzaba a desfilar con grandes aspavientos hasta desaparecer del escenario.

• • •

Ni la prensa menos proclive a publicar información de espectáculos pudo ignorar aquellas legendarias noches en el salón Copa del hotel Sands de Las Vegas. Los casinos, la propia ciudad, ganó miles de dólares durante aquellas dos semanas gracias a La Cumbre de Frank, Dean, Sammy, Peter y Joey. Nadie había visto nunca algo parecido, y difícilmente, a pesar de los intentos de otros artistas, volverían a verlo. Porque la clave del éxito de aquel grupo estaba en que, siendo grandes artistas la mayoría de ellos, no era su talento lo que le ofrecían al público, sino un tipo de espectáculo, lleno de gestos, expresiones, costumbres y políticas de mal gusto, que no podía verse en ningún otro sitio. Y eso, sólo en el escenario.

Tras el show, las mesas de los casinos y las barras de los bares ardían en Las Vegas. El Sands había dado carta blanca a Frank y Dean para que se acercaran a las mesas de juego y, tras hacer una señal al crupier, éste les dejase el sitio. En pocos segundos el resto de las mesas se quedaban vacías. Todos acudían a verles jugar, sobre todo a Dean. Escogía una mesa de *blackjack* o de bacarrá con alguna mujer realmente atractiva sentada a ella. Entonces se hacía cargo de la caja, y sin dejar su whisky ni su cigarrillo, comenzaba a repartir cartas. Si la chica se pasaba de veintiuno con su última carta, ante su inevitable cara de fastidio, Dean anunciaba: «¡Eh, has ganado! Esta es mi mesa, nena, son mis reglas!» Y el público no podía reprimir sus aplausos, como si aún estuviesen en el salón Copa.

Pero tras ese entretenimiento, aún quedaba por llegar el homérico final de cada noche para los miembros de La Cumbre, el broche de una agotadora jornada que se repetía día tras día y que incluía rodaje, actuación y una intensa sesión de sexo, todo ello bien condimentado con alcohol. El día comenzaba a media mañana, cuando Sinatra estimaba que había llegado la hora. Algunos amigos del grupo recuerdan haber visto pasar corriendo alguna mañana a Sammy y Peter por el pasillo. «¿Qué pasa? ¿Por qué tanta prisa?», preguntaban. «¡Empieza el día: Frank se ha levantado!» Tan puntual como la resaca se lo permitía, los cinco se presentaban en el set de rodaje, donde Lewis Milestone y el resto del equipo ansiaban tener una jornada de trabajo con un mínimo de normalidad. Si Milestone aprendió algo durante aquellos días era que Sinatra no estaba dispuesto a perder el tiempo. Cuando rodaban una toma con resultados aceptables, y el realizador daba las indicaciones pertinentes para hacer una segunda por seguridad, como era costumbre, Frank se oponía. «¿Seguridad, para qué? Había que hacer algo y lo hemos hecho bien, pasemos a otra cosa.» Y así se hacía.

Concluido el rodaje, bien cuando se cumplía el horario, bien cuando Sinatra se hartaba, el grupo se reunía en la sauna alrededor de las cinco de la tarde. Era el único momento de auténtico relax. Allí pasaban bastante tiempo, comentando sus hazañas sexuales, riéndose de algunos estúpidos con los que se habían topado durante el rodaje o criticando a los periodistas que les atacaban por su hedonista filosofía de vida. A decir verdad, la sauna del hotel Sands hacía las veces de club de reuniones de La Cumbre. Habían hecho instalar un teléfono, y allí les servían perritos calientes y pizza, hacían globos de chicle y se gastaban bromas pesadas, como tirarse tartas de crema, todo ello, con sólo una toalla a la cintura. «La primera vez que entré en la sauna y vi a Frank desnudo se convirtió en mi ídolo —recordaría Joey—. Cuando después entró Sammy, yo me convertí en su ídolo.»

Cada miembro de La Cumbre, y algún amigo especial como Don Rickles, tenía su propio albornoz personalizado, blanco el de todos y negro el de Sammy. En la espalda, el de Frank llevaba inscritas las siglas F(rancis) A(lbert) S(inatra), en la de Sammy ponía *Smokey* («fumador», apodo que hacía alusión a su desmesurada afición al tabaco, cerca de cuatro cajetillas diarias; en la puerta de su camerino colgaba siempre un cartel: «Fume, por favor»), mientras que en la de Joey aparecía el apodo «Hijo de una pistola». En lo que a Dean se refiere, Frank y Sammy solían llamarle *Dago* o *Dag*, una forma despectiva de referirse a los latinos (derivada de «Diego»), similar a «macarroni». Si alguna otra persona se hubiese atrevido a llamarle así se hubiese encontrado con graves problemas a manos de Dean o del propio Sinatra.

Los apodos eran sólo una parte del lenguaje personalizado por el Rat Pack de Frank Sinatra. A éste se referían los miembros del grupo como «el líder», «el jefe» o «el Papa», lo que daba lugar a una de las bromas de Joey: «Para hablar con el "Papa" antes tienes que pasar por el "Obispo" (bishop, en inglés)». Cuando no empleaban uno de esos motes para llamarse entre ellos usaban indistintamente «Charley» o *pallie* («colega» o «tío»). Un tonto era siempre «Clyde» (como llegaron a llamar en su cara al propio Elvis sin que éste supiese de qué iba la cosa), y el alcohol, siempre «gasolina». Cuando alguien moría se decía de él que había «comprado el gran casino», mientras que cuando una fiesta se ponía aburrida alguno soltaba: «Creo que va a llover», llamada inequívoca ante la que el resto del grupo se preparaba para marcharse a seguir la juerga en otro sitio. Se referían a su miembro viril como «pájaro», y su forma habitual de saludarse se convertía en «Hola "Charlie", ¿qué tal anda tu pájaro?». Cuando algo era fabuloso, como una chica muy atractiva, un gran contrato o una buena jugada en la mesa de *blackjack*, la expresión favorita era «Ring-a-ding-ding». Consistía en una onomatopeya que evocaba el sonido de las monedas al caer de una máquina tragaperras (Sinatra llegó a grabar un disco con ese título), y con el tiempo llegaría a aplicarse para referirse a aquellos días de fama y diversión del Rat Pack. Con este vocabulario, que se extendía a más de medio centenar de términos, Sinatra y sus chicos podían llegar a hablar entre ellos delante de otros sin que nadie más supiera de qué iba la conversación. Al fin y al cabo de eso se trataba, un dialecto propio para un mundo propio. «Me largo a ensayar mis chistes», decía alguno de ellos a veces a Lewistone. Con ello no se refería a su repertorio nocturno, sino a las líneas de su guión para la película. Tema aparte eran las mujeres. Las había de muchos tipos, y para cada una tenían una palabra distinta. Estaban las damas, las fulanas, las gatitas, las «amplias», las «giratorias»... La lista de calificativos era casi tan larga como la de chicas con las que se relacionaban. Pero antes de estar con ellas, debían estar a punto para recibirlas.

Concluido el paso por la sauna, llegaba el momento de acicalarse para el espectáculo. En ese tema Sinatra era muy estricto. No soportaba que la gente no supiese ir vestida correctamente para cada ocasión. Le molestaba por igual el hombre que acudía a una cena sin su esmoquin de rigor como el que se vestía con él para asistir a un espectáculo con el que no encajaba ese vestuario; y por supuesto, jamás había que llevar un esmoquin en domingo. En actuaciones conjuntas entre 1960 y 1963, Frank, Dean y Sammy hacían reír al público cuando, tras concluir la actuación del último, con traje y corbata, los otros dos salían a escena con sus elegantes esmóquines. «¿Crees que esa es forma de aparecer ante un respetable público?», le recriminaba Frank. «Sí, ¿por qué no?», respondía Sammy. «No me parece bien. Deberías cambiarte.» «De acuerdo, Frank. Lo haré para mi próximo show.» «No, Sammy, lo harás para tu próxima canción», y con ésas, le señalaba el camino hacia los camerinos como un padre hace con su hijo desobediente. Como siempre, la excepción era Dean Martin, que a pesar de ir siempre impecablemente vestido, no se dejaba amedrentar por Frank a la hora de escoger su atuendo para cada acto. De cualquier modo, para uno igual que para otro, vestirse cada día antes de actuar o salir de fiesta constituía todo un ritual.

Tras tomar una reconfortante ducha, ya en la habitación del hotel, volvían a embutirse en un albornoz, y mientras un miembro de su «camarilla» les preparaba el atuendo, ellos paladeaban un whisky y fumaban un par de cigarrillos. Shirley MacLaine asistió, como «mascota» del Rat Pack, a varios de aquellos ceremoniales, y se quedaba verdaderamente perpleja de que unos hombres pudiesen cuidar de forma tan detallada su aspecto. Al final, el gusto por la elegancia se convertiría en otra de las señas de identidad del grupo. Lo principal era no tener nunca prisas, y por eso empezaban siempre a vestirse con bastante antelación. Ante todo, el afeitado, cada cual a su estilo: navaja en el caso de Frank, maquinilla eléctrica en el de Dean y cuchilla en el de Sammy. Después, la colonia, que corría a raudales entre los artistas casi tanto como el alcohol; Agua Lavanda para Frank, Woodhue de Fabergé para Dean (aunque solía bromear en el escenario mojando sus dedos en el vaso de whisky y dándose con éstos tras las orejas) y una contundente combinación de Lactopine, Hermes y Eau Savage para Sammy.

En el momento de vestirse, como cualquier mortal, todo empezaba por la ropa interior. Blanca, inmaculada, planchada. Las camisas eran siempre nuevas, también blancas, almidonadas. El traje, bien aireado tras ser planchado específicamente para cada ocasión, había sido bien seleccionado según el momento. De igual modo se hacía con el tipo, color y material de la corbata o la pajarita, seda por lo general, a escoger entre una amplia variedad cuidadosamente doblada en los cajones de un arcón de viaje. En otro de los cajones se guardaban los pañuelos para el bolsillo de la chaqueta, si la ocasión lo requería (siempre rojo para el esmoquin). Sulka y Turnbull & Asser eran las marcas preferidas para ambos tipos de complementos, hasta que Sinatra lanzó su propia colección de corbatas. «Nunca he conocido a una mujer que pudiese elegir una corbata de mi gusto», comentaría el cantante. No era cierto. Nancy Barbato lo conseguía.

Frank y Dean eran muy especiales para los colores, Sinatra sobre todo, hasta el punto de llamar la atención a la gente en medio de una fiesta. Lo más imperdonable era llevar un traje marrón por la noche. Para ese momento, siempre negro. Tal vez azul, si era un azul «medianoche» o, si no había más remedio, un gris oscuro. En 1965, Frank y Dean acudieron juntos al popular programa *The Tonight Show*, presentado por Johnny Carson. Durante la emisión en directo, la pareja, embutida en sus elegantes esmóquines negros, interrumpió el guión previsto para recriminar al presentador, los invitados (Joey Bishop entre ellos) y la banda de música que fuesen vestidos con trajes grises. «Se supone que esto es un programa de media noche, ¿no? —comentó Frank— ¿Qué diablos hacéis vestidos así?»

Durante el día, por el contrario, apostaban por los colores arriesgados y alegres, como el naranja o el verde, siempre combinados con buen gusto. Frank, por ejemplo, odiaba por lo general que alguien gastase calcetines blancos con zapatos negros y pantalón gris, pero Dean lo hacía, aunque con tal clase que llegó a convertirse en referente estilístico del Rat Pack. Él fue el primero del grupo en requerir los servicios del sastre Sy Devore, al que conoció en sus días junto a Jerry. Frank y los chicos le llamaban «El custodio de los trajes reales», y por ello estuvo aquellas dos semanas en Las Vegas, como lo estaría después en otros sitios, para cuidar que cada uno de los ternos estuviese perfecto antes de cada función. Cada miembro del grupo quería un corte determinado, y Devore se encargaba de ofrecérselo. Una de las características de aquellos trajes que marcó moda era permitir que los puños de las camisas se viesen más de lo habitual, una preferencia impuesta por Dean. Tras popularizarse su trabajo con el Rat Pack, Devore llegaría a tener clientes como Elvis Presley, cuya manifiesta devoción por Dean Martin le llevó a intentar imitarle incluso en su forma de vestir. En cuanto a Frank, llegó a asociarse con Sy Devore, y a mediados de los sesenta su guardarropa contaba con más de 150 trajes. Poco después dejaba al sastre de Beverly Hills para decantarse por el corte inglés de Carroll & Co., Dunhill y otros maestros de Saville Road.

Ya vestidos, con sus zapatos relucientes como espejos ya calados, había que llenar los bolsillos. «Siempre me han gustado los bolsillos —dijo Frank en una ocasión—. Cada cosa tiene su pequeño hogar, limpio y ordenado.» El pañuelo de

lino blanco en el interior de la chaqueta. Pequeños caramelos de menta en el bolsillo izquierdo de ésta. Algunos Camel
sueltos en el derecho. Con éstos, Frank también echaba unos
pocos pañuelos de papel, sueltos, en el izquierdo. En el pantalón, un clip con un fajo de billetes nuevos, ninguno menor
de cien. En cuanto a las joyas, Sammy era el que más lucía.
Con el paso de los años llegó a tener sus dedos repletos de
anillos, además de varias cadenas de oro. Por su parte, Dean
sólo llevaba una esclava en la muñeca. A Frank no le gustaba nada de eso. En cierta ocasión le regalaron una como la de
Dean, con sus iniciales grabadas en ella, pero nunca se la
puso: «No necesito una cadena con mi nombre. Sé muy bien
quién soy». Lo que sí solía llevar era un anillo en el dedo
meñique. Dean y él se hicieron diseñar uno que se regalaron
mutuamente, como símbolo de hermandad. Dean nunca se
lo quitaba, pero Frank lo alternaba con uno de la familia Sinatra y otro que sellaba su relación con el mafioso Sam
Giancana. Para la camisa, los gemelos de casi todos eran
comprados a Swifty Morgan, un joyero de Florida. Una vez
listos, Frank y Dean se miraban el uno al otro para revisar
traje y complementos. Si todo estaba en orden, era el momento de salir de la habitación y subir al escenario.

Tras unas copas de avituallamiento, una vez concluidas las
dos horas de espectáculo, La Cumbre, a veces en compañía
de algún amigo especial, se marchaba a su fiesta privada,
organizada en alguna de las plantas del hotel reservada exclusivamente para ellos. En aquella reunión sólo habría alcohol y chicas. Mientras que la intendencia etílica corría por
cuenta de Sinatra, Sammy era el encargado de buscar la

compañía femenina. Hablaba con algún miembro de su personal, como «Big Joe», su eficaz combinación de guardaespaldas y ayudante, y entre ambos localizaban a un grupo de coristas y actrices novatas entre todos los casinos de la ciudad. Reunidos todos en el mismo salón, cada miembro de La Cumbre comenzaba a «recolectar» a sus chicas para esa noche, mientras seguían bebiendo y bromeando entre ellos. Sammy recordaba de este modo aquellas noches: «Cada jornada acabábamos juntos, cenando y tomando algunas copas; siempre estábamos juntos. Entonces, Frank me decía: "Todos aquí somos hombres, 'Fumador', ¿dónde están las nenas?". Entonces llamaba a algunos contactos del Stardust o el Last Frontier y le pedía que mandaran una decena de chicas de cada hotel. Nos sentábamos alrededor de una mesa larga y poco a poco iban llegando. ¡Veinticinco o treinta chicas! Aquello era increíble».

A esas alturas, Joey, felizmente casado y sin ánimo de engañar a su esposa, había desaparecido de la fiesta, mientras que Dean hacía todo lo posible para seguirle. Por su parte, Lawford solía escoger a la chica más voluptuosa del grupo, mientras que Sinatra nunca se retiraba a su dormitorio con menos de dos mujeres. En sus mejores noches, llegó a marcharse incluso con cuatro. Las historias sobre la potencia sexual de Frank Sinatra suelen contradecirse, aunque son mayoría las que defienden que, a pesar de su talla y peso, escondía un miembro considerable. A esa creencia contribuyó también la historia de una descarada Ava Gardner durante el rodaje en África de *Mogambo*. Tras concluir una toma en la que era inmovilizada por un robusto guerrero zulú metió la mano bajo el taparrabos de éste y proclamó: «Francis la tiene más grande». Además, la mayoría de sus amantes coincidían en que hacía gala de una loable resistencia física, y eso, a pesar de que ni siquiera entonces se despegaba de su buen amigo Jack Daniel's.

Pero aquellas chicas no solían ser las que acompañaban al grupo a la vista del público. Cuando Frank y los chicos tomaban las primeras copas tras el espectáculo, que terminaba alrededor de las diez, eran decenas de amigos del mundo del cine y la música, además de políticos, empresarios y otros rostros famosos los que les rodeaban en el casino y la sala de fiesta. La mayoría pasaba aquellos días en Las Vegas sólo para ver el encuentro de La Cumbre. Cuando los miembros del Rat Pack veían a alguno de estos famosos entre el público del espectáculo, le presentaban antes del número final, obligándole a saludar. Aquella era una invitación directa para brindar juntos después. Entre aquellas visitas destacaron dos especialmente significativas para dos integrantes del grupo. Y es que tanto la entonces prometida de Sinatra, Juliet Prowse, como la de Sammy, May Britt, estuvieron en el salón Copa varias noches. Otra presencia romántica, sexual más bien, femenina en definitiva, fue la de la actriz Marilyn Monroe.

Frank y Marilyn se conocieron en 1954. Ella era una admiradora del cantante desde sus primeros éxitos en la década anterior. Estuvieron a punto de protagonizar una película juntos, pero a la actriz no le convenció el papel. Calificó el guión de «rastrero y explotador» y la Fox rompió el contrato que tenía con ella. A cambio, Sinatra la invitó a cenar en Romanoff's. Ávida de admirar ella, deseoso de ser admirado él, los dos artistas no tardaron en conducir su relación a un plano más íntimo. Ambos salían de tortuosas relaciones de las que se habían llevado la peor parte. Ella había perdido al que creía su gran amor, el jugador de béisbol Joe DiMaggio;

él había sido abandonado por el que siempre sería su amor verdadero, la temperamental Ava Gardner. Los dos seguían profundamente enamorados de sus respectivas parejas, algo que no entendía la mayoría de sus amigos, de ahí que encontrasen el uno en el otro el apoyo perfecto. Salían juntos a cenar, se visitaban durante grabaciones y filmaciones, disfrutaban de divertidos fines de semana, pero nada más. El sexo no entró en juego durante bastantes semanas de platónica amistad, hasta que las costumbres caseras de Marilyn derribaron las defensas de Sinatra. La actriz solía andar desnuda por la casa, ya fuese la suya o la de algún amigo con quien estuviese pasando unos días. A pesar del grado de intimidad, el cantante no sabía aún ese secreto. Una mañana de domingo, a mediados de 1954, en la casa de Frank en Palm Spring, éste se levantó y fue a la cocina a beber un vaso de agua. Y allí estaba ella, de pie, ante la nevera abierta, mordisqueándose un dedo y tratando de decidir qué le apetecía desayunar. Por supuesto, iba completamente desnuda. Hicieron el amor sobre el suelo de la cocina. Comenzaba así una relación de ocho años de amistad y sexo.

Marilyn Monroe era una mujer muy especial. Con una infancia marcada por represiones e insultos, la joven Norma Jean encontró en su alter ego artístico, Marilyn Monroe, la forma de desquitarse por los años robados, por las risas ahogadas, por los sueños frustrados. Eso la convertía en una mujer tremendamente vulnerable, que brillaba como una estrella en cualquier fiesta, a la que todos querían conquistar pero a la que, después, todos se apresuraban a abandonar. «Si quieres quedar con Marilyn tendrás que hablar con su psiquiatra», decía una cruel frase que circulaba en aquellos años por Hollywood. Y es que la carencia de afectividad y la traumática yuxtaposición de éxito social y fracaso sentimental empujaban a la actriz a una depresión crónica que sobrellevaba con un consumo abusivo de pastillas y una confianza incondicional en su psiquiatra.

Esa dualidad también se reflejó en su experiencia durante aquellos ocho últimos años de vida, durante los que tuvo como círculo de amigos a Frank Sinatra y su Rat Pack. Marilyn era una asidua no sólo de las fiestas, sino también de los conciertos del cantante, así como de los de Sammy y especialmente los de Dean. Al contrario que éstos últimos Peter Lawford sí que mantuvo a finales de los cincuenta varios encuentros sexuales con Marilyn. A decir verdad, cuando la actriz llegó a sentirse asustada por el poder e influencias que parecía ostentar Frank, el británico llegó a convertirse en confidente y válvula de escape durante sus peores crisis. Después de todo, él había sido quien le presentó al que habría de ser el hombre más importante de su vida. El hombre que, como todo en la vida de Marilyn, le condujo de la extrema felicidad a la más completa desdicha.

El 7 de febrero de 1960, cuando el espectáculo de La Cumbre llegaba a su fin, Sammy, Peter y Dean comenzaron a presentar a algunas de las celebridades presentes en el salón Copa del Sands. Cuando terminaron su repaso, Frank tomó el micrófono: «Y ahora quisiera pedirles un aplauso muy especial para el próximo presidente de los Estados Unidos: ¡el senador por Massachusetts John Fitzgerald Kennedy!» Los cientos de presentes aplaudieron con energía. Sentada también en primera fila, Marilyn Monroe se unió efusiva al reconocimiento.

Puede que algunos pensasen que aquello no había sido más que una coincidencia. La mayoría de los periódicos publicaron que, en su ruta de Oregón a Texas, con la destacada ausencia de su esposa, Jacqueline Bouvier, pero acompañado de toda una «troupe» de periodistas, el político decidió tomarse un descanso para pasar una distendida noche en Las Vegas junto a su cuñado, Peter Lawford, y sus amigos del mundo del espectáculo. Lo cierto es que Kennedy ya conocía a Frank Sinatra, y pronto se convertiría en su amigo más apreciado. Para estrechar lazos, aquella noche Sinatra invitó a Kennedy a la fiesta privada de La Cumbre con una docena de chicas. Le presentó a una de ellas como «un regalo especial para el futuro presidente». Se trataba de una joven irlandesa de veinticinco años, con mirada sensual y cabello negro azabache, de nombre Judith Campbell Exner. Había sido una —fabulosa— amante ocasional de Sinatra durante algún tiempo, y ahora éste quería que hiciese feliz a su nuevo y poderoso amigo. Lo que Kennedy desconocía por completo era que la apasionada señorita Campbell acababa de concluir una relación con el mafioso Johnny Roselli, y que, en breve, Sinatra también «obsequiaría» a otro buen amigo con la compañía de esa chica, al *capo* mafioso, Sam «Momo» Giancana.

Todos los hombres (y mujeres) del presidente

Si alguien trabajaba en el mundo del espectáculo en la década de los cuarenta o los cincuenta no tenía otra alternativa: tenía que tratar con la Mafia. La Mafia poseía los principales hoteles, bares y clubes de actuaciones. Hablabas con ellos o no trabajabas. No era cuestión de represalias, sencillamente, eran los dueños. Sin embargo, en el caso del Rat Pack, cada miembro del destacado trío tenía una relación muy diferente con el crimen organizado. Sammy, por ejemplo, se limitaba a pedir o recibir trabajo, satisfacer a todos con el show y cobrar su dinero; Sammy temía a aquellos tipos. Frank y Dean, en cambio, se criaron entre ellos. Algunos mafiosos acusados de contrabando, extorsión o asesinato a mediados de los cincuenta fueron sus amigos de juegos o confidentes de adolescencia. Pero ambos enfocaban la cuestión de distinto modo. Así, mientras Dean se limitaba a responder a quien le hablaba, Frank disfrutaba con la compañía de ellos. Tal vez su ardiente temperamento, incapaz de soportar que le dijesen qué podía hacer y qué no, con quién debía estar y con quién no, le llevaba a subrayar su relación con conocidos mafiosos. A lo largo de los años se le relacionaría con varios, e incluso se hablaría de trabajos «especiales» para ellos, como llevar maletines de dinero. Desde luego, su entrada en el círculo mafioso no pudo ser más sonora.

En enero de 1947, con treinta y un años, Frank Sinatra estaba en el centro de todas las miradas. Sus espectáculos, sus discos, sus películas, sus programas de radio, eran sólo uno de los reclamos de su persona. Mucha gente rebuscaba en los periódicos para saber también cuál era el último romance del artista, o en qué fiesta había montado alguno de sus jaleos. Ni siquiera el bueno de George Evans, su relaciones públicas, conseguía evitar que tomase decisiones tan negativas para su imagen como aceptar la invitación de Joe Fischetti. Era un viejo amigo de Frank, vecino de Hoboken, y para más señas, cuñado de Al Capone y heredero de su imperio. Fischetti le propuso al cantante que le acompañase en un breve viaje a Cuba. Además de unos días de descanso, le prometía presentarle al *capo di tutti capi* (jefe de todos los jefes), el exiliado Lucky Luciano.

Luciano, de treinta y nueve años, vivía en la isla caribeña desde mediados de 1946. Había proyectado un encuentro de líderes del crimen organizado en el hotel Nacional de La Habana. Tenía la intención de actualizar los acuerdos a los que se llegaron en el anterior encuentro de esas características, celebrado en 1932 en la ciudad de Chicago. Estaba prevista toda una semana de conversaciones que se combinarían con suculentos banquetes y lujosas fiestas. Después de todo, La Habana era la gran capital del juego y la diversión para la Mafia en aquellos días. Cuando Fischetti y Sinatra llegaron a la ciudad, buena parte de los asistentes a aquella cumbre ya se habían instalado en el Nacional, y Frank los fue conociendo a todos. Santo Traficante desde Florida, Carlos Marcello desde Nueva Orleáns, Tony Acardo y Charlie «Gatillo Fácil» Fischetti (hermano de Joe) desde Chicago, Frank Costello, Giuseppe «El Gordo» Maglioco y Willie Moretti desde Nueva York… En total, más de una docena de «peces gordos» estaban allí reunidos, todos controlados por el FBI.

Es difícil imaginar la conmoción de Sinatra cuando llegó a La Habana. Para empezar, Fischetti sólo le había prometido que conocería al gran *capo*, no a la plana mayor de la Mafia estadounidense. Por otro lado, Frank no se enteraría hasta algunos años después de que su visita fue proyectada por el propio Luciano como tapadera para aquel encuentro. Así, cuando las autoridades cubanas le interrogaron a instancias del Gobierno de Estados Unidos sobre aquel movimiento de invitados, el mafioso respondió que era un grupo de buenos amigos que había llegado desde distintos rincones del país con el único objeto de conocer personalmente al gran orgullo de los italoamericanos, el artista Frank Sinatra.

Desde ese momento, el FBI tuvo muy presente al cantante en sus investigaciones referentes al crimen organizado (ya tenía varios informes sobre él a causa de sus actividades supuestamente anti-americanas y pro-comunistas). Frank era consciente de ello, y tal vez sólo por eso, se esforzaba en darles trabajo. Por ejemplo, con Mickey Cohen. Como judío, Cohen no podía llegar nunca a un puesto de verdadera importancia en la organización, pero tenía Los Ángeles en la palma de su mano. Los artistas que trabajaban allí lo trataban con respeto y distancia, pero Frank organizaba fiestas en su honor. En una ocasión se presentó en su casa, a pesar de las advertencias de Cohen, que sabía de la vigilancia del FBI, para pedirle que uno de sus matones dejase de cortejar a Ava Gardner. Cohen lamentó la circunstancia, pero fue fiel a su norma de no meterse en asuntos de faldas.

Varias décadas después, a mediados de los setenta, Sinatra, el chico de Hoboken que había reconocido que preferiría ser un *capo* mafioso a presidente de los Estados Unidos, se vio nuevamente implicado en serios problemas a cuenta de su relación con la Mafia. El jefe de la familia Gambino, el poderoso Carlo Gambino, en sociedad con Gregory DePalma y Richard Fusco se metió en 1974 en la gerencia del teatro Westchester Premier, en Tarrytown, Nueva York. Todo indicaba que el objetivo de la maniobra era dar salida a dinero sucio de la familia. Frank Sinatra actuó en tres ocasiones allí, dos veces en 1976 y una más, junto a Dean Martin, en una serie de memorables recitales en 1977. Tras el primer concierto de 1976, Gambino se presentó en su camerino acompañado por su hijo Joseph, Gregory DePalma, Richard Fusco, Paul Castellano o Jimmy Frantianno, entre otros gánsteres reconocidos de Nueva York. Pidieron fotografiarse con el artista y éste accedió encantado. Poco después, la instantánea servía para reforzar la causa judicial cuando varios individuos fueron acusados de la quiebra fraudulenta del teatro. Frank no fue llamado a declarar, pero algunos que sí lo hicieron, como Jimmy Frantianno, aseguraron que Sinatra había aportado fondos a la familia Gambino, además de cobrar dinero negro del Westchester. El juicio, celebrado en 1979, fue declarado nulo.

Aquellos eran los momentos en los que Frank añoraba los viejos tiempos, los días en los que nadie se atrevía a acusarle de nada, y menos aún a sus poderosos amigos, esos días de los años sesenta, donde mejores relaciones entabló Sinatra con la Mafia fue en Las Vegas. Aquella ciudad y su legalizado negocio del juego resultaba un paraíso para el crimen organizado. Podían desviar sin mucha complicación grandes cantidades del dinero obtenido de los espectáculos, y hacer verdaderos juegos de prestidigitación con los libros de cuentas. Al reclamo de estos ingresos fáciles llegaron mafiosos de todo el país. Al frente del Caesars Palace, por ejemplo, estaban Eugene Cimorelli, Anthony «Tony la Hormiga» Spilotro y el protector de Sam Giancana en sus comienzos, Anthony Accardo. Giancana, junto al poderoso Meyer Lansky (el no italiano más poderoso de «la organización»), estaba muy presente en el accionariado del Dessert Inn. Pero en ningún hotel había tanto nombre de postín como en el Sands. El complejo era una empresa en manos de la familia Genovese y el sindicato de Chicago. Entre sus asociados figuraban altos mafiosos como Meyer Lansky, Joseph «Doc» Stacher, Charles «Niño» Baron, Joe Fusco o Johnny Roselli.

En 1954, deseoso de entrar a formar parte de aquel nuevo mundo emergente, Sinatra solicitó al Estado de Nevada una licencia de juego que le permitiese comprar un dos por ciento del Sands. En vista de los beneficios que el cantante haría ganar al hotel, Vicente «Jimmy ojos azules» Alo, uno de los propietarios, acabó regalándole otro siete por ciento del accionariado, con lo que Sinatra se convertía en uno de los mayores beneficiarios del Sands. No en vano acabó siendo vicepresidente de la Sands Corporation. Esto, además, le permitía tener una línea de crédito de mil dólares en el casino, dinero con el que jugaba con total desinhibición, dado que si perdía, pocas veces reponía la cantidad. No obstante, hubo noches en las que su irrefrenable ansia por las emociones fuertes le llevaron a perder más de 50.000 dólares. «¿Qué más da? Sólo es dinero —le decía a Dean Martin cuando esto ocurría—. Lo ganas, lo pierdes y lo vuelves a ganar. Así es la vida.»

Fue Sinatra quien convenció a Martin para que entrase a formar parte del accionariado del Sands, a comienzos de los sesenta. Dean lo hizo, pero no muy convencido, pues ni le interesaba la experiencia ni necesitaba el dinero. No obstante, la relación directa de Dean con el Sands no duró más de un par de años. Al contrario que a Sinatra, a Martin no le gustaba tener compromisos con nadie, fuese mafioso o no. Si él no prometía algo, no podían reclamarle nada. Dean también había crecido entre mafiosos, no les tenía miedo, pero sabía que lo mejor era que cada cual estuviese en su lugar. Es más, Dean había trabajado codo con codo con ellos, otra razón más para que Frank le admirara. A los 14 años, el joven Dino conoció a los hermanos Rizzo, tres chicos de Steubenville que le propusieron ganar dinero fácil. Esa misma noche, Dean pasaba con uno de ellos diez cajas de whisky de contrabando a través del río, hasta Canonsburg, Pennsylvania. Hubo más noches como esa, noches que ayudaron a Dean a empezar a vivir a su manera.

Entre los amigos de Dean Martin también se contaban importantes mafiosos, como el jefe de Atlantic City, capital del juego antes que Las Vegas, Skinny D'Amato. Como dueño del reputado 500 Club, D'Amato ayudó a Dino a labrarse una reputación como artista, además de ofrecerle algunos buenos consejos sobre cómo tratar con la gente, cómo respetar a quien era necesario y cómo hacerse respetar por los demás. Como tantos otros, Skinny no soportaba a Jerry Lewis, pero fue precisamente él quien propició en su club la sociedad entre ambos artistas. Tras la ruptura de Martin & Lewis, cuando pocos apostaban por la carrera de Martin en solitario, D'Amato mantuvo su apoyo. Durante su andadura juntos, Dean y Jerry tuvieron contacto con un buen número de mafiosos, desde Frank Costello a Johnny Roselli, y en más de una ocasión Dean salvó a su socio de graves represalias como consecuencia de sus descuidos. Una noche, en el Copacabana de Nueva York, Dean charlaba en la barra con Joe López, un nombre importante de la ciudad. Ya habían hecho el primer pase, y antes del segundo, como de costumbre, Jerry andaba saltando de mesa en mesa haciendo reír al público y preparándoles para el siguiente show. Poco a poco, sus gritos y carcajadas se hicieron más estridentes. De pronto, una voz severa y rotunda le advirtió: «¿Por qué no dejas toda esa mierda y cierras la jodida boca?» Todos enmudecieron y Jerry se asustó, aunque sólo por un instante. El tipo que le había hablado debía de ser un bromista o un borracho, así que se giró hacia su mesa y comento: «¡Esto es lo que pasa cuando se casan dos primos!».

La gente comenzó a reír, pero Jerry vio que Dean, desde su banqueta en la barra, cambiaba radicalmente su expresión. El sujeto se puso en pie, desvelando sus grandes proporciones, y clavó uno de sus dedos en la mejilla de Jerry. «Eso no ha tenido gracia, estúpido hijo de puta. Abre la boca otra vez y no tendrás dientes.» Dean saltó de su sitio y se apresuró a ponerse entre su socio y el matón. «Disculpe a mi amigo, es muy joven. No quería insultar a nadie.» Poco a poco, ante el rostro descompuesto de Jerry, el sujeto volvió a sentarse. Tomó un trago y pareció serenarse. Dean le dijo a Jerry que se disculpara. Lo hizo. Y que se largara de allí. Lo hizo. Después, ordenó una ronda para toda la mesa del ofendido y le pidió que olvidara el suceso. «De acuerdo, pero ten alejado de mí a ese bastardo. Dile que ha tenido suerte de que tenga sentido del humor.» Dean y Jerry nunca se habían encontrado antes con aquel tipo malencarado, pero al cantante no le costó averiguar de quién se trataba. «Para tu información, patoso, ese hombre era Albert Anastasia», le dijo más tarde a Jerry. La prensa le llamaba «El sombrerero loco», por sus particulares métodos de persuasión, y era además «ejecutivo mayor» de *Asesinato S. A.*, el término con el que los propios mafiosos se referían a su organización. En definitiva, se trataba de un importante *capo* del crimen organizado.

Dean sabía llevarse bien con esa clase de individuos. Sabía qué no debía decir nunca y cómo agradarles cuando era necesario. Pero el hecho de que ellos no se metiesen con Dean, imponiéndole actuaciones, obligándole a favores como cantar en bodas, o estableciendo condiciones leoninas en sus contratos, como sí ocurría con otros muchos artistas, se debía principalmente a que Dino se había ganado su respeto. Ocurrió cuando trabajaba en el Club Riobamba de la calle 54, en Nueva York, poco después de dejar a Jerry. El local era propiedad Louie Lepke, un gánster con mal pronto que mató a un tipo sin cuidar demasiado los detalles. Le detuvieron y le condenaron a muerte. Su esposa tuvo que hacerse cargo del local, pero las cosas no marchaban bien. La gente dejó de ir a beber y a ver los espectáculos. Incluso los mejores amigos de la familia evitaban ahora el club. Cuando Dean se enteró de que los Lepke pasaban una mala racha pensó que debía echarles una mano. Louie le había contratado muchas veces, y siempre se había portado bien con él y con Jerry. Era lo menos que podía hacer. Cuando llegó a oídos de los grandes *capos* que Dean Martin había acudido a ayudar a los Lepke decidieron incluirle en su escueta lista de hombres de honor. Lo que ellos no sabían era que a Dean le importaba muy poco lo que pensasen de él los jefes mafiosos, sus matones o la propia familia Lepke. Hizo aquello, sencillamente, porque le apetecía.

El propio Lucky Luciano, *capo di tutti capi*, sentía tal aprecio y respeto por Dean, que cuando a principios de 1961 se planteó financiar una película sobre su vida, escogió personalmente a Dino para que le interpretase. Al principio pensó en Cary Grant (si algo caracterizaba al gánster era su irreprimible vanidad), pero poco después, en cuanto leyó el guión escrito por Martin Gosh, Martin se le presentó como candidato ideal. Alguien planteó que tal vez sería más apropiado Sinatra, al que, al fin y al cabo, muchos consideraban amigo del mafioso. «Dejad en paz a Frank, tengo otros planes para él.» Y así fue. Luciano había decidido utilizar a Sinatra como intermediario con Dean Martin. Le mandó las ciento setenta y cinco páginas por avión a Palm Springs, y Frank se las entregó a su amigo. Reprimió como pudo la envidia, y más aún el desconcierto cuando Dino rechazó el proyecto. Sin miedo a perder una gran oportunidad, sin miedo a perder la vida. No tenía ninguna gana de mezclarse en ese tipo de proyectos, que por lo general sólo reportaban complicaciones.

Esa actitud, tan abierta como nada ambiciosa, fue la que hizo que la relación de Dino con Johnny Roselli, uno de los nombres más importantes de la Mafia en Chicago, adquiriese tintes de amistad, aunque entendida siempre desde la particular óptica del artista. La clave del buen trato entre ambos radicaba en que, en el fondo, eran hombres muy similares. Ambos tenían dos personalidades muy distintas, la más activa y carismática, que mostraban al público, y otra taciturna y reflexiva, que guardaban para su soledad. La principal diferencia radicaba en que cuando Dean sacaba su personalidad carismática, la gente se divertía. Cuando lo hacía Roselli, la gente moría. Cuando Dean Martin actuaba en alguno de los locales de Roselli, les gustaba terminar la noche bebiendo juntos. Compartían el gusto por el silencio, y disfrutaban del extraño don de poder pasar varias horas mano a mano, sin intercambiar una sola palabra.

Roselli fue el primero en hablarle a Dean sobre otro compañero de la Mafia, Sam Giancana. Los dos habían trabajado a las órdenes de Al Capone en su juventud. También juntos, con Santos Traficante cerrando el círculo, se sospechaba que habían sido el brazo ejecutor de la CIA en su intento por asesinar a Fidel Castro en la primavera de 1960. De hecho, fue Roselli personalmente quien recibió de un enlace de la Agencia unas cápsulas de veneno y diez mil dólares como pago por el trabajo. Dean no se preocupaba por saber ese tipo de cosas, y cuando se enteraba, mientras no le salpicasen a él, le traían sin cuidado. Roselli trató de convencerle varias veces de que Sam Giancana era también un buen amigo, un hombre con el que se podía pasar un buen rato. Pero Dean no estaba muy seguro. «Para ser un asesino, no es un mal tipo —comentó Dean sobre Giancana—. Solía llamarme para que actuase para él, y yo siempre iba. ¿Por qué? Porque pagaba bien y tampoco quería decepcionarlo. En realidad, yo no le caía bien, no sé el motivo, pero tampoco me importaba.» Dean Martin siempre mantuvo sus distancias con Giancana, un tipo peligroso. Además, el mafioso se había convertido en el nuevo mejor amigo de Frank Sinatra.

• • •

Salvatore Giancana nació en un ghetto italoamericano de Chicago, en 1908. Si ya en su familia había poco interés por la educación del pequeño, el propio Salvatore encontraba mucho más interesante desarrollar sus dotes en materias como la estafa, el robo o la huida de la policía. No tardó en ingresar en las filas de la banda de la calle 42, el grupo juvenil más temido de la ya problemática ciudad de Chicago. Antes de cumplir los dieciocho años ya había sido detenido varias veces (lo sería en más de setenta ocasiones a lo largo de toda su vida), y al llegar esa mayoría de edad se le adjudicó su primer asesinato. Como el resto de los chicos de la banda, su gran deseo era que alguno de los matones del todopoderoso Al Capone se fijase en él y le encargase algún trabajo. El joven Salvatore, que no tardaría en americanizar su nombre al de Sam Giancana, llamó la atención de los mafiosos gracias a su talento al volante, capaz de sacar un coche de cualquier emboscada fuese cual fuese la situación. Capone decidió emplearle en varios golpes, y todo apunta a que Giancana pudo ser el conductor y uno de los pistoleros de la tristemente célebre matanza del día de San Valentín, el 14 de febrero de 1929.

Poco a poco, Giancana se fue ganando el respeto y la confianza de Capone, que le encomendó a dos de sus hombres de confianza, Paul Ricca y sobre todo Tony Accardo. Éste cuidó de aleccionar bien a Giancana, y de ir situándole cada vez más arriba. Cuando a mediados de los años cincuenta se produjo una transición de poder, entre los *capos* mafiosos que habían reinado durante los días de la Ley Seca y los que debían introducir a la Mafia en el nuevo mundo que nacía con el esplendor de la posguerra, Giancana estaba ahí, muy cerca del gran jefe. Sin necesidad de muchas presiones acabó convirtiéndose en el *capo* de la Mafia en Chicago. Desde esa posición se hizo acompañar de varios compañeros de los días de la banda de la calle 42, lo que les haría ganarse el nombre de «los sangre joven». En los informes del FBI se citaba a Giancana como uno de los doce jefes de la *Cosa Nostra*.

Giancana no era un jefe al uso, no era un «padrino» que luchara por respeto y por unificar a su familia para vivir con ella al estilo más tradicional. Con el poderoso sindicato de camioneros en el bolsillo, las principales ambiciones de Giancana eran el dinero y el *glamour*. Él mismo se impuso el apodo de «Momo», una contracción de su frase favorita: *More money* (más dinero). Por otro lado, en contra del ejemplo y el consejo de alguno de sus iguales de otras zonas del país, Sam Giancana acaparaba páginas de periódicos como si fuera una estrella más del mundo del espectáculo. Le encantaba moverse por fiestas de Hollywood y Las Vegas, bebiendo con los hombres más aguerridos y acostándose con las mujeres más atractivas. Por eso, Giancana tenía en Frank Sinatra a uno de sus amigos más íntimos. Sinatra era la llave para acceder a todo aquel mundillo. Como mafioso manifiesto, con un historial violento conocido, la mera presencia de «Momo» en una habitación era suficiente para asustar a quien estuviese allí. Sin embargo, si era Frank Sinatra quien le presentaba, nadie se atrevía a negarle la palabra. No era ya que temieran la reacción de Giancana, sino la del propio Sinatra si se enteraba de que alguien había hecho un desplante a su amigo.

Irónicamente, fueron los más cercanos a Frank los que más tuvieron que sufrir el despotismo del mafioso. Tal vez porque, tanto uno como otro, hacían gala de la premisa «mi amigo es tu amigo. Mi enemigo es tu enemigo». El pobre

Sammy Davis Jr., por ejemplo, no mostraba en absoluto el mismo placer que Frank y Dean al codearse con gánsteres. Para él eran tipos peligrosos, asesinos y estafadores. Les sonreía y era amable con ellos por tres razones fundamentales: porque eran quienes le contrataban en muchos locales, porque eran amigos de Frank y porque podían quitarle de en medio con sólo chasquear los dedos. Sammy podía haber derribado barreras raciales, pero no estaba dispuesto a enfrentarse al crimen organizado.

Por su parte, la pizpireta Shirley McLaine sentía una contradictoria sensación hacia aquellos tipos de modales rudos y mirada peligrosa. Sabía que jugaban con la gente como si fueran muñecos de trapo, pero también sabía que Dean era amigo de muchos de ellos. Y para Shirley, todo cuanto tuviese que ver con Dean Martin resultaba interesante. Su problema fue que el mafioso con el que le tocó tratar en varias ocasiones de manera muy directa no era precisamente uno de los favoritos de Dino. Shirley MacLaine se «midió» por primera vez con Sam Giancana durante una de las fiestas nocturnas en el rodaje de *Como un torrente*. Estaban jugando a las cartas en la mesa de la cocina. Frank y Dean preparaban unas copas en el salón. Sonó el timbre de la puerta y Shirley se levantó a abrir. Era un plato de *cannolis* que alguien mandaba a Giancana desde Chicago. Shirley fue hacia la nevera para guardar allí la comida y vio que alguien había guardado en ella una pistola de agua. La cogió y se volvió hacia la mesa. Apuntó a Giancana y puso expresión de poli de película: «No nos conocemos de algún sitio», bromeó. «Momo» aguardó unos segundos, después soltó las cartas y se puso en pie tan deprisa que la silla cayó al suelo. Cuando Shirley quiso darse cuenta tenía el cañón del revólver de Sam Giancana presionándole en la frente. Al entrar en la cocina y ver a ambos frente a frente, apuntándose respectivamente, Frank y Dean comenzaron a reír. Poco a poco todos se unieron a las carcajadas y Sam bajó su arma. Todos reían. Todos, menos Shirley.

Pero el más grave de aquellos desencuentros ocurrió en 1969, mientras la actriz rodaba en México junto a Clint Eastwood *Dos mulas y una mujer*. Durante un descanso, la actriz se escapó a Ciudad de México para ver una actuación de Sammy. Al concluir, pasó entre bastidores para saludar a su viejo amigo, y allí estaba Sam Giancana, con sus sempiternas gafas oscuras, sentado en un taburete y comiendo pasta. El mafioso no se caracterizaba ni por sus buenos modales ni por su carácter afable. Aun así, en principio se mostró educado con la chica, aunque ella no tardaría en advertir complicaciones. «Quiero invitarte a un plato de pasta», le dijo Giancana. «Gracias, ya he cenado.» «Es una pasta buenísima», insistió. «Seguro, pero ya te digo que no me apetece.» Poca gente se atrevía a negarse por dos veces a un deseo de Sam Giancana. Tal vez por eso el mafioso esbozó una sonrisa antes de coger a Shiley McLaine por el brazo y retorcerlo hasta hacerla gritar. «¡Tu pasta estará buenísima, pero no tengo hambre!» Así que Giancana forzó aún más el delgado brazo de la actriz.

Cuando Sammy salió de su camerino, con sus colgantes de oro y su traje de aires *hippies*, listo para tomar unas copas con su amiga, se dio de bruces con la violenta escena. «¿Qué coño estás haciendo, Sam?» El mafioso ignoró al cantante. «¡Quiere que coma su pasta!», explicó Shirley, cada vez más doblada por el dolor. Sammy miró el plato humeante y después se acercó a Giancana. «Vamos Sam, deja a la chica. Ya sabes cómo son las actrices. Seguramente estará a dieta.» Pero el mafioso parecía no escuchar. Una maliciosa sonrisa seguía presidiendo su rostro. Aumentó aún más su presión sobre el brazo de MacLaine y ésta gritó. Sammy se apresuró a agarrar a Giancana del hombro. «Sam, déjala. Vamos.» «De acuerdo», claudicó finalmente. Se colocó bien la chaqueta, se arregló la corbata y asestó a Sammy un durísimo puñetazo en el estómago que hizo que el artista se doblase por la mitad. «En ese caso tú tampoco tendrás pasta», le dijo. Aún dolorida, Shirley se apresuró a ayudar a su amigo, casi de rodillas y emitiendo angustiosos resoplidos. Por su parte, Giancana se acomodó de nuevo en la banqueta y continuó degustando el plato de pasta.

La relación de Sam Giancana y Frank Sinatra fue mucho más allá de meros encuentros esporádicos. Frank trataba a Giancana como a un amigo más, invitándole a sus fiestas, a fines de semana en su casa o a viajes en su yate. Al igual que le irritaba cuando la prensa aireaba sus romances en los años cuarenta, dinamitando su matrimonio, o le molestaba toda conducta racista con Sammy, también le enfurecía leer o escuchar comentarios sobre aquella malsana relación con un mafioso y asesino. Para Frank, Giancana era un amigo, un buen amigo, nada más; un hombre leal y con contactos que le ayudó cuando nadie quería ni hablarle. Eso le explicó a Ava la noche que Frank conoció personalmente a Sam Giancana, en septiembre de 1953. En aquellos días, el 500 Club de Skinny D'Amato, en el que Giancana también tenía participación, pasaba una mala racha, y Frank, con el reciente éxito de *De aquí a la eternidad*, acudió en su ayuda tan rápido como se enteró. La primera noche, Giancana estaba entre el público, y tras la actuación, D'Amato les presentó. El mafioso transmitió al cantante cuánto le gustaba su forma de cantar, ante lo que Sinatra se mostró más que agradecido. «¿Por qué te gustan tanto estos tipos? —le preguntó Ava tras salir del local—. Te asocias con ellos, les admiras, les haces reverencias. No son más que unos asesinos.» «¿Sí? Pues resulta que esos asesinos fueron los únicos que me daban trabajo cuando nadie lo hacía.»

Esa amistad entre Sinatra y Giancana, entre el cantante y el crimen organizado estadounidense, se tradujo en una serie de favores mutuos que se ofrecieron y cobraron a lo largo de cuatro décadas. A veces, Sinatra llamaba a Giancana y le contaba que un periodista no le dejaba en paz, que no paraba de atosigarle. «Deja de lloriquear, Frank —le respondía el mafioso—. No tiene importancia.» Le encantaba soltar aquella frase: «No tiene importancia». Quería decir que el problema se solucionaba con tan sólo una llamada telefónica. Era cuestión de avisar a alguno de sus colegas y decirle que su amigo Frank tenía problemas con un indeseable. Entonces soltaba otra de sus frases estrella: «Métele un dolorcito de cabeza». Sinatra no tenía que volver a preocuparse por su problema. Pero ninguna cadena de favores entre ambos fue tan importante ni tan prometedora como la que les puso a ambos en camino hacia la Casa Blanca.

Sam Giancana no era un extraño en la familia Kennedy. Según diversas investigaciones, el patriarca, Joseph, ya había tenido tratos con el mafioso en los días de la Ley Seca. Gracias a sus influencias, este católico irlandés había conseguido que su compañía de importación, Somerset, fuese la única empresa autorizada para introducir en el país ginebra

Gordon y whisky Dewar's con fines medicinales. Con esa credencial, era difícil no caer en la tentación de tratar con aquéllos que se encargaban de distribuir alcohol por todo el país con fines no tan éticos. Joseph Kennedy también tuvo intereses en negocios cinematográficos y, en cualquier caso, supuso una figura política de peso durante más de tres décadas (carrera que comenzó como embajador en Inglaterra durante la Segunda Guerra Mundial). Demócrata de adscripción, su catolicismo y posturas conservadoras en materia internacional le permitieron ganarse el respeto tanto de los demócratas como de los republicanos. Si algo demostró Joseph Kennedy a lo largo de su amplia carrera fue que no reparaba en los medios si el resultado era el deseado. Así lo demostró también a la hora de conseguir que su hijo convirtiese al ya poderoso clan en la primera familia del país.

Cuando llegó a oídos del viejo embajador que su yerno, Peter Lawford, había recuperado su amistad con Frank Sinatra, el artista más influyente de Estados Unidos por aquellos días, vio en él un instrumento perfecto. Sinatra no sólo contaba con amigos influyentes, más aún que cualquier político de los pasillos del Capitolio, sino que además era un hombre con estilo, que arropaba con su elegancia a cuantos se dejaban envolver con su halo. Su hijo, entonces senador por Massachusetts, sería uno de ellos. Los Estados Unidos que emergerían con la década de los sesenta estaban necesitados de un nuevo Roosevelt, un presidente con carisma y aspecto de estrella que devolviese a los americanos el gusto por admirar a su líder. Qué mejor camino que rodearle de los artistas más populares del momento que llevaban a gala además la impronta de la innovación y el inconformismo.

En febrero de 1960 Joseph Kennedy convocó a Lawford

y a Sinatra en la casa de la familia en Florida. El viejo Kennedy fue escueto y directo. Su hijo no lo tenía fácil. Para empezar, tenía que derrotar en las primarias a Hubert Humphrey, y después, enfrentarse a Richard Nixon. El joven John Fitzgerald tenía a su favor su pasado de héroe de guerra, su poderosa familia y el cariño popular por su esposa, Jacqueline Bouvier. Sin embargo, arrastraba consigo el pesado lastre del catolicismo, una circunstancia por la que buena parte de los analistas le dieron por derrotado antes siquiera de comenzar la campaña. Para ayudarle en todos los frentes, Joe Kennedy pidió a Frank Sinatra dos favores. Uno era personal hacia él, y consistía en que volcase toda su capacidad de convocatoria, tanto de artistas como de público, para convertir a John Fitzgerald Kennedy en un nombre conocido y relacionado con los ambientes más sofisticados, al tiempo que comprometidos. No habría problemas. Frank, entusiasmado, le prometió conciertos multitudinarios con los artistas más grandes del momento, e incluso alguna canción para la campaña. Le pediría a sus amigos Sammy Cahn y Jimmy van Heusen que preparasen algo especial para JFK.

El otro favor era más delicado, más indirecto y, decididamente, más relevante. El viejo Kennedy le expuso a Sinatra las cifras de los últimos sondeos, y éstas daban por perdidas las primarias en Virginia Occidental. Si eso no se solucionaba no habría comicios generales para ellos. Frank debía hablar con sus amigos de Chicago, que tenían en sus manos la mayoría de los poderosos sindicatos, para invertir esos resultados electorales. Joseph Kennedy era consciente de la responsabilidad que suponía pedir aquel favor, y del alto precio que conllevaría, por eso se mostró franco con el artista. La gente de Chicago debía saber que era un favor personal y directo a Sinatra, en ningún caso al clan Kennedy.

Aquella segunda petición no fue en absoluto del agrado de Frank. No sólo suponía confirmar sus íntimas relaciones con la Mafia, sino que además implicaba comprometerse con sus más altos dirigentes, lo que podía conllevar consecuencias indescifrables en ese momento. Aun así, accedió. Llamó a Sam Giancana y le pidió, como favor personal, que diese un vuelco a la opinión política de Virginia Occidental. «No tiene importancia», le dijo «Momo». Desde luego que la tenía. Iba a ayudar al hijo de un antiguo socio a sentarse en el sillón presidencial. Aquello pintaba mejor que bien. Así que hizo a su vez una llamada, y le encargó a Skinny D'Amato que pusiera la zona patas arriba hasta conseguir los resultados que querían. D'Amato aprovechó sus contactos con sheriffs de las localidades, que apostaban ilegalmente en algunos de sus garitos, para que «aconsejaran» a los sindicatos de mineros de carbón, y a otros colectivos influyentes en esa región de Virginia, que debían votar la candidatura de John F. Kennedy. Al final, contando también con el apoyo de Franklin D. Roosevelt Jr., hijo del antiguo presidente del país, el senador por Massachusetts se metió Virginia en el bolsillo. El 8 de marzo de 1960, el joven Kennedy iniciaba su carrera hacia la victoria presidencial.

Para esa segunda y definitiva ronda, Kennedy necesitaba fondos, cuantos más mejor, para que su campaña hiciese gala de esa elegancia sin reparos que parecían ostentar tanto el matrimonio Kennedy-Bouvier como la corte que les rodeaba. A esas alturas, Frank Sinatra se había convertido en la compañía más asidua y deseada de JFK. No es de extrañar que, por el contrario, a Jackie no le agradase lo más mínimo ni su presencia ni las fiestas a las que llevaba a su esposo. Como cualquier estadounidense, Jackie Kennedy había oído las historias sobre las orgías y borracheras en las que se sumergía todo aquel que compartiese fiestas con Frank Sinatra. Para el senador, obsesionado con el sexo y con una larga lista de infidelidades ya en su haber, contar con la amistad de un hombre con la capacidad de seducción de Sinatra era todo un privilegio. De hecho, varias de las amantes que compartieron recordarían cómo se interesaba el futuro presidente por los gustos, hábitos y costumbres del artista en el terreno pasional.

Cada vez que John Kennedy se cansaba de ir de un lado para otro estrechando manos y besando niños, intentaba escaparse unos días con Sinatra, sin Jackie, aunque la agenda de la campaña y la futura Primera Dama no se lo ponían fácil. En otoño de 1959 logró escabullirse y pasar un fin de semana en la casa de Frank en Palm Springs. «John F. Kennedy durmió aquí la noche del 6 al 7 de noviembre de 1960», rezaba una placa en la puerta de la habitación correspondiente, con el año equivocado. El aspirante a la Casa Blanca fue inmediatamente incluido en el círculo de habituales de Sinatra, esto es, el Rat Pack, ahora renombrado por la prensa como el «Jack Pack» (La pandilla de Jack). Tenía su albornoz personalizado para la sauna del Sands, y su propio mote, «Pollito». Se convirtió en objeto de casi todas las bromas del grupo, incluso desde el escenario, algo a lo que muchos bienpensantes no lograban acostumbrarse.

El Jack Pack estuvo implicado a fondo en la campaña presidencial de JFK. Dean, como siempre, acudió sólo cuando Frank insistió. Sammy, por su parte, ayudó a convencer a la gente de color de buena parte del país, que ya le reconocían como uno de los personajes que más estaba haciendo por abrir nuevos horizontes a la minoría étnica. El tema de la lucha por los derechos civiles era un punto importante en el programa de Kennedy, de modo que el apoyo de Sammy resultó crucial. Como cuñado de uno y camarada de otro, Lawford suponía el puente perfecto del grupo entre el mundo de la política y el del espectáculo. En cuanto a Frank, puso toda la maquinaria a trabajar. Para empezar, en la primavera de 1960 grabó una nueva versión de su reciente éxito, *High hopes* («Grandes esperanzas»), con un texto bastante explícito: «Todo el mundo quiere a Jack / Jack está en el buen camino / Él tiene grandes esperanzas / 1960 es el año de las grandes esperanzas». De igual modo, organizó actuaciones de La Cumbre por varias ciudades como acto previo a los discursos del candidato, además de otros conciertos en solitario con el objetivo de recaudar fondos. En el aspecto económico, el apoyo de Giancana a la elección de Kennedy fue más allá de su ayuda en las primarias, ya que aportó importantes sumas de dinero sustraídas del fondo de pensiones del sindicato de camioneros. Ese dinero llegaba a los Kennedy a través de Frank Sinatra.

Durante una de las breves conversaciones serias que mantuvieron Frank y Dean a lo largo de su vida («Me llevo bien con Frank porque sólo hablamos de música, bebidas y mujeres», le dijo en una ocasión Dean a su esposa), el siempre cauteloso Dino le advirtió a su amigo que no le gustaba en absoluto estar envuelto entre tanto tráfico de influencias, campañas, favores y personajes poderosos. Él, que nunca había tenido que devolverle favores a la Mafia, se veía ahora implicado en un asunto de envergadura, ya que los chicos de Chicago le metían en el mismo saco que a Frank y a Sammy. Sinatra intentó tranquilizarle y hacerle ver que todo eso no les traería más que beneficios. Pero pronto comprobó que, sin ni siquiera haberse celebrado las elecciones, comenzaban ya los problemas.

Joseph Kennedy le invitó a almorzar a mediados de 1960, en plena campaña. Frank se presentó en la mansión feliz y pletórico, sintiendo aquel encuentro como una antesala del Despacho Oval. Comenzó a hablar al venerable Kennedy del progreso de la campaña, de los éxitos en una y otra ciudad y de los proyectos futuros. Pero el viejo embajador, tan directo como siempre, planteó a Frank que si realmente quería que todo el esfuerzo terminase en un gran éxito, tenía que hacerle dos nuevos favores. Más bien, hacérselos a sí mismo.

Uno de ellos le dolió en lo más profundo de su orgullo. Inmerso en el vertiginoso torbellino creativo en el que llevaba desde hacía un par de años, Sinatra había decidido contratar al guionista Albert Maltz para su siguiente película. Maltz había pasado varios años en prisión como uno de los «Diez de Hollywood», los diez artistas encarcelados en 1947 por su «antiamericanismo». Como los demás, Maltz se había negado a delatar a otros compañeros presuntamente pertenecientes al Partido Comunista al ser convocado por el Comité de Actividades Antiamericanas del senador Joseph McCarthy. Frank había participado en varias iniciativas en su momento en contra de las listas negras y de la política de McCarthy. Años después, contratar a Maltz le parecía la compensación más adecuada, al igual que había hecho Kirk Douglas con Dalton Trumbo para *Espartaco*. Pero Douglas no era amigo del futuro presidente de los Estados Unidos. Como de costumbre, la prensa salió al encuentro de Frank. Varias publicaciones iniciaron una campaña contra Sinatra acusándole de dar trabajo a un hombre «repudiado» por su antiamericanismo. El artista respondió publicando anuncios a página completa en los que defendía la libertad de expresión. Cuando General Motors amenazó con retirar su apoyo a unos especiales de televisión del cantante que se estaban preparando, éste respondió sencillamente: «Habrá otros especiales». Pero cuando el partido republicano se hizo eco de la noticia, y comenzó a relacionar a JFK con un comunista exconvicto, Sinatra no supo cómo reaccionar. Joe Kennedy le evitó el esfuerzo. Si quería seguir codeándose con su hijo debía despedir a Albert Maltz. Al final, avergonzado ante su claudicación, accedió.

La otra concesión a los Kennedy tocó al cantante en el plano personal, pues se refería nada menos que a Sammy Davis Jr. Éste llevaba algún tiempo saliendo con la actriz sueca May Britt, y a pesar de las presiones sociales, habían decidido casarse en octubre de 1960, dos semanas antes de las elecciones presidenciales. Incluso habían pedido a Frank que fuese el padrino. Como no podía ser de otro modo, Sinatra ofreció a su amigo todo su apoyo, y le animó a hacer oídos sordos a todos los que les insultaban o les amenazaban. Pero la cuestión racial seguía teniendo un gran peso en la América de los primeros años sesenta. Una buena muestra es lo que ocurrió en la Convención Nacional Demócrata del 12 de julio de 1960, donde Kennedy debía recibir el apoyo necesario de su partido para afrontar el desafío presidencial. Sinatra se encargó de organizar por todo lo alto la gala del día anterior, para recaudar fondos, en el hotel Beverly Hilton, en Beverly Hills, a la que acudieron mil ochocientas personas. Buena parte de ellas eran amigos, como Angie Dickinson, Shirley MacLaine o Judy Garland, que acompañaron a

Kennedy en su mesa, dado que Jackie se había quedado en su casa de Hyannis por complicaciones en su sexto mes de embarazo. La afluencia de público conseguida por Sinatra fue tal que hubo que habilitar dos salas de baile para alternar las actuaciones. Al día siguiente, durante la ceremonia de apertura de la Convención Nacional Demócrata, el «Jack Pack» al completo, acompañado por Janet Leigh y Tony Curtis, interpretó el himno nacional americano. Frank estaba eufórico con aquella combinación de política y espectáculo, hasta que unos insultos y abucheos rompieron el ambiente. Era un sector racista de la delegación de Mississippi.

Aquel fue uno de los primeros estados en los que saltó la polémica cuando la prensa dio a conocer la noticia del matrimonio interracial entre Sammy Davis Jr. y May Britt. Poco a poco, más estados del Sur se sumaron a las críticas. En el Este, en Nueva York o Washington, veían con buenos ojos el apoyo de Kennedy a Sammy en su lucha por los derechos de la gente de color. El *New York Times* llegó a dedicarle varios artículos de alabanza al cantante por su compromiso y su valor. Pero no leían el *New York Times* en las tierras que bañaba el río Mississippi. Después de todos los esfuerzos de Sammy por llevar a Kennedy a la Casa Blanca, ahora el patriarca de la poderosa familia le pedía a Sinatra que aplazase la boda de su amigo. Pero Frank no tuvo que verse en la tesitura, ya que Sammy (siempre consciente de la realidad, aunque luchase por cambiarla) se adelantó con una llamada para anunciarle que habían decidido posponer la boda. Aun así, Frank se sintió culpable. Sabía que Sammy era demasiado inteligente para no darse cuenta de las consecuencias que tendría su enlace en la aventura presidencial, no ya de Kennedy, sino del propio Frank. «"Fumador", no te lo he pedido», le dijo Frank. «No hace falta que lo hagas, *baby*», le respondió su amigo.

Al final, el 8 noviembre de 1960 John Fitzgerald Kennedy vencía a Richard Nixon por el margen más estrecho registrado en la historia política del país, 118.574 votos. A los republicanos no les salían las cuentas en algunos estados. El 20 de enero se celebró la Gala Inaugural de la Presidencia de John F. Kennedy. Él, personalmente, encomendó a su amigo Frank Sinatra que se hiciera cargo de producir y protagonizar el evento. Como ya hiciera en actos anteriores, Sinatra reunió a los nombres más destacados —Peter Lawford, Joey Bishop, Tony Curtis, Leonard Bernstein, Bette Davis, Harry Belafonte, Gene Kelly, Laurence Olivier, Nat King Cole, Milton Berle, Ella Fitzgerald, entre otros— para arropar al nuevo y elegante presidente. Ninguna otra fiesta presidencial fue ni sería jamás tan espectacular. Frank hizo honor a su leyenda. Todo el que era alguien en Hollywood estaba allí. Todos, menos Dean y Sammy.

En medio de la fiesta, el trigésimo quinto presidente de los Estados Unidos, John Fitzgerald Kennedy, enunció un discurso sobre sus grandes esperanzas para los próximos cuatro años, para la nueva década. Y en ese discurso, de evidente peso político, guardó un lugar destacado para una persona que, a partir de ese momento, sería aún más especial de lo que ya le consideraba: «Todos estamos en deuda con nuestro gran amigo Frank Sinatra. Antes de poder cantar, ya conseguía votos en un sector demócrata allá en Nueva Jersey. Ahora, ese sector ha crecido hasta cubrir todo el país». Sinatra lo había logrado. De Hoboken a la Casa Blanca en tan sólo cuarenta y cinco años. Estaban en lo más alto, él y sus amigos. En breve, muchos comentaristas políticos comenzarían a referirse a la América de Kennedy como Camelot, el reino ideal de la leyenda artúrica, marcado por unas prometedoras esperanzas de igualdad, paz y prosperidad. JFK era, por supuesto, el Arturo de aquel moderno Camelot, en el que no faltaban el fiel Lancelot (Robert Kennedy), los caballeros de la Mesa Redonda (el Rat Pack), el mago Merlín (Sam Giancana) ni la hermosa Ginebra (a ratos Jacqueline Bouvier, a ratos Marilyn Monroe). Demasiada magia e ilusión para una época que se aproximaba, sin demora, a una drástica revolución.

Bienvenidos a mi mundo

«Eh, ¿cómo ha entrado toda esta gente en mi habitación?», pregunta un despistado Dean mirando al público con las cejas enarcadas. Tras él, Sinatra destapa con mucha pompa el carro de las bebidas que él mismo ha arrastrado hasta el centro del escenario. Se tapa la cabeza con esa sábana blanca y comienza a marchar con paso marcial. Con una expresión de asombro que se torna de enfado, Sammy le persigue para descubrirle, recriminándole la imitación del Ku Klux Klan. Desde su banqueta ante el piano, George Rhodes, pianista de Sammy y director de la Antonio Morelli Orchestra para su actuación, ríe la intromisión de los dos italoamericanos. Desde bambalinas, Ken Lane, pianista y director para Dean, y Bill Miller, responsable de la actuación de Frank, comentan los viejos chistes, frescos cada noche, mientras saborean sendas copas.

Dean ha empezado como siempre, interpretando *When you're smiling* («Cuando sonríes») arreglada para su espectáculo: «Cuando bebes / todo el espectáculo te gusta. / Cuando bebes / te da por pensar / y cambia tu punto de vista. / Pero cuando estás sobrio / todo el día es gris. / Sí, cuando estás sobrio / la vida es sufrimiento. / Así que sigue bebiendo / porque es lo que me gusta hacer a mí». Tras varios números similares, ha seguido robando risas con un divertido monólogo salpicado de anécdotas personales y nombres famosos, como cuando comentó: «Bing Crosby es un tipo con suerte. Está casado con esa hermosa mujer... ¿cómo se llama? ¡Cary Grant! ¿No? ¿No es así? ¡Oh, perdón, es cierto! ¡Quise decir Kathy Grant! Bueno, pensándolo bien no sé con cuál de los dos me quedaría».

A continuación, Frank ha demostrado ser consciente de que además de divertirse debe demostrar que es el más grande intérprete del país. Están en el Sands, pero ya no es 1960, sino primavera de 1961. Las cosas son diferentes. Por eso se ha resistido a imitar a Dean y se ha entregado a una serie de baladas de gran toque emocional, como *I only have eyes for you* y *Call me irresponsible*.

Tras bloques independientes y unos cuantos números juntos, Frank y Dean han dejado el escenario a un Sammy que ya pocos esperaban. Ha abierto con una deslumbrante interpretación del clásico *The lady is a tramp*, un tema habitual en el repertorio de Sinatra que éste nunca entonaba cuando actuaba con Sammy; sencillamente no había comparación. Después, un *All the way* construido a base de imitaciones de Nat King Cole, Louis Armstrong o sus propios compañeros de espectáculo. Éstos aprovechan la ovación del público tras ese número para sumarse al espectáculo. «Se acabó, Sammy, vuelve a la parte de atrás del autobús», le dice Frank en alusión a la segregación racial. «Frank, los judíos no viajan en la parte de atrás», le responde Sammy, que no deja de reír. En realidad, ninguno puede evitarlo. Están sentados en unos taburetes en medio del escenario, pero mientras el de Frank y el de Dean son de medidas normales, el de Sammy, en medio de ambos, es de talla infantil. Uno tras otro interpretan fragmentos de canciones, mientras los dos ociosos bromean. Tras varios intentos de hacer callar a sus amigos, Sammy les ignora y se dirige hacia el público: «¡Creo que les cantaré otra canción!». «¡Dios, Frank! ¿Dónde está el servicio?», interviene Dean. «Al final del pasillo, pero será mejor que llames, porque no hay dibujo en la puerta.» Así que Dean da un sorbo a su copa y de pronto observa una figura moviéndose entre las primeras mesas. «¡Disculpe, señorita!», exclama. «¿Pero qué dices, "Dago"? —exclama Frank—. ¡Es el camarero!» Algunas canciones más, algunos bailes más, y llega el divertido y resonante cierre: *Crap game in New York*. Después, mientras dejan el escenario, suena el instrumental *Ring-a-ding*, compuesto expresamente por Sammy Cahn y Jimmy van Heusen. Es el sonido del éxito y la diversión. El sonido del Rat Pack.

I've got the world on a string. Así se titulaba una de las canciones más populares de Frank Sinatra en aquellos días. «Tengo el mundo en una cuerda / sentado en un arco iris / con la cuerda alrededor de mi dedo». Se sentía en lo más alto. Estaba en lo más alto. Durante esa época, varios cómicos solían contar en sus espectáculos un chiste sobre Frank. «Sinatra se cree Dios —decían—. De hecho, es el único que marca el número de teléfono de *Pida una oración* y pregunta si le han dejado algún mensaje.»

Desde que le bautizaran como «La voz», y antes de que una década después comenzasen a referirse a él como el «viejo ojos azules», Sinatra tuvo otro apelativo que comenzaron aplicando los chicos del Rat Pack y terminó aceptando todo el mundo. Él era el «presidente de la junta», el mandamás, el jefe de todo el cotarro. Al fin y al cabo, ¿no se consideraba el mejor amigo del presidente de los Estados Unidos? En su despacho tenía una cinta con la grabación del discurso presidencial en el que le mencionaba, y no se cansaba de poner ese fragmento una y otra vez a quien pasaba a verle. Pero los chicos le llamaban «presidente de la junta» no sólo por su consabido poder sobre la gente, sino porque, realmente, Sinatra fue creando todo un imperio económico a su alrededor. Sinatra Enterprises englobaría en poco tiempo la discográfica Reprise, cinco empresas de copyright, productoras de cine y televisión (Essex, Kent, Dochester), una fábrica de manufactura de piezas para aviones y cohetes, inversiones inmobiliarias, una modesta línea de vuelos charter y el complejo residencial con casino Cal-Neva Lodge. Si hasta ahora se dedicaba a grabar discos, actuar y jugar, Sinatra había pensado que sería interesante tener su propio sello y su propio casino, sus propios aviones. Todo era poco, a la hora de pasarlo bien junto a sus amigos.

Y dado que el germen de todo aquel mundo, *su* mundo, pareció ser aquella película de Las Vegas, los miembros de La Cumbre recibieron a mediados de 1961 el guión de una nueva aventura que rodarían juntos, *Tres sargentos*. Se trataba de una revisión del clásico *Gunga Din*, el poema de Rudyard Kipling transformado en película en 1939, protagonizada por Cary Grant, Victor McLaglen y Douglas Fairbank Jr. Era la historia de tres amigos militares destinados en la India que se ven envueltos en aventuras y batallas contra los «salvajes». En la nueva película del Rat Pack habría también indios, pero de los de plumas y cánticos alrededor de la hoguera. De esta forma, no sólo quedaba conforme Frank con una nueva película en compañía, sino además Dean y Sammy, grandes amantes de las películas del Oeste. Pero mientras que Martin había obtenido unas críticas excelentes dos años atrás por su papel en otro western, *Río Bravo*, junto a John

Wayne y Angie Dickinson, cuando se estrenó *Tres sargentos* en primavera de 1962, la crítica no tuvo piedad con ella. Lo cierto es que, con excepción de *La cuadrilla de los once*, el resto de las películas protagonizadas por el Rat Pack dejaban bastante que desear como obra artística. Ocurría igual que en las actuaciones conjuntas. Mientras que cuando trabajaban solos todos dejaban aflorar lo mejor de su talento (Sinatra el primero), cuando se reunían en el escenario el principal objetivo era divertirse. Si el público captaba esa diversión al ver la película y lo pasaba bien, estupendo. Si no, peor para ellos.

Nadie se atrevía a negarles el «capricho». Después de todo, *La cuadrilla de los once* había sido una de las películas más taquilleras del año anterior. El director de *Tres sargentos*, John Sturges, se limitó a aceptar la oferta y hacer su trabajo lo mejor posible. Sólo el productor podría haber llamado a la cordura ante un proyecto como aquél —una traslación a la gran pantalla de las bromas habituales del grupo y sus caprichos personales—, pero en ese caso, el productor era Frank Sinatra. Frank, Dean y Peter eran los tres sargentos protagonistas, mientras que a Joey se le preparó el papel del oficial serio que debía vigilarles (igual que en el escenario) y Sammy daba vida a un esclavo liberado que acababa metido en el Ejército. Durante el rodaje de *Tres sargentos* tampoco faltaron las fiestas nocturnas, aunque con menos presencias estelares que en 1960.

Claro que ya habían tenido ocasión de rememorar alguna de aquellas fiestas de Las Vegas poco antes de iniciarse el rodaje de la película. Y una vez más, fue con excusa de un rodaje, aunque en esta ocasión, no era del Rat Pack. Fue en agosto del 61, y la estrella en torno a la que se reunieron una veintena de grandes nombres fue nada menos que Cantinflas. El mexicano Mario Moreno había obtenido un éxito considerable con su papel de Passepartout, el sirviente del intrépido Phileas Fogg en la versión de 1956 de *La vuelta al mundo en 80 días*, dirigida por Michael Anderson. Tanto, que animó a los directivos de la Columbia a construir toda una película a su medida. Dirigida por George Sydney, *Pepe* se reveló como un mastodóntico espectáculo de cerca de tres horas por el que paseaban palmito en brevísimas apariciones gente como Maurice Chevalier, Judy Garland, Jack Lemmon o Bing Crosby. En la larga escena que tiene lugar en Las Vegas se dan cita, entre otros, Kim Novak, Debbie Reynolds, Edward G. Robinson y, por supuesto, Frank, Dean, Sammy, Peter y Joey. Aquellos días, tras el rodaje, no hubo actuaciones, sólo diversión.

No obstante, a Sinatra y sus amigos no le iban a faltar ocasiones de reunirse en el escenario. 1961 empezó con varios encuentros del Rat Pack (al margen de los ligados al nuevo presidente). El primero, el 27 de enero del 61, reunió a Frank, Dean y Sammy, junto a Jan Murray en sustitución de un indispuesto Joey Bishop, para un concierto en el Carnegie Hall de Nueva York a favor de la Conferencia de Líderes Cristianos del Sur (SCLC), movimiento encabezado por Martin Luther King con el que Sammy estaba cada vez más comprometido. Días después el trío reaparecía en el Sands. Allí, fuera ya de calendario, Frank y Dean tomaron el escenario una noche haciendo pasar un verdadero calvario a un debutante Eddie Fisher. Les encantaba poner en apuros a los artistas jóvenes. Cuando Shirley MacLaine, la hija adoptiva del Rat Pack, comenzó a combinar su trabajo en el cine con las salas de espectáculos, allí estaban sus viejos amigos, sus maestros en buena medida, para incordiar. Sinatra se ponía a hablar con el público sobre «la pequeña Shirley», mientras que Dean bromeaba con las bailarinas. En una ocasión una de ellas perdió una de las sandalias al salir del escenario y cuando Dean la encontró se acercó al micrófono y comento: «Vaya, veo que Victor Mature ha pasado por aquí». El día que Shirley debutó en el Sands, Sinatra le advirtió: «Recuerda una cosa, nena. Cuando sales, la sala cambia». Sammy la animó: «Derriba todas las fronteras». Dean se limitó a preguntar: «¿Realmente necesitas hacer esto?»

Después de la temporada en el Sands, Dean aterrizaba en el 500 Club de Skinny D'Amato para actuar varias noches y también se encontraría de pronto con la compañía de Frank, primero, y de Sammy en las últimas fechas. Atlantic City vivió aquellas jornadas unas noches tan memorables como las que ya habían quedado en los anales de Las Vegas. Pero Sinatra quería algo grande, una nueva Cumbre, esta vez en el hotel Fontainebleau de Miami. Tenía contratadas allí una serie de actuaciones entre el 28 febrero y el 13 marzo de ese año 1961, y decidió convocar a sus camaradas para cerrar por todo lo alto las últimas fechas. Dean, Sammy, Peter y Joey se dieron cita para repetir las payasadas y sobre todo las juergas que habían hecho temblar los cimientos de Las Vegas (y la propia moralidad estadounidense) un año atrás. Frank le sugirió a su amigo «Pollito», para otros, el presidente de los Estados Unidos, que intentase escaparse por allí. Pero si ya era difícil conseguir algo así cuando aún era senador, las barreras para salir de la Casa Blanca eran ya prácticamente infranqueables (y la más difícil de todas se llamaba Jacquie).

Como colofón a esas actuaciones, Sinatra se tragó su orgullo y sus opiniones para sacarle partido a la popularidad de un joven al que todos aguardaban con impaciencia, Elvis Presley. Era sabido por todos que Sinatra odiaba profundamente el rock'n'roll. No le gustaban sus letras ni sus ritmos ni el aspecto de sus intérpretes. Y Elvis era el más grande de todos ellos. Pero tal vez por eso, Frank sabía que ser el primero en aparecer junto al joven a su vuelta tras hacer el servicio militar en Alemania, supondría revitalizar aún más su imagen y abrirse también a un público joven. Llegó a un acuerdo con la ABC para filmar un programa con el título *El especial de bienvenida a Elvis,* y le pagó al rockero 100.000 dólares por diez minutos en la pantalla. El mánager de éste, el «coronel» Parker, convocó a trescientas jovencitas para que diesen una calurosa acogida al cantante, demostrando así que seguía siendo el más apreciado. Por su parte, Sinatra se rodeó de sus chicos de La Cumbre y le pidió a Joey Bishop algunos chistes con los que hablar de las cifras de ventas de Elvis y las suyas sin que él saliese mal parado. Incluso Nancy Sinatra, una adolescente entonces, participó en el especial, donde cantaron Frank y Sammy, bailaron éste y Lawford y todos bromearon con Joey. Dean marcó una destacada ausencia, excusada por un compromiso profesional. Es verdad que empezaba una tanda de conciertos en Atlantic City, pero también lo es que no tenía el menor interés en quedar en ridículo midiendo sus fuerzas con Elvis.

Y como casi siempre, Dino tenía razón. Tras varios números en solitario, Frank se unió al joven para interpretar juntos un par de temas del otro (*Witchcraft* para Elvis y *Love me tender* para Frank). Los dos cantaron bien. Elvis estaba ridículo embutido en un esmoquin y a Frank tampoco le favorecía intentar reproducir el famoso movimiento de caderas de Elvis, pero cantaron bien. Aunque eso no cambiaba el hecho de que todo el programa, con La Cumbre como protagonista, representaba un mundo que comenzaba a ofrecer síntomas de desgaste, mientras que Elvis configuraba un futuro que estaba listo para explotar.

Pero Frank y los chicos no se lo iban a poner fácil. ¿Creían que ellos tenían ya poco que cantar? Pues se equivocaban de pleno. A finales de 1960 estaba en marcha Reprise Records, la nueva compañía discográfica creada por Frank Sinatra con un amplio abanico de propósitos. Para empezar, estaba el asunto del estilo. Frente a las sesiones tradicionales en las que el cantante grababa junto a la orquesta, normalmente ante un reducido grupo de conocidos, ahora se tendía a la grabación por pistas. En ocasiones, los músicos ni se veían entre ellos. Un día se registraban las cuerdas, otro el piano, otro la voz. Y todo, por supuesto, en privado y haciendo uso de la maquinaria más moderna. En Reprise no sería así. Podían tener los mejores equipos (Sinatra no reparó en gastos), pero los discos se grabarían al viejo estilo, conservando el clima, la frescura que suponía la relación entre la orquesta y el intérprete, entre éstos y el público.

Además, Reprise iba a permitir a Frank y a todos sus amigos, desde Dean y Sammy a Nat King Cole, Rosemary Clooney o jóvenes promesas como Trini López, afrontar proyectos a su gusto y medida. Aquello podía ser una empresa, pero por encima de todo era el respaldo discográfico de uno de los mayores artistas del momento al servicio de sus amigos. Sinatra no tuvo más que exponer el proyecto para que todos ellos decidiesen comunicar a sus respectivas discográficas que querían romper el contrato para pasarse a Reprise.

Pero, por encima de todo, ese nuevo sello era lo que su nombre evocaba, *reprisal*, represalia. De hecho, Frank se refería a la empresa muchas veces como *reprize*, en italiano. Era la respuesta del cantante, su venganza, ante el trato injusto que en su opinión le daba Capitol Records tras siete años juntos. Con él, la discográfica de Los Ángeles se había embolsado más miles de dólares que con ningún otro artista. Además, su nombre era sinónimo de innovación y sofisticación, gracias a los álbumes conceptuales que había elaborado en compañía de los grandes arreglistas de la casa. ¿Y qué sacaba Frank de todo aquello? Un mísero cinco por ciento. No era justo. Quería un cincuenta-cincuenta. En 1960, ese trato no era posible. Cuatro décadas después, lo sería aún menos. Con un contrato que le ligaba aún a cuatro discos más, el cantante se negó a trabajar. «Frank, ¿por qué no nos sentamos tú y yo y tratamos de llegar a un acuerdo factible?», le propuso Alan Livingston, el nuevo presidente de Capitol. «Que te jodan y que jodan a tu compañía. Voy a destrozaros y haré todo lo que pueda para arruinarte», fue la respuesta del de Hoboken.

Al final, Sinatra aceptó cumplir su acuerdo con el sello y lanzó los discos pendientes, aunque eso no le impediría publicar también con su propia compañía. Así, entre julio de 1960 y julio de 1962 salieron al mercado nueve discos de Frank Sinatra, cuatro con Capitol y cinco con Reprise. El resultado directo fue que el potencial creativo de cada una de estas producciones se diluyó por completo al no saber el público a qué producto acudir. Los discos que salieron peor parados fueron los de Reprise, sencillamente porque llegaron al mercado más tarde, a partir de marzo de 1961. El primer álbum, con Johnny Mandel como arreglista, era toda una declaración de intenciones desde el propio título, *Ring-a-ding-ding*, la popular expresión entre los integrantes del Rat Pack que significaba éxito, diversión, beneficios. No en vano, cuando este primer disco salió a la venta, los chicos andaban en Utah inmersos en el rodaje de *Tres sargentos*, al tiempo que Frank, Dean y Sammy se divertían con sus anárquicas actuaciones en el Sands o el Cal-Neva.

Billy May, Sy Oliver, Don Costa o Neal Hefti fueron algunos de los arreglistas con los que trabajó Sinatra durante los primeros años de Reprise, y con ellos grabó discos con aires de jazz, como *Sinatra swings* (1961) y *Sinatra swingin' brass* (1962), otros más románticos, como *Sinatra and strings* (1962) o *Great songs from Great Britain* (1962), e incluso una revisión nostálgica, *I remember Tommy* (1961), en el que el baladista recuperaba algunos de los clásicos que le hicieran popular bajo la dirección de Tommy Dorsey. En 1963, tras cumplirle el contrato, Capitol no tuvo más remedio que dejar en libertad a Nelson Riddle, cuya colaboración ansiaba Sinatra desde el primer día de trabajo en Reprise. Junto a él, en nueve meses, Frank grabó tres discos con los que intentó por última vez demostrarse a sí mismo que los tiempos no estaban cambiando tan deprisa. Pero sí que lo hacían. *The concert Sinatra*, *Sinatra's Sinatra* y *Academy award winners*, publicados entre mayo del 63 y marzo del 64, pusieron de manifiesto que el viejo estilo ya no valía.

Aquellos discos consistían en composiciones clásicas, muchas de ellas anteriormente grabadas por Frank, con nuevos y vibrantes arreglos a cargo de Riddle, pero ni con ésas. Los dos únicos discos con los que Frank recabó importantes éxitos de crítica y no tanto de público en aquellos años fueron dos brillantes encuentros con el genio del jazz Count Basie. *Sinatra-Basie*, en 1963 y con Hefti como arreglista, y *It might as well be swinging*, el año siguiente, con un joven Quincy Jones al frente, revalidaron la imagen de Sinatra como vocalista de jazz, y constituyeron dos de las mejores grabaciones del artista en el primer lustro de los sesenta. La pareja se reuniría en 1966 (amén de otras colaboraciones, algunas con Dean y Sammy incluidos), para dar una serie de memorables recitales en el Sands, también con Jones como arreglista, cuya grabación perdura como el mejor registro en directo de Sinatra en los sesenta; toda una delicia.

Y mientras Frank buscaba ansiosamente cómo renovarse, Dean, en su paso a Reprise, apostó por hacer las cosas aún más sencillas que nunca. ¿Acaso él no era Dino, el más ilustre y popular representante del artista de legado latino? De hecho, la marquesina del Sands le anunciaba para su temporada de conciertos en primavera de 1962 sencillamente así: «Dino». Teniendo eso en cuenta, parecía lo más lógico sacarle partido a la música en esa misma línea. Sus dos últimos discos con Capitol, *Dino: Italian love songs* y *Cha-cha de Amor* (lanzados en febrero y abril de 1962), asentaron aquella imagen, precedida de trabajos de swing y baladas más indiferentes en ese aspecto. En dos días de grabación en los recién estrenados estudios de la Reprise, Dean dejó registrados tanto un par de efectivos singles como, sobre todo, una docena de excelentes selecciones para conformar su primer largo con la compañía, *French style*. Con Nel Hefty a cargo de los arreglos, el álbum era una sucesión de temas populares del «país del amor», tales como *La vie en rose, C'est si bon, Gigi* o *I love Paris*. Para el lanzamiento del disco, también aquel abril del 62, la discográfica de Sinatra contrató una doble página de publicidad en varias revistas musicales en la que se anunciaba «¡... la nueva, gran, sorprendente, imprescindible sensación de la temporada: Dean Martin en Reprise Records!».

Un par de meses después, mientras Dean rodaba con Marilyn Monroe una película que no llegarían a terminar, el disco de Capitol *Dino: Italian love songs* subía hasta los primeros puestos de la lista de éxitos, una hazaña para Dean y toda una promesa para Reprise, que veía así en el socarrón intérprete su baza más prometedora (más, desde luego, que su propio presidente fundador). Por ello, los siguientes lanzamientos de Dean Martin en el sello mantuvieron el mismo carácter conceptual. En agosto del 62 vio la luz *Dino latino*, otra docena de canciones, con arreglos del efectivo Don Costa, y esta vez con un marcado acento mexicano/español. *Allá en el rancho grande*, *Bésame mucho* o *La Paloma* fueron algunas de las tonadas con las que el cantante subrayaba en sus grabaciones de estudio el humor que ya todos conocían de sus actuaciones en directo. Afrontaba la grabación con total profesionalidad, desde luego, pero desarrollando su versión con inflexiones y juegos de voz que delataban su intención no sólo de seducir, sino también de agradar, de divertir con cada tema.

La misma sensación se desprende de sus dos largos de 1963, discos en los que el criterio conceptual llevó a Martin a un género que pocos podían esperar de un artista melódico como él. En aquellos días, la música country tenía su propio campo de juego. Con capital en Nashville, aquel sonido, actualización a los nuevos tiempos de las melodías y crónicas de los viejos colonos, era coto privado para un tipo de artista concreto, con un estilo de vida, de indumentaria, de pensamientos determinados. Pero en 1962 Ray Charles había roto esa barrera. Con el lanzamiento de su mítico *Modern sounds in country & western music*, el cantante de rythm & blues había demostrado que cualquiera con un mínimo de estilo, voz y gusto por la tragedia, podía acercarse con relativo éxito a la que era por antonomasia la música tradicional americana.

Respaldado por el éxito de Charles, Dino, gran aficionado al western y siempre abierto a nuevas propuestas, no se lo pensó dos veces. Así, la primavera de 1963, mientras los Beatles secundaban su primer lanzamiento con el movido *With The Beatles*, el veterano Dean Martin hacía desplante tanto a los que esperaban otro disco de baladas como a los «vaqueros» puristas con el lanzamiento de los divertidos *Dean «Tex» Martin: Country style* y *Dean «Tex» Martin rides again*. Como siempre, realizó una inteligente selección, que incluía desde clásicos de Hank Williams (*I'm so lonesome I could cry*), el padre del country moderno, hasta éxitos de reciente hornada, como el *I walk the line* de Johnny Cash.

Con estos discos, al igual que con el álbum de nanas *Dream with Dean* (1964) o el genérico *The door is still open to my Heart* (1964), Dean Martin consiguió éxitos razonables, y aunque ninguno de ellos alcanzó puestos destacados en las listas, sí que hubo sencillos que sonaron bien en las emisoras. Y desde luego, siempre más que los de Sinatra. A éste, al menos, le quedaba el consuelo de que fuese su mejor amigo el mayor valor de su compañía discográfica, que por otro lado, no terminaba de despegar ni con nuevos artistas ni con proyectos originales. Fue precisamente Dino quien hizo que se hablara por primera vez de Reprise como sello importante.

Ocurrió durante la preparación del álbum *Dream with Dean*. Mientras el lampiño Bob Dylan cantaba que los tiempos estaban cambiando, Dino sabía, como Lampedusa, que sólo eran algunas cosas las que cambiaban, y al fin y al cabo, era para que todo siguiera igual. Por eso decidió hacer lo de siempre, pero de otra forma. Con su pianista y hombre de confianza, Ken Lane, escogió una serie de clásicos para grabarlos en un clima íntimo. Nada de grandes orquestas y ampulosos arreglos. Sólo cuatro músicos y la emoción de letras como las de *Blue moon* o *Fools rush in*. A falta de un corte para la docena, Lane tocó para Dean una canción que había compuesto quince años atrás junto a Irving Taylor. En aquel tiempo Lane trabajaba con Sinatra, y el cantante había llegado a grabar esa canción para Columbia. Mientras la interpretaba al piano, Jeanne Martin entró en la habitación, y le gustó tanto lo que oyó que animó a su marido a que incluyera ese tema en el disco. *Everybody loves somebody* sería el décimo segundo corte.

En primavera de ese año 64 el disco estaba terminado, pero Reprise lo dejó en reserva para el verano. Por aquel tiempo Dino Jr. contaba doce años, y de su boca no salían más que los animosos estribillos de los Beatles, uno tras otro. «She loves you yeah, yeah, yeah…!».A Dean no le disgustaba aquello como le ocurría a Frank, pero sí le fastidiaba que sólo se hablase de esos chicos en todo momento. Una mañana, al salir de casa camino del estudio de grabación, se encontró en la puerta con Dino Jr. y le comentó: «Voy a sacar a esos amigos tuyos de la lista de éxitos, ya verás». Ese mismo día, 16 de abril, Dean grabó una toma alternativa de *Everybody loves somebody*, con un ritmo más ágil y toda una orquesta respaldándole.

A comienzos de junio de 1964 salía al mercado *Dream with Dean* con una versión íntima de *Everybody loves so-*

mebody. Al mismo tiempo se lanzaba un álbum con el mismo título de la canción que incluía la nueva toma, además de otro puñado de medios tiempos. En tres semanas, el éxito mundial de los Beatles, *A hard day's night*, se veía obligado a abandonar el primer puesto ante el enérgico ascenso de Dean Martin, que así, a los 47 años, conseguía su primer número uno, y el primer gran éxito para Reprise Records. De hecho, el alcance de la canción llegó a animar a la compañía a lanzar versiones de la canción en francés, italiano y castellano.

A finales de ese mismo año, Reprise lanzó *The door is still open to my heart* como single, al mismo tiempo que *You really got me*, el potente tema de los Kinks, el grupo que Frank había buscado para hacer frente a los Beatles. Ambos cortes entraron en el Top 10, pero la grabación del viejo Dean llegó más alto. Antes de que terminase el año, *You're nobody 'till somebody loves you*, otra balada de buen ritmo, entonada con el tono desenfadado que ya era marca de Dino, le daba al cantante su tercer éxito del año.

Además, aquel 1964 había acogido el estreno de la última gran película de Dean Martin, *Bésame, tonto*. Ya en 1963 había estrenado *Cariño amargo*, la adaptación a la gran pantalla de la obra teatral de Lillian Hellman *Toys in the attic*, un drama familiar en la línea de Tennessee Williams. La película contó con la dirección de George Roy Hill, y Geraldine Page y Gene Tierney estaban presentes en el reparto. Pero todos los críticos coincidieron en destacar la labor interpretativa de Dean, que quedó recogida como una de las mejores del año. Con aquella película Dino dio por zanjada su carrera cinematográfica «seria». Había demostrado que podía hacer buenas comedias, buenos westerns, buenos dramas.

A partir de ahora, no trabajaría más que cuando le apeteciese, y siempre en proyectos que fuesen lo menos complicado posible.

En ese sentido, *Bésame, tonto* supuso el canto de cisne perfecto, ya que en ella no hacía más que interpretarse a sí mismo. Su personaje era un cantante melódico de nombre Dino, y el número musical que abría la película no era más que la grabación de uno de los últimos espectáculos de su temporada de primavera de 1964 en el Sands. Con esta película, el realizador Billy Wilder fue más allá de lo que los puritanos más mojigatos podían llegar a esperar de él. La película contaba la historia de dos compositores desconocidos, vecinos de un pueblo perdido de Nevada, al que llega un día el famoso Dino. Uno de ellos, interpretado por el histriónico Ray Walston, no duda en contratar a una prostituta (Kim Novak) para hacerla pasar por su esposa y ofrecérsela al cantante a cambio de que grabe una de sus canciones. La película levantó todo tipo de protestas por lo inmoral de su trama, pero la taquilla respondió a la ardiente historia protagonizada, además, por dos mitos eróticos como Martin y Novak.

Una semana después de la Navidad de 1964, Dean invirtió junto a Jack Entratter y otros socios menores en un terreno olvidado cerca del aeropuerto de Palomar, en Carlsbad, California. En poco tiempo, aquel terreno baldío se convertía en un lujoso club de golf del que Dino era uno de los socios y usuarios más destacados. Sin favores, sin Mafia, sin presidentes de los Estados Unidos. Todo muy sencillo. Así pretendía Dean Martin que fuese su vida a partir de ese momento.

* * *

Sammy Davis Jr. pensaba todo lo contrario. No podía dejar de trabajar. No quería hacerlo. Le excitaba cada nuevo proyecto en el que se embarcaba. En 1960, además de atender a cada ocurrencia de Frank, había apostado por renovar su propio espectáculo, introduciendo propuestas completamente innovadoras que combinaban el recital habitual con flashes de musicales y actualizados números de vodevil. Durante la segunda mitad del año tenía tanta música fluyendo por sus venas que el trabajo realizado en el estudio de grabación permitió a Decca publicar cuatro álbumes bien distintos, desde la colección de canciones nominadas al Oscar (pero perdedoras) recogida en *Sammy awards* al detallado repaso a los temas más aplaudidos en el escenario, en *Mr. Entertainment*. De forma muy inteligente, la compañía no publicó todo el material de una vez, sino que prefirió dosificarlo ante la inminente salida del artista con destino a la discográfica de su amigo y protector.

Y es que, si hay alguien que le sacó partido a Reprise Records, ése fue Sammy Davis Jr. Entre marzo de 1961 y octubre de 1964 el cantante publicó la friolera de doce discos, al margen de un par de bandas sonoras y un proyecto multitudinario. Mientras a Martin le dejaba hacer a su antojo, Sinatra se mantuvo siempre cerca de Sammy, no ya para controlar lo que hacía, sino para animarle a que no dejara de hacer cosas. Así, tras los vibrantes *The wham of Sam* y *The best of Broadway*, Frank sugirió a su amigo que plasmase en un disco sus excelentes trabajos de imitación de cantantes y actores. Ésa fue la esencia de *All-Star spectacular*, un puñado de canciones populares a las que Sammy puso la voz de Ray Charles, Jerry Lewis, Mario Lanza, Louis Armstrong o Boris Karloff, entre otros.

Sammy solía emplear a su amigo Morty Stevens como arreglista para la mayor parte de estos trabajos, y mientras Frank se esmeraba por superarse a sí mismo y Dean por no aburrirse en el estudio, el objetivo de Sammy con cada nuevo trabajo era ofrecer al oyente un producto impecable. Así, las orquestaciones estaban especialmente cuidadas, y en todas ellas se advertía el amor y el respeto del artista por el jazz, ritmo y sonido base en buena parte de aquellos discos. Así, para *The wham of Sam*, probablemente uno de los mejores discos de su carrera, Sammy no sólo contó con el apoyo de Morty Stevens, sino que pidió el asesoramiento de Marty Paich, un respetado músico y productor de jazz con el que quería imprimir un sello aún más brillante a su nueva creación.

Además, su forma de cantar había madurado bastante. De los tres amigos, era el que mayores diferencias reflejaba desde sus primeras grabaciones. Había logrado controlar las notas más agudas, y había aprendido de Frank la técnica para sacar el mayor partido a su registro más grave como barítono. En sus primeros discos para Decca, Sammy era dueño por completo de su voz. Indiscutiblemente impulsivo, los puntos más emocionantes de las canciones le llevaban a guiar su torrente a grados de los que le costaba volver con elegancia. Lejos de reprimir su desenfreno sí que había conseguido controlar por completo su voz. Además, tras mucho experimentar, había logrado reproducir en los discos la emoción que alcanzaba en sus actuaciones en vivo, deleitando a los oyentes con los temas más suaves del mismo modo que los excitaba con sus juegos de escalas en los más rítmicos.

Pero el primer lustro de los mágicos sesenta, bajo la presidencia de Kennedy y Sinatra, la vida de Sammy fue mucho más que música. Aunque participó en un par de películas de moderado éxito, *Convicts 4* y *Johnny Cool*, además de las producciones con Sinatra y los chicos, la vida de Sammy en esos años tuvo dos vertientes fundamentales: su compromiso con el público, en lo que a sus actuaciones en directo se refiere (sus espectáculos inspiraban los artículos más entusiastas de los críticos allá donde fuera, desde California a París), y su compromiso social. Tras abrir los escenarios, los hoteles, los sastres y tantos otros servicios a la gente de color, Sammy no podía dejar de implicarse con el emergente movimiento que se extendía por todo el país. Junto a artistas como Ray Charles, Johnny Mathis o Joe Louis, siguió al reverendo Martin Luther King por varias ciudades conflictivas del país. Aunque al principio no parecía muy dispuesto al riesgo que eso suponía.

En el primer encuentro entre Davis y King, durante el concierto de enero de 1961 junto a Frank y Dean en el Carnegie Hall para recaudar fondos, Sammy le dijo al reverendo que estaba dispuesto a aportar de su bolsillo cuanto dinero fuese necesario para la causa, pero que en ningún caso les apoyaría con su presencia en los estados racistas del Sur. Sammy tenía verdadero miedo a los grupos racistas. Era verdad que les había ganado casi todas las manos, pero también había visto perder a muchos, y en casi todos los casos lo que estaba en juego era la vida. Aun así, Luther King profetizó: «Te tendremos allí». Dos años después, en agosto de 1963, Sammy se unió a cientos de personas lideradas por King para marchar por la mismísima Birmingham, Alabama, centro neurálgico del racismo estadounidense y de sus principales grupos de presión y violencia racial. La concentración tenía como objeto recaudar fondos para una marcha mayor, *la marcha*, que tendría lugar en Washington el 28 de agosto siguiente.

Sammy se unió a los 250.000 estadounidenses, blancos y negros, que se manifestaron pacíficamente en el corazón político del país por una sociedad sin diferencias raciales. El cantante apoyó a King en todo momento, y se emocionó especialmente al oír su discurso *Tengo un sueño*. A Sammy no le gustaban los líderes raciales como Malcom X y los Musulmanes Negros, que abogaban por la violencia o por tratar a los blancos igual que éstos hacían con ellos. Por el contrario, el reverendo King se le antojaba el hombre que los de su raza llevaban esperando desde que llegaron a América. «Sólo necesitamos veinticinco hombres más como Martin Luther King, a ambos lados del espectro de color, y todo esto habrá terminado —comentó Sammy tras disolverse la concentración de Washington—. Sólo hablar con él ya es una experiencia. Es el Gandhi de la raza negra.»

El artista trató de parecer en todo momento feliz y distendido por la hazaña que constituía aquella marcha multitudinaria, pero como siempre, Sammy se guardaba algo para sí. Días antes, Robert Kennedy, a quien su hermano había nombrado ya Fiscal General, le había advertido que su nombre figuraba en la lista de «Los diez más buscados» elaborada por el grupo racista Consejo de los Ciudadanos Blancos, caracterizados por su especial virulencia. Algunos de sus acompañantes durante la marcha trataron de restarle importancia a las amenazas que grupos como ése habían distribuido en octavillas y artículos de prensa contra los que respaldaran a Luther King, pero Sammy sabía muy bien que esa gente podía ser muy peligrosa.

Tres años atrás, en julio de 1960, allí mismo, en la capital del país más poderoso del mundo, Sammy había sufrido una de las experiencias más terroríficas de su vida. Apenas un mes antes, el 6 de junio, había anunciado en conferencia de prensa su intención de casarse con May Britt. Esa misma noche, mientras él observaba desde la ventana de su camerino en el Lotus Club, un centenar de hombres uniformados del Partido Nazi Americano, liderado por el incendiario George Lincoln Rockwell, profirió todo tipo de insultos y amenazas contra el cantante por su decisión de casarse con una mujer blanca. «¿Qué pasa Sammy? ¿No puedes encontrar a una negra?», rezaba una de las pancartas. «Vuelve al Congo», se leía en otra. Al frente del grupo, un enorme perro dóberman paseaba un cartel colgado del cuello: «Yo también soy negro, Sammy, pero por lo menos no soy judío». Aunque se le planteó la opción, Sammy no quiso suspender el espectáculo. Pero cuando hizo el aclamado número western de las acrobacias con los revólveres, pocos entre el público podían sospechar que ambos Colt 45 iban convenientemente cargados con munición real. No quería correr riesgos.

A pesar de todo, el artista se había mantenido firme, y unos meses después, el 13 de noviembre de 1960, pasados cinco días desde las elecciones presidenciales, Sammy Davis Jr. contrajo matrimonio con May Britt. Frank Sinatra fue el padrino, y Peter Lawford actuó como testigo. Dean se nombró a sí mismo «jefe del mueble-bar». Sammy estaba decidido a demostrar que aquel matrimonio podía ser como cualquier otro. Y May, profundamente enamorada de él, estaba de acuerdo. Ella fue la primera en pagar las consecuencias, pues poco después del enlace recibía la noticia de que su estudio cinematográfico había decidido rescindir su contrato. No volvió a ponerse ante una cámara hasta nueve años después para hacer una breve aparición en un capítulo de *Misión: imposible*. La de Kennedy era una nueva América, pero algunos no se habían enterado.

Días antes del incidente de Sammy en Washington, el 13 de julio de 1960, mientras en Los Ángeles se anunciaba la candidatura oficial de John F. Kennedy, en Carson City se hacía público que un grupo de cuatro hombres había adquirido el cincuenta y siete por ciento del complejo hotelero Cal-Neva Lodge, junto al Lago Tahoe, en Nevada. Los compradores de las acciones eran Frank Sinatra, Dean Martin, el amigo personal de Frank, Hank Sanicola, y el viejo conocido de Frank y Dean, Skinny D'Amato. Sinatra era el que mayor porcentaje llevaba, claro que no soportaba la carga solo. En la sombra, Sam Giancana también tomó parte en el negocio; todos reunidos bajo la firma Park Lane Enterprise. Ahora el Rat Pack tenía su propio lugar para actuar, y cuando lo hacía, Frank y Dean cobraban una cantidad superior a la habitual. Después de todo, eran los dueños. Eddie Fisher, Lena Horne o Vic Damone fueron algunas de las primeras figuras del momento que trabajaron en la bautizada como sala de las Celebridades.

Pero ahora que disponía de su propia discográfica, Sinatra no entendía por qué iba a relegar sus trabajos entre amigos a los escenarios, los platós de cine o los de televisión. También podían grabar juntos. Así, el 22 de octubre de 1962, Frank, Dean y Sammy acudieron al estudio de grabación, juntos por primera vez, para registrar dos temas que acabarían siendo editados en un single especial con una risueña imagen de los tres en la portada. El objetivo de Frank era dotar al grupo de su propia identidad musical, que complementase la imagen creada a través de sus actuaciones en directo. Para ello se escogieron dos canciones con altas dosis de humor y ritmo ágil, que permitían a la orquesta y los vocalistas dar rienda suelta a un pegadizo swing. El nexo entre las dos grabaciones fue Sammy, que grabó una con Dean y otra con Frank. Para el primer dueto se escogió *Sam's song*, un tema grabado originalmente por Bing Crosby y su hijo en 1949 aunque, desde su lanzamiento en 1962, pasaría a ser identificado inequívocamente con estas dos nuevas voces. Construida a modo de conversación, el propio título ya dio lugar a varias lecturas, pues mientras unos se quedaban con el chiste de que se trataba de la «canción de Sammy», otros pensaron que era un tributo de los dos artistas a «Momo» Giancana por deseo de Frank. De hecho, cada vez que el mafioso les llamaba para que cantaran en su local de Chicago, el Villa Venice, les advertía que quería que interpretasen esa canción. En aquel foro, más que en ningún otro, el público no tenía dudas sobre a qué Sam iba dirigido el tema.

Igualmente significativa, en otro sentido, resultaba *Me and my shadow* («Mi sombra y yo»), la canción que Frank grabó con Sammy. En ella, Sinatra entonó la voz principal, mientras que Davis, «su sombra», iba haciendo comentarios. Por si a alguien le cabía aún alguna duda, esta vieja composición venía a cobrar una evidente actualidad al suponer una certera y ácida descripción de la relación que unía a ambos artistas.

Pero ningún proyecto de Reprise Records, mientras se mantuvo bajo el control total de Sinatra, resultó tan arriesgado como la serie de cuatro discos *Reprise Musical Repertory Theater*. Teniendo en cuenta que algunas de las canciones populares americanas tenían su origen en musicales de Broadway, Frank se planteó grabar algunas de dichas obras con nuevos arreglos y las mejores voces del momento. «Les enseñaremos cómo deberían sonar estas canciones», fue su frase para presentar el proyecto. Desde luego, los «componentes» del mismo no podían ser mejores. Para empezar, el repertorio. *Finian's rainbow*, *Guys and dolls*, *South Pacific* y *Kiss me, Kate* no sólo eran cuatro producciones de éxito, sino que además llevaban la firma de los mejores creadores de su tiempo, como el venerado Cole Porter. Para hacer unos arreglos a la altura, apostando por un tempo ágil y un toque emocionante para las baladas, además de una orquestación grandiosa, Frank acudió de igual modo a los profesionales más respetados, gente como sus amigos Nelson Riddle o Billy May. Y finalmente, las voces. Bing Crosby, Dinah Shore, Rosemary Clooney, Jo Stafford, Debbie Reynolds, las hermanas McGuire y, por supuesto, Frank, Dean y Sammy, entre otros, participaron en la grabación de uno o varios de los discos, editados conjuntamente en noviembre de 1963. Aunque no fueron en absoluto un fracaso, ni el público ni la crítica respondió con la euforia que Frank imaginaba, a pesar de que algunos no dudaron en aplaudir su iniciativa, en un intento por levantar un imperio artístico atendiendo a algo más que las cifras de ingresos.

Después de todo, el dinero tampoco era tan importante. Sus programas de televisión, *The Frank Sinatra Show*, emitido entre 1957 y 1959, y el esporádico *The Frank Sinatra Timex Special*, nunca fueron éxitos de audiencias, y tal vez por ello, aunque al principio quiso, Frank nunca llegó a convertirse en una estrella televisiva. Había que estar atento a las cámaras, los carteles y la improvisación era muy peligrosa. Así que se limitaba a grabar algún especial de vez en cuando, más por promoción o diversión junto a los chicos que por los beneficios. Además, era invitado asiduo de los programas de otros muchos colegas, y en ellos sí que podía actuar a su antojo, en ocasiones «pirateando» la emisión con sus bromas, para terror de realizadores y productores.

Al fin y al cabo, aquél era ahora, más que nunca, el mundo de Frank; el resto de los artistas sólo vivían en él. Su libertad de actuación era tal que cuando en octubre de 1961 Jack Entratter tuvo ciertos problemas con Sammy Davis Jr. prefirió recurrir a Frank para evitar problemas que pudiesen dañar la reputación del hotel y del cantante. Lo que ocurría era que Sammy se excedía de los cuarenta y cinco minutos acordados por actuación en casi el doble. Ese tiempo suponía importantes pérdidas para el casino, ya que muchos espectadores decidían pasar de jugar esa noche. Cuando Frank fue a hablar con Sammy, éste argumentó que la gente disfrutaba con el espectáculo, y que en cuarenta y cinco minutos no tenía tiempo suficiente para ofrecer los nuevos números que había desarrollado. Sin deseos de imponerse a Sammy por la fuerza, Frank pensó otra alternativa, la del humor. Así, durante varias noches, Sinatra improvisó varios sistemas para sacar al artista del escenario una vez cumplido su tiempo de actuación. En ocasiones recurría a un pitido, similar al que marcaba en las factorías el final de una jornada de trabajo. Otras veces irrumpía sin más en medio del escenario con dos guardias de grandes proporciones que cogían a Sammy por ambos brazos. «Damas y caballeros —anunciaba Frank muy serio—: El espectáculo ha concluido.» A continuación se dirigían a los camerinos, Frank y los guardias por su propio pie, Sammy en volandas, mientras el público aplaudía dando vivas. Sinatra también disfrutaba con aquellas intervenciones esporádicas. Eran un juego, como todo, como la propia vida. Y en aquel momento tenía las mejores cartas en su mano. Aquel otoño de 1961 Frank Sinatra era el hombre más feliz sobre la Tierra. No en vano acababa de compartir unas vacaciones con la familia presidencial al completo.

Traición y muerte en Camelot

En la avenida Milwaukee, en Wheeling, Illinois, al noroeste de Chicago, el Villa Venice era un antro de carretera donde se hacían algunas apuestas ilegales y chicas jóvenes y bonitas de la zona intentaban ganarse algunos dólares con los viajeros que recalaban por allí. Una gramola en un rincón era el único hilo musical del tugurio. En 1956 Sam «Momo» Giancana vio en aquel local el sitio ideal para reunirse con amigos como Paul Ricca o Tony Accardo, con los que poder beber, divertirse y hacer negocio sin tener al FBI husmeando por la ventana.

Cinco años después, en 1961, cuando comenzó a codearse —indirectamente— con el presidente de los Estados Unidos, «Momo» decidió que había que adecentar aquel lugar. Más aún, había que convertir el Villa Venice en uno de esos sofisticados locales a los que había acompañado tantas veces a Frank Sinatra y sus amigos de Hollywood. Lo comentó con Leo Olsen, el hombre que figuraba como dueño y que Giancana había designado a su vez como gerente, y establecieron cómo sería el nuevo y flamante Villa Venice. La reconversión costó alrededor de 250.000 dólares que «Momo» puso de su bolsillo. Pero si algo tenían los casinos con actuación de Las Vegas era que, a su vez, disponían de hotel. Para solucionar este aspecto a Olsen se le ocurrió montar una línea permanente de autobuses que conectara el Villa Venice con el Flamingo Motel, en la cercana River Road.

Johnny Formosa y Johnny Roselli, hombres de prestigio en los círculos del hampa y de plena confianza para Giancana, hicieron las veces de relaciones públicas, y se encargaron de que el día de la inauguración, el 31 de octubre de 1962, no faltase un personaje. Si el FBI hubiese querido atrapar a la flor y nata del crimen organizado estadounidense (entre otros personajes ricos y poderosos), hubiese podido hacer una redada aquella noche en el Villa Venice y brindar para celebrarlo con un excelente whisky de importación conseguido a bajo coste. Pero no lo hizo. Sus agentes molestaron sólo un poco, lo justo. Por su parte, Giancana sí que se aseguró de que la realidad estuviese a la altura de las promesas. Además de contratar a las chicas más atractivas y a los mejores crupieres, necesitaba un buen espectáculo. Eddie Fisher, el joven marido de Elizabeth Taylor, era la voz de moda. Cuando Leo Olsen se puso en contacto con el representante de Fisher éste le explicó que el chico tenía un compromiso con el Desert Inn. «Eso no será un problema», le explicó Giancana a su hombre del Villa. El mafioso llamó a Sinatra y puso especial énfasis en el verbo al decirle: «*Quiero* que Eddie Fisher inaugure mi local. Soluciónamelo, Frank».

No fue el mejor día para que alguien le pidiese un favor a Frank Sinatra. Acababa de enterarse de que habían encontrado muerta, Dios sabría por qué, a su amiga y amante Marilyn Monroe. Aun así, hizo honor a su leyenda y resolvió el problema de su amigo. Llamó a Fisher, y el chico le explicó que estaba demasiado cansado como para viajar a Chicago. Sinatra le recalcó que se trataba de un favor personal que él le pedía. Intimidado, Fisher sacó a relucir su compromiso con el Desert Inn. No podía dejar sin espectáculo esa noche sin más. Teniendo en cuenta que Sinatra era parte interesada en el Sands, competidor directo del Desert Inn, Fisher pensó que esa excusa era la mejor manera de solucionar el conflicto. Pero para su sorpresa, tras un momento en silencio, Frank le respondió: «Deja eso de mi cuenta. Ese día actuarás en el Villa Venice». Fisher nunca llegó a saber qué hizo Sinatra, pero poco después recibía una llamada del director del Desert Inn librándole de su compromiso para la noche del 31 de octubre.

Lo más reseñable de la experiencia de Eddie Fisher en Chicago fue que, poco después de instalarse en el hotel Ambassador East, recibió la inesperada visita de dos tipos vestidos con trajes baratos y oscuros sombreros de fieltro. Eran agentes del FBI. Le preguntaron por Sam Giancana, y Fisher les dijo que nunca había conocido a alguien con ese nombre. Quisieron saber por qué actuaba esa noche en el Villa Venice, y el cantante respondió: «Estoy aquí porque un amigo me ha pedido el favor. Me han pagado muy poco y además tengo que hacerme cargo de la factura del hotel. Hacerle favores a un amigo puede salir muy caro».

Su actuación fue un éxito, y el Villa Venice recibía cada noche un número aceptable de clientes. Pero faltaba algo más. Faltaba un símbolo, un evento que hiciese famoso al local y que se hablase de él en todo el país. Giancana no le dio muchas vueltas. Levantó el auricular y volvió a marcar el teléfono de su amigo artista. Había decidido convertir el Villa Venice en el verdadero hogar del Rat Pack. «Frank, quiero que actuéis en mi local», le dijo. «No hay problema, Sam, estaré libre a finales de noviembre», le respondió el cantante. «No, no te quiero a ti sólo. Quiero que actúes con Dino y con Sammy. Los tres juntos de nuevo, como en Las Vegas.» Sinatra estuvo de acuerdo, y cuando se lo comentó a sus colegas, tampoco pusieron objeción. Tuvieron que ajustar la agenda y anular algún compromiso, pero ninguno se opuso al deseo de Giancana.

Entre el 26 de noviembre y el 2 de diciembre de 1962, Frank Sinatra, Dean Martin y Sammy Davis Jr., acompañados por la Henry Brandon Orchestra, ofrecieron un total de dieciséis espectáculos (dos diarios y seis el fin de semana) en el Villa Venice de Chicago. El repertorio difería del habitual en el Sands, y aunque había muchos momentos de distensión, no dejaban de cantar en ningún instante. Mientras que Sammy se encontraba algo incómodo en aquel ambiente, Frank y Dean estaban como en casa. Muchos de sus chistes y giros de base cultural italiana eran acogidos allí con grandes carcajadas, dado que la inmensa mayoría del público era de tal procedencia o ascendencia. El momento álgido —y atrevido— en este sentido era cuando Sammy comenzaba a dar gritos y Dean le mandaba callar susurrando: «¡Más bajo, Sammy, hay dos gánsteres intentando dormir en aquel rincón!»

Tal y como Giancana quería, se habló mucho de aquellos espectáculos. Algunos artículos eran de índole exclusivamente artística, de críticos que alababan al trío en escena y señalaban el excelente clima que creaban entre un público al que parecía que querían contentar especialmente. «¿Quién sabe qué les harían si desafinan en una canción?», apuntaba sarcástico un periodista. Tal vez por ello, Sinatra aceptaba peticiones, cosa que rara vez hacía, y Dino y Sammy deleitaron al público con la inexcusable *Sam's song*. Uno de los comentarios que más circuló sobre estas actuaciones aseguraba que el trío había actuado gratis para Giancana, a modo de «adelanto» en el pago por los servicios prestados durante la campaña de Kennedy. Dean lo negaría años después, y Check Giancana, el hermano menor de «Momo», también. Según éste, el Villa Venice pagó a cada uno 75.000 dólares, y lo respaldaba explicando que «Sam seguía una política no escrita de pagar siempre a quienes trabajaban para él, artistas incluidos. No le gustaba sentir que le hacían favores». Claro que, en este caso, más bien se lo devolvían. Tommy DiBella, un hombre cercano a Giancana, explicó en este sentido: «No se amenazó a nadie. Sinatra los reclutó como favor a Sam. Frank nunca hacía preguntas. Si le decían que hiciese algo, lo hacía, como un buen chico. Después se lo transmitía a sus amigos y ellos también lo hacían, como los chicos buenos que eran. Nadie quería saber las respuestas, así que nadie hacía las preguntas. Ésa ha sido siempre la mejor política».

Con ello, DiBella tal vez se refería al hecho de que a los pocos meses de su apertura, el Villa Venice canceló todos sus espectáculos y clausuró el casino, prosiguiendo su andadura como discreto local de copas. En tan poco tiempo Giancana había desviado más de tres millones de dólares no declarados y libres de impuestos. «Frank, Dean, Sammy y Eddie Fisher fueron cebos increíbles para atraer a gente llena de pasta, que Giancana y sus chicos desplumaban en el casino —comentaría años después Peter Lawford—. Supongo que la opción era colaborar o palmarla.»

Poco después de aquellos conciertos, Sammy Davis Jr. recibió la visita de otros dos agentes del FBI. Le preguntaron si durante su estancia en el Villa Venice había visto allí a

Sam Giancana o algún otro capo mafioso. «Miren, les diré algo —respondió—. Yo tengo un solo ojo, y este ojo ve muchas cosas que mi cabeza me aconseja no decir. Mi cabeza me dice que, si hablo, puede que al poco tiempo mi único ojo no vea nada.»

Sinatra no se equivocó en sus predicciones. En cuanto los Kennedy tomaron la Casa Blanca, se convirtieron en la familia de moda. Nunca antes ningún presidente de los Estados Unidos ni su familia habían despertado tanto interés al margen de las propias cuestiones políticas. Desde los días grandes de Franklin Delano Roosevelt (para el que Frank también hizo campaña), ningún dirigente del país había despertado tanto amor en el pueblo. Y ni siquiera el caso de Roosevelt alcanzaba las cotas a las que llegaron John, Jackie y sus retoños. Los hombres querían ser como él, las mujeres querían ser como ella, los negros querían tenerle como amigo y vecino, y en Hollywood era uno más en las fiestas. Y mucho de todo eso se lo debía a él, a Francis Albert Sinatra. Así al menos lo entendía Frank.

Pero pasados ya seis meses desde las elecciones, muchos comenzaban a cuestionar la verdadera relación entre Sinatra y el presidente. Si eran tan íntimos, ¿por qué no le había invitado aún a la Casa Blanca? Aquella visita constituía todo un símbolo de reconocimiento presidencial que otros antes que Kennedy habían utilizado para dar su bendición a hombres de negocios y políticos influyentes. El propio Sam Giancana empezaba a temer que los Kennedy considerasen a Sinatra tan pelele como él lo hacía. Pero, finalmente, en agosto de 1961 el artista recibió una de las llamadas más emocionantes de toda su vida. El habitualmente rudo Joseph Kennedy se ponía en contacto con él para agradecerle el apoyo prestado a su hijo durante la campaña electoral, subrayando su inestimable colaboración para ganar las primarias en Virginia Occidental. También le daba la enhorabuena por el éxito obtenido en la organización de la concurrida Gala de Investidura. Además, le comunicaba el deseo del presidente de cumplir su promesa de recibirle en la Casa Blanca. Después, quería que pasasen juntos varios días en Hyannis Port, la casa de descanso de la familia Kennedy.

Eufórico como un niño a punto de conocer a Santa Claus, el 23 de septiembre de 1961 Frank Sinatra se personó temprano en el 1600 de la avenida Pennsylvania, en Washington capital: la Casa Blanca. Mientras esperaba el momento de entrar en el Despacho Oval pasó el rato intercambiando recetas de cócteles con el *maître* presidencial. Tras un encuentro breve pero gratificante con el presidente, Sinatra volvió a su hotel, y horas después embarcaba con Patricia Lawford y Ted Kennedy en uno de los aviones de la familia presidencial con destino Hyannis Port. Una vez allí, y ya con la compañía de JFK, todos subieron a bordo del yate *Money Fritz* para un agradable paseo marítimo.

Aquel debía ser uno de los mejores momentos en la vida de Frank, pero no lo era. Los malditos Kennedy se lo habían fastidiado. Aquellos días entendió por qué muchos les llamaban así, «los malditos Kennedy». Él lo había hecho todo por ellos, había trabajado duro y contraído compromisos realmente complejos para llevarles a lo más alto. Es cierto que su intención era subir con ellos, pero también lo era que creía de verdad en las promesas de John y en su visión de una nueva América. Una América «por todos y para todos», como le dijo el todavía candidato al fiel sirviente de color de Sinatra, George Jacobs. «Tal vez, senador —le respondió Jacobs—, pero seran "todos" los que digan aquellos que siempre deciden.»

Y para los Kennedy, en esa América no tenían cabida los chicos de la Mafia. A finales de 1960, el presidente tomó una de sus primeras y más sonadas decisiones, que cortó por completo la respiración a Sinatra, Giancana, Roselli y otros cuantos. A Dino, no. Desde luego, él no sabía lo que iba a pasar, pero estaba seguro de que la gente no iba por ahí regalando sonrisas (bueno, él sí lo hacía), y por eso siempre había desconfiado de los hermanos políticos. La prensa se hizo eco de la noticia de que el presidente Kennedy había decidido nombrar a su hermano Robert, Bobby, Fiscal General. Eso suponía ponerle al frente de la lucha contra el hampa. Con aquel nombramiento, el presidente tal vez buscaba recompensar a los chicos de Chicago y sus amigos por los servicios prestados, poniendo la Policía en manos de la familia para que no les molestaran. Pero dado que el designado era Bobby, aquella posibilidad no podía ser más remota. Como consejero del Comité Kefauver para la lucha contra el crimen organizado, Bobby Kennedy había iniciado tiempo atrás una dura campaña contra Jimmy Hoffa. Todo apuntaba a que su actitud no iba a cambiar. El mismo día de su nombramiento, el nuevo Fiscal General del Estado apareció en televisión manifestando su firme intención de acabar con los principales elementos mafiosos del país. Había elaborado una lista de sujetos a «neutralizar», y en ella figuraban gente como Jimmy Hoffa o Roy Cohn, ajenos por completo a Sinatra, el Rat Pack y Kennedy, pero también Mikey Cohen, Johnny Roselli y, con mención especial, Sam Giancana.

Cuentan que, al oír su nombre en boca de Bobby, «Momo» Giancana le quitó el revólver a uno de sus hombres e hizo estallar su televisor de un disparo.

Aquello era inaceptable. Los hermanos Kennedy no sólo iban a atreverse a meterle el diente a unos tipos prácticamente intocables hasta el momento, sino que además se trataba de los mismos tipos que les habían llevado a la Casa Blanca. La primera reacción de Giancana fue confirmar si aquello iba en serio o era sólo palabrería para quedar bien ante los votantes. Para eso, se dejó caer por el Fontainebleau de Miami en los días en los que La Cumbre ofrecía algunas actuaciones. Cogió cara a cara al «Loro», como los mafiosos se referían despectivamente al hablar de Sinatra, y le sugirió que no sería mala idea hacer una llamada a su amiguito de la Casa Blanca para preguntarle de qué iba todo aquello. Frank lo intentó, aunque no puso todo su empeño en ello. Era algo demasiado bueno estar sentado en el Despacho Oval o navegando con la familia presidencial como para traer a colación sus contactos mafiosos. Por el contrario, prefirió usar a Peter Lawford para intentar conseguir una cita con Bobby Kennedy. Pero el encuentro nunca ocurrió. El nuevo Fiscal General sabía demasiado bien cuál sería el tema de la charla, y no estaba dispuesto a que nadie interfiriese en su «limpieza de las calles». Así se lo comentó a su cuñado Peter.

«¿Por qué no te cargaste al "Loro" después de aquello? ¿Por qué dejaste que se saliera con la suya?», le preguntó años más tarde a Giancana su socio Tommy DiBella. «¿Y qué querías que hiciera? —respondió «Momo»—. ¿Que le pegara una paliza, que ordenase su muerte? ¿Cómo iba a darle pasaporte a uno de los tipos más famosos del planeta? No estoy tan loco.» Desde luego, a Giancana no le faltaron ganas de matar a Sinatra. Había tenido el valor de jugar a dos bandas y, a la hora de escoger, se había quedado al otro lado. «Trató a Giancana como si fuera una de sus chicas —diría Tommy DiBella sobre Frank—. De hecho, peor aún, porque al menos a ellas las tenía a cuerpo de rey mientras se las cepillaba.» Nadie tuvo que contarle nada a los chicos del Rat Pack para saber qué ocurría. Dean estaba preocupado, Sammy estaba preocupado. Joey no acababa de entender qué pintaba él en una disputa entre la *Cosa Nostra* y el presidente de los Estados Unidos. Y Peter, bueno, Peter tenía suficiente con llevar los mensajes de Frank a Bobby, de Bobby a Frank, de John F. a Marilyn y de Marilyn a Bobby. Pero como los demás, sabía que sobre ellos pendía una amenaza evidente.

A mediados de 1962, cuando el acoso de Bobby Kennedy empezaba a dar sus frutos, y mafiosos de todo el país tenían que esconderse como nunca hasta el momento, el FBI intervino una contundente conversación telefónica entre Giancana y Johnny Formosa. Este último (que acababa de tener ciertos problemas con Dino, que se negaba a actuar gratis en uno de sus locales), planteaba: «Que sepan quienes somos. Tenemos que demostrar a esos maricas de Hollywood que no pueden jugárnosla y luego actuar como si no hubiera pasado nada. ¡Carguémonos a Sinatra! Y de paso, nos cepillamos también a Lawford y a Martin ¡Ese *prima donna*! Incluso podría coger al negro y hacerle un trabajito en el ojo sano!» Pero Giancana, que podía ser tan tranquilo en unas ocasiones como colérico en otras, respondió: «No. Me gusta cómo canta Frank. Además, Dios no me ha dado permiso para arruinar una voz como la suya. No, tengo otros planes para ellos». El Villa Venice ya tenía espectáculo de excepción.

Nadie jugaba con Sam Giancana. Así decía él. El mafioso estaba dispuesto a enfrentarse cara a cara con los malditos Kennedy, o al menos, a mantenerles a raya si intentaban meterse con él. Para ello, Giancana estaba dispuesto a atacar el punto flaco de los dos hermanos: entre las piernas. «Momo» no había llegado tan alto sin saber cubrirse las espaldas. Desde que aceptó entrar en el «arreglo» de las elecciones había ido recabando abundante material comprometedor de ambos, especialmente del más despreocupado John F. Había seleccionado a chicas para que hicieran pasar a los Kennedy buenos ratos, y aseguraba tener grabaciones y fotos de todo. Fue el propio Sinatra, sin saberlo, quien presentó esas mujeres a los Kennedy. Al fin y al cabo venían bien recomendadas por su amigo de Chicago. También fue Sinatra quien le brindó a Giancana una mujer mucho más interesante en lo que a los Kennedy se refería. Una mujer que acabaría compartiendo los secretos de alcoba del presidente y de uno de los doce grandes de la *Cosa Nostra*.

El 7 de febrero de 1960, tras el espectáculo de La Cumbre en el Sands, Frank se dirigió junto a John F. Kennedy a su mesa reservada del salón Copa. Allí aguardaban Peter, Sammy y un grupo de chicas. El futuro presidente se fijó con especial interés en una de ellas, la señorita Judith Campbell. Un mes después, ambos iniciaban un romance que se prolongaría durante dos años. Los registros telefónicos y de acceso de la Casa Blanca demostraban que Kennedy no tuvo reparos en mantener una relación demasiado evidente con Campbell, a pesar del nombre falso empleado por ella. Cada vez que Jacqueline y los niños salían de viaje a algún sitio, adelantándose en unos días a su esposo, Judith Campbell visitaba el hogar presidencial. Cuando la Primera Dama se resistía a facilitar las cosas a su promiscuo marido, Judith y JFK tenían encuentros furtivos en Los Ángeles, Chicago, Palm Beach o Nueva York.

Lo curioso es que, apenas mes y medio después de que comenzase el idilio, Frank y Judith coincidieron una noche con Sam Giancana. «Es la nueva chica del futuro presidente», le dijo un Frank socarrón. Detrás de los cristales ahumados de sus sempiternas gafas, Sam Giancana pensó que oportunidades como ésa no se presentaban dos veces en la vida. Con veintiséis años recién cumplidos, Judith Campbell pasó a compartir la cama de dos de los hombres más poderosos del país. Era sólo cuestión de tiempo que Kennedy se enterase y tomase una decisión. Según Campbell, su decisión fue utilizarla para comunicarse con Giancana. Tras conocerse ambas relaciones años después, muchos investigadores apuntarían que la chica pudo ser la mensajera entre el político y el mafioso a la hora de abordar el intento de asesinato de Fidel Castro, con documentos que iban de unas manos a otras con ardientes noches de pasión como telón de fondo. Ese flujo se cortó en diciembre de 1962, cuando Campbell y Kennedy terminaron su relación. Hasta más de tres décadas después Judith Campbell no reconocería en público que la razón de esa ruptura fue que se había quedado embarazada del presidente. Un hijo que no llegó a nacer.

Pocos días después del anuncio de la noticia al padre de la criatura, éste hizo su propio comunicado, un movimiento que volvía a estrechar sus lazos con Frank Sinatra y, por extensión, de forma indirecta, con Sam Giancana. En enero de 1962, John F. Kennedy anunciaba que tenía previsto hacer un viaje en breve a la Costa Oeste, durante el cual se hospedaría en casa de su amigo Frank Sinatra, en Palm Springs. Esa noticia le devolvió al cantante toda la confianza perdida en su poderoso amigo, y plantó una pletórica e imperecedera sonrisa en su rostro. La visita estaba prevista para el fin de semana del 24 al 26 de marzo. Jackie estaría de visita en India y Pakistán, distancia más que suficiente para que JFK pudiese pasar alguna noche memorable junto a Frank y los chicos del Rat Pack. Con vistas a ello, Sinatra contactó con urgencia con un arquitecto para que llevase a cabo con la máxima urgencia algunas obras. Un helipuerto, habitaciones para el servicio secreto junto a la piscina, mejoras en el salón… Se gastó cientos de miles de dólares. A excepción de su dormitorio, toda la casa fue objeto de algún cambio. Según algunos amigos, Frank hablaba de la posibilidad de convertirse en embajador en Italia. Trataría el asunto con su amigo entre copa y copa.

Pero mientras el cantante y el presidente proyectaban sus nuevas noches juntos, el Fiscal General pasaba los días entregado a su cruzada contra el mundo del hampa. Y en esa guerra, el nombre de Frank Sinatra surgía una y otra vez. A mediados de las obras de remodelación de la casa de Frank, en febrero del 62, Bobby Kennedy dio por finalizada la investigación inicial, plasmada en un informe que hizo enfurecer a muchas personas. Una de ellas fue Frank. «Sinatra ha tenido una larga y amplia relación con matones y mafiosos que parece proseguir —se podía leer en el texto elaborado por el Departamento de Justicia—. Ocasionalmente, la naturaleza del trabajo de Sinatra puede ponerle en contacto con personajes del hampa, pero eso no justifica su amistad y/o relación financiera con gente como Joe y Rocco Fischetti, primos de Al Capone; Paul Emilio «Skinny» D'Amato, John Formosa y Sam Giancana, todos los cuales figuran en nuestra lista de mafiosos. Ningún otro artista es nombrado con tanta frecuencia por los hampones. La información de que disponemos indica no sólo que Sinatra está relacionado con los mafiosos antes mencionados, sino que suelen mantenerse en contacto. Ello sugiere una posible coincidencia de intereses entre Sinatra y los mafiosos en Illinois, Indiana, Nueva Jersey, Florida y Nevada.» Cuando Sinatra escuchó a Bobby leer ese texto en televisión, lanzó una botella contra el aparato. «Si no fuera el hermano de John, estrangularía a ese cabrón», comentó.

Pasados unos días, el 25 de febrero, Frank Sinatra ahogaba sus penas uniéndose a Dean Martin para acompañar a Judy Garland en un especial televisivo que se convertía en todo un éxito de audiencia. Los dos amigos hacían gala de su encanto, desparpajo y talento interpretativo en una serie de números que los revalidaba como grandes del espectáculo. Pero a Frank le duraban poco las alegrías. Dos días después, llegaba el golpe definitivo a su relación con los Kennedy. Se presentó en forma de informe del FBI, sobre la mesa de Bobby Kennedy, rubricado por el propio director del organismo, el temible J. Edgar Hoover. En él se explicaba que durante diversas investigaciones sobre el crimen organizado de Las Vegas había surgido varias veces el nombre de Judith Campbell. El documento señalaba que dicha mujer había mantenido relaciones íntimas con el capo Sam Giancana al mismo tiempo que se veía con el presidente Kennedy. Aquello suponía una carta de alta puntuación en la manga de Hoover, al que no le cabía ninguna duda de que había sido Frank Sinatra el contacto en ambos casos. Consciente de que el orondo y ambicioso funcionario no dudaría en emplear esa información en cualquier momento contra ellos, Bobby se reunió con su hermano y le especificó que si valoraba en algo su presidencia, debía evitar todo contacto con Frank Sinatra y el resto de sus amigos de Las Vegas. Con el viaje a California encima, ambos decidieron que lo mejor sería cambiar el lugar de estancia por la casa del republicano Bing Crosby.

Y una vez más, fue a Peter Lawford a quien le tocó bailar con la más fea. Él, que tenía como únicas pretensiones para ser feliz actuar y engañar a su mujer, tenía que llevar personalmente a Frank Sinatra el mensaje de los Kennedy. Peter ya había probado la ira de Frank cuando se difundieron los rumores de su relación con Ava. Pasarían los años y en su mente seguirían sonando vivas y peligrosas las palabras de Frank: «Escúchame bien, infeliz. ¿Quieres seguir vivo? Haré que te rompan las piernas, maldito desgraciado. Si vuelvo a oír hablar de esa historia entre tú y Ava, prepárate». Dean y Sammy estaban en casa de Frank, en la piscina, cuando llegó Peter. Se reunieron en el salón. El nombre Sam Giancana no salió a relucir. Lawford explicó que el servicio secreto no veía segura la casa, y prefería que el presidente se quedase en la mansión de Crosby. Desde sus tumbonas, Dean y Sammy veían a Frank alterándose por momentos. «Si no puedes comportarte como un amigo leal, vete a la mierda», le espetó al mensajero. «Por Dios, Frank, estoy casado con ellos, ¿qué puedo hacer?», intentó explicarle Lawford. Poco después, el cantante sacaba a empujones a Peter al jardín, en dirección a la puerta, agarrándole del jersey, acusándole de haberse vendido a los Kennedy, y advirtiéndole que no volviera a cruzarse en su camino. Realmente Sinatra no tenía intención de volver a ver a Peter, y lo primero que hizo fue llamar a la Warner Brothers para anunciar que el actor quedaba fuera de la película que iba a protagonizar junto a él y Dean (*Cuatro tíos de Texas*). Fiel a su determinación, Sinatra no volvió a hablar con Peter Lawford durante el resto de su vida. Sammy y Joey se armaron de valor y acordaron mantener su acuerdo con Peter para hacer *Johnny Cool*. Sinatra no dijo nada.

Cuando a finales de mayo de 1962 se celebró en el Madison Square Garden de Nueva York una fiesta por todo lo alto para celebrar el 44 cumpleaños del presidente Kennedy, la ausencia de Sinatra fue significativa. Peter Lawford fue el único de los miembros del «Jack Pack» que estuvo presente. Como él mismo le había explicado a Frank, no tenía más alternativa. Sinatra había introducido a Kennedy en aquel mundo del espectáculo, había hecho que su imagen se relacionase con el glamour y la diversión de Hollywood, que el público le viese como un hombre más cercano y mundano. Y ahora le habían sacado del juego. No obstante, sus lazos con JFK no se habían cortado del todo. Si aquella noche hubo una estrella en el Madison Square Garden, fue sin duda Marilyn Monroe. Radiante, vestida con un inmaculado traje blanco, la actriz le susurró al presidente un *Cumpleaños feliz* que convirtió el momento en todo un hito del siglo XX. Las miradas de ambos, las sonrisas de ambos, desvelaban lo evidente ante millones de personas.

Aunque la relación entre Marilyn Monroe y John Fitzgerald Kennedy había comenzado a mediados de los cincuenta, todo indica que no fue hasta que Sinatra supo del interés del futuro presidente por la actriz cuando éstos, por mediación del cantante, tuvieron las cosas más fáciles. Se encargó de mantener a distancia a sus sucesivos maridos (el jugador Joe DiMaggio y el dramaturgo Arthur Miller) así como de hacer viables los encuentros privados entre ellos, dos de los personajes más perseguidos por la prensa. De hecho, buena parte de los primeros encuentros entre Marilyn y JFK tuvieron lugar en la casa de los Lawford, vía Frank Sinatra. Lo que fuera por unos amigos.

A comienzos de 1962 Marilyn contaba treinta y cinco años y Frank cuarenta y seis. La relación de amistad y sexo entre ambos se había mantenido tras el divorcio de DiMaggio y el posterior matrimonio con Miller, del que la actriz se separó en 1960. Sin embargo, en esa época Frank comenzó a sentirse cada vez más molesto durante sus encuentros con Marilyn. Hacía unos años había mantenido también un idilio con Judy Garland, y ambas artistas compartían un peligroso nexo común, su tendencia autodestructiva. Tanto Judy como Marilyn tenían en el alcohol y las pastillas dos poderosos apoyos a los que recurrían continuamente para superar sus demonios personales, el más importante de los cuales era la sensación de que el público, la industria, y los hombres estaban jugando con ellas. Sin importarle las razones, lo que Frank no soportaba era verse reflejado en su actitud, ver en las mujeres a las que apreciaba (no a las que amaba; ese verbo sólo lo conjugaba con Ava), la misma tragedia que él vivió y que le llevaron a las puertas de la muerte.

Aun así, la relación entre ambos fluctuaba. Había ocasiones en las que Sinatra no soportaba las salidas de tono de Marilyn, que alcanzaba un alto grado de embriaguez cuando la mayoría de los invitados de la fiesta saboreaban aún el primer cóctel. Pero, aunque molesto, Frank la cuidaba, y evitaba que la prensa pudiese tomar imágenes de ella en tal estado. De hecho, los hoteles de Las Vegas tenían orden de impedir a cualquier fotógrafo captar instantáneas de la actriz sin el consentimiento de ésta o de Sinatra. Cuando las cosas iban bien, su relación era genial. De hecho, se convirtieron en unos innovadores en materia sexual. Cuando se hospedaban en el Sands, Jack Entratter hacía circular un memorando en el que autorizaba a Frank a «recibir a invitados» en la azotea del edificio. Allí, al aire libre, la pareja hacía el amor a su antojo, algo que excitaba a la actriz especialmente. A cambio, ésta demostró a Frank que sus incipientes problemas de impotencia se debían al exceso de alcohol y a las largas jornadas de fiesta, nada más.

Durante esos periodos de altibajos, Marilyn alternaba a Frank con el presidente de los Estados Unidos. Mientras el primero representaba al amigo que la cuidaba y la aconsejaba, el segundo parecía ilustrar al hombre con el que a Marilyn le gustaría casarse. Pero al mismo tiempo, seguía enamorada de DiMaggio, sin duda, el hombre que había sido más bueno con ella de cuantos había conocido. Sin embargo, ninguno de los tres le correspondían. Todos la apreciaban, pero no la amaban; todos se interesaban por ella, pero no estaban interesados en ella. Cuando Norma Jean, la inocente joven de pueblo, se convirtió en la deseada estrella de cine Marilyn Monroe, creía que podría dejar atrás todos los complejos y traumas de su infancia y juventud, pero éstos no hicieron sino incrementarse. Ella sólo quería a un hombre bueno y firme a su lado, que la quisiese tanto como para cuidar de ella. Tal vez por eso se enamoró perdidamente de un ya anciano y enfermo Clark Gable, su compañero de reparto en *Vidas rebeldes*, de 1961 (que fallecía pocas semanas después de terminar el rodaje), y que cubría todas esas carencias en la vida de la desdichada artista.

Su situación no mejoró cuando, en febrero de 1962, Sinatra anunció que iba a casarse con una desconocida bailarina y actriz, Juliet Prowse. El compromiso tuvo poco de romántico, y la prueba es que se rompió pocas semanas después («Eso sí que es un compromiso corto —bromeaba Bishop en sus espectáculos—. Frank los ha tenido más largos con algunas chicas de Las Vegas»), aunque con ello cumplió bien los dos objetivos con los que se planteó la relación. Por un lado, con el anuncio de su boda esperaba tener alejada por un tiempo a la Monroe, cuyos episodios depresivos comenzaban a afectar al propio Frank. Pero además, era la respuesta a una rabieta del cantante cuando la bailarina Barrie Chase se retiró en el último momento del rodaje de *Cancan*, película que Sinatra iba a protagonizar junto a Shirley MacLaine. «¿Quién se ha creído esa chica que es para dejarnos tirados? Convertiré en una gran estrella a cualquiera que la sustituya.» Y efectivamente, lo hizo. Escogió a Juliet Prowse y la sacó incluso en su programa de televisión.

Pero Marilyn apenas había tenido tiempo de lamentarse por el compromiso de Frank, cuando recibió una visita que la dejaría aún más gélida. Jack Kennedy había enviado a su propio hermano, Bobby, para decirle a Marilyn que no quería volver a verla. Según las crónicas de la época, y amigos de ambos personajes, Marilyn emprendió entonces un breve pero intenso romance con el Fiscal General. Una vez más, no faltaban brazos que quisieran consolar a la actriz, pero sólo hasta romper el alba.

Si hay un hombre del que puede decirse que fue bueno con Marilyn Monroe sin llegar a aprovecharse de ella, ése fue Dean Martin. Eran compañeros del mismo estudio de Hollywood, pero no llegaron a conocerse bien hasta que ambos coincidieron en «el mundo de Frank». Y aun así, su relación no pasaba de ser la de dos amigos, que intercambiaban impresiones, alguna broma y poco más. Marilyn se embelesaba viendo cantar a Dino, con su porte elegante, su sonrisa ladeada y su aspecto varonil (tal vez veía en él algo de lo que también le atraía de Clark Gable), mientras que Dean se limitaba a saborear su J&B y observaba cómo Sinatra, Lawford, DiMaggio y los Kennedy besaban a la rubia platino y pasaban de largo. Durante alguna de las travesías en el yate de Frank, con los Lawford, Jilly Rizzo, Marilyn, Sammy y May Britt, Dean solía ser quien terminaba haciendo reír a la actriz, cuando cruzaba el barco de una punta a otra, sollozando tras una bronca de Frank. Cuando tomaba algunas copas, Marilyn se ponía especialmente cariñosa con Sinatra, y le animaba a comentar en público su romance y la posibilidad de que llegaran a casarse. Sinatra quería a Marilyn, pero no tenía ningún interés en darle carnaza a la prensa, por lo que zanjaba la cuestión con su genio habitual. Si Dean estaba presente, intentaba que Marilyn no tuviese que recurrir a su bote de píldoras para sobrellevar la situación. Pero él no estaba en su intimidad.

Tal vez por todo ello, en primavera de 1962, cuando Dean disfrutaba del éxito de su primer disco para el sello Reprise, *French style*, recibió una llamada de la Twentieth Century-Fox. El estudio iba a rodar una comedia a las órdenes de George Cukor con Marilyn Monroe como protagonista. Se titularía *Something's got to give*, y estaba ya todo listo menos un pequeño contratiempo. La actriz había exigido que su compañero de reparto fuese Dean Martin. Dino aceptó, sumergiéndose así con el resto del equipo en una experiencia realmente desagradable. Marilyn llegaba al plató con horas de retraso... cuando llegaba, y hacían falta decenas de tomas para que fuese capaz de enunciar frases de la más evidente sencillez. Dean, al que todos conocían por su negativa a ensayar, cogía a la actriz a un lado para intentar que preparase su papel lo mejor posible. Los planes de rodaje se alteraron para ir adelantando escenas cuando ella no se presentaba. Al final estaba todo listo menos su parte. Cuando los directivos del estudio tuvieron noticias de que su última ausencia se prolongaba ya varios días, decidieron expulsarla de la película y romper su contrato. En un comunicado oficial expusieron que, por cuestiones artísticas, Marilyn Monroe sería sustituida por Lee Remick. Ese mismo día, Dean Martin hizo su propio anuncio: «Tengo el mayor de los respetos por la señorita Lee Remick y por su talento, así como por el resto de las actrices que puedan ser consideradas para el papel, pero firmé para hacer la película con Marilyn Monroe y no la haré con nadie más». Dean tenía una poderosa razón para mantener aquella postura: «Acepté hacer la película sólo porque Marilyn quería». Nadie se lo reprochó. Al final, el material rodado de *Something's got to give* quedó archivado y se reutilizó toda la infraestructura y el equipo para rodar *Apártate, cariño*, con Doris Day y James Gardner

El de 1962 fue un verano de reconciliaciones. El presidente de los Estados Unidos volvió a llamar a Marilyn Monroe. Marilyn Monroe volvió a pasar veladas encantadoras en casa de Frank Sinatra. Pero, además, Peter Lawford estuvo a punto de conseguir el perdón de Frank Sinatra. El británico se encaró con su todopoderoso cuñado y le recordó todo lo que Frank había hecho por él. Después del desplante que le había jugado con Bing Crosby, Sinatra se merecía algo bueno. Tras varias reticencias, Kennedy accedió, e incluso contrató a un cocinero italiano de Nueva York para que preparase *fetuccini Alfredo*, *picata* de ternera y otra serie de manjares cuyo único objeto era agasajar al amigo desdeñado. Le invitaría a almorzar a la Casa Blanca.

Frank recibió la noticia con cierto recelo al principio, con orgullo mancillado después y, finalmente, como la oportunidad de intentar una convincente y conveniente reconciliación «presidencial». Sin embargo, se le presentó una compleja coyuntura que le obligó a poner a prueba dos amistades. Sinatra había pasado el fin de semana previo a su visita a Washington en su casa de Palm Springs, junto a Marilyn. Ésta salió a hacer unas compras y no volvió ni avisó. Frank estaba muy preocupado por su seguridad y las posibles malas compañías. Avisó a su secretaria, y a la mañana siguiente, ésta llamó a la Casa Blanca para anular su almuerzo alegando un resfriado. «Nadie anula una cita con el presidente de los Estados Unidos por un simple catarro», respondió el secretario de JFK. Frank Sinatra sí lo hizo.

Encontró a Marilyn, pero ésta volvería a desaparecer. A mediados de julio de 1962, Sinatra volvió a encontrarse con ella. Tenía un aspecto lamentable. Al parecer, volvía de México, donde le habían practicado un aborto. Los hermanos Kennedy o él mismo eran los hombres con más probabilidades de ser los responsables. Frank se la llevó al Cal-Neva Lodge, y la alojó en uno de los chalets más apartados, para que la actriz tuviese tranquilidad. Acababa de perder un papel de protagonista en otra película (*Ella y sus maridos*), planteada inicialmente con Sinatra como compañero de reparto. Éste barajaba financiar varios proyectos para ella, pero en ese momento, en su estado, Marilyn sólo podría protagonizar su propia tragedia. La preocupación de Frank por la actriz llegó al punto de que incluso se planteó seriamente casarse con ella, y acabar así con la peregrinación de hombres por su cama y de promesas por su corazón. «Nadie se meterá con ella si es la señora de Frank Sinatra», comentó. Tras dos semanas en el Cal-Neva, donde fue visitada, entre otros, por Dean Martin, Sam Giancana y Joe DiMaggio, la actriz se marchó a su casa. Al parecer, estaba obsesionada con volver a hablar con John Kennedy, quien no respondía a sus llamadas.

Cuando el 5 de agosto de ese año 62 encontraron el cuerpo sin vida de Marilyn Monroe, uno de los datos que más aireó la prensa fue el hecho de que tuviera puesto un disco de Frank Sinatra en su equipo de música. Fue un toque de hiel al dolor que Frank ya sentía por la muerte de su amiga. Lo lamentó profundamente. Pero además, le inquietó. La de Marilyn Monroe era una muerte anunciada. Sus habituales combinados de vodka y barbitúricos la convertían en una firme candidata a protagonizar un fatal desenlace en cualquier momento, pero tampoco había que pasar por alto los poderosos amantes que había tenido, de los que probablemente guardara secretos comprometedores. Una vez muerta, Marilyn fue objeto de tantas habladurías como lo fue en vida. Las circunstancias de su desaparición estarían destinadas a permanecer por siempre en el terreno de la especulación. No faltaban candidatos que, tras disfrutar de sus encantos quisieran quitársela de encima de manera definitiva. Claro que, de los enemigos más peligrosos de la inocente Norma Jean, fue probablemente la *glamourosa* Marilyn Monroe quien encabezaba la lista.

La muerte de la actriz, la «gran dama» del sueño de Camelot, marcaba el principio del fin del gran reino que pareció imponerse con la llegada de John F. Kennedy a la Casa Blanca, un reinado marcado por un halo de elegancia, espectáculo y promesas de revolución social. Para Frank Sinatra y los chicos del Rat Pack también se intuía el fin de su tiempo como príncipes de ese reino, todopoderosos en el mundo del espectáculo. En marzo de 1962 había llegado a las tiendas el primer álbum de una joven promesa musical de la nueva década, Bob Dylan, y desde Londres resonaban los desenfrenados ritmos de un cuarteto de desmelenados, los Beatles, que no tardarían en protagonizar su sonoro despegue.

Aun así, sus conciertos y sus discos seguían funcionando. Sammy, en concreto, supo aprovechar bien el espaldarazo de La Cumbre y sus trabajos conjuntos para protagonizar a comienzos de los sesenta su verdadera confirmación como solista, lejanos ya los días del Will Mastin Trio. De hecho, fue el primero de los miembros del Rat Pack en tener su propio disco en directo, *At Town Hall*, grabado en 1959 bajo el sello Decca. Escuchar a Frank, Dean o Sammy en directo (no en grupo) era muy diferente de hacerlo en una grabación de estudio. Mientras que en ésta destacaba la precisión de los arreglos musicales y los trabajos vocales, en directo primaba la emoción, el sentimiento que trataban hacer llegar al público. En el caso de Dean, además, estaba el humor. Con Sammy, tal vez más que con ninguno, hay que acudir a las grabaciones en directo para escucharle en su plenitud, para dejarse llevar por sus explosiones de emoción contenida en cada apoteósico final, aunque se trate de la más melódica de las baladas. Para ello, ahí han quedado discos de Reprise como *At the Cocoanut Grove* (1963), *The sounds of '66*, grabado en el Sands con la orquesta del excelente batería de jazz Buddy Rich, o *A live performance of his greatest hits*, de 1977, éste ya bajo el sello Warner Bros.

Sammy se quedó fuera del rodaje de *Cuatro tíos de Texas*, la película de Robert Aldrich con Anita Ekberg, Ursula Andress y Charles Bronson, entre otros, acompañando a Frank y Dean. No fue como en el caso de Lawford, que Sinatra lo eliminara del elenco; sencillamente no había papel para él. Por el contrario, aceptó la invitación de Peter Lawford para intervenir junto a Joey Bishop y otros viejos amigos de los días de La Cumbre, como Henry Silva (uno de los miembros de *La cuadrilla de los once*), en la primera película de su productora, Chrislaw. Se trataba de una historia de gánsteres, *Johnny Cool*, en la que Sammy, además, se haría cargo de la canción principal. El rodaje estaba previsto para otoño.

Por su parte, Dean también rodó otra película en 1962, *Trampa a mi marido*, una divertida comedia con Lana Turner y Walter Matthau, y ofreció varias temporadas de actuaciones en salas a ambos lados del país. Sus conciertos de ese año en el Sands fueron realmente memorables, Dino en estado puro, aunque las canciones, serias o paródicas, ya sólo ocupaban apenas la mitad de su tiempo en escena. El resto eran bromas, pero tan bien hiladas e introducidas que al público no le pasaban más que como meros engarces espontáneos entre cada canción. «Mi suegra es… ¡Eso sí que es una suegra! Tiene setenta y siete años y no necesita *glasses* (palabra de doble sentido: gafas / vaso)… ¡Bebe directamente de la botella!»

En septiembre de ese año, Frank se unió a Dean en el escenario del Sands para deleite del público. Una vez más, las viejas bromas para el viejo público, aunque también con el éxito de siempre. En el escenario eran la pareja perfecta. Se habían invertido los papeles desde los días junto a Jerry y ahora Dean era el gracioso y Frank el contrapunto serio. Una noche Sinatra quiso cambiar. «¿Por qué no pueden reírse también conmigo?», le dijo a Dino. Éste se encogió de hombros y adoptó el papel serio. Mediado el espectáculo, tras un corte instrumental, tuvieron que volver a la dinámica habitual. El público estaba desconcertado. Frank entendió que la gracia no estaba en los comentarios, sino en el propio Dino. No obstante, Sinatra no tenía problemas de egos interpretativos. Al fin y al cabo, su película en cartel, *El mensajero del miedo*, de John Frankenheimer, se había convertido en uno de los grandes éxitos de 1962, y eso, a pesar de las reticencias iniciales de United Artists a rodar una película sobre el intento de asesinato de un presidente de los Estados Unidos. Al parecer, fue el propio Kennedy, cuando sus relaciones con Frank aún eran cordiales, quien habló con los directivos del estudio para animarles a filmar la cinta.

Pero mientras que 1962 y 1963 fueron años bastante positivos para Sinatra en lo que a su trabajo se refiere, no lo fueron demasiado en su entorno más íntimo. En agosto del 62, dos semanas después de la muerte de Marilyn, el incansable John Edgar Hoover envió un nuevo memorándum a Robert Kennedy. En él ofrecía el resumen de un informe elaborado por el FBI sobre los contactos entre el padre del presidente, Joseph Kennedy, y varios miembros del crimen organizado, en los meses anteriores a las elecciones de 1960. Según el documento, el encuentro entre los gánsteres y el viejo Kennedy se produjo en la habitación de éste en el Cal-Neva, y como resultado de ese encuentro, Frank Sinatra y Dean Martin, entre otros, habían gozado de facilidades para hacerse con un porcentaje mayoritario de las acciones del complejo residencial y de ocio Cal-Neva. A cambio, los mafiosos ofrecerían un apoyo especial a la carrera presidencial de su hijo.

Aquel negocio de Lago Tahoe no llegó a ser lo que Frank había soñado. Él quería trasladar allí la magia de sus noches en el Sands, junto a Dean, Sammy y los miles de amigos que se reunían para verles y divertirse con ellos. Desde luego, los tres llenaron su escenario, sobre todo Frank y Dean, y otros muchos colegas aceptaron firmar para ellos, pero no pasó de ser un hotel más, con buena programación y un casino atractivo. Por ello, haciendo balance, la aventura del Cal-Neva reportó a Frank más quebraderos de cabeza que satisfacciones. Para empezar, el astuto de Dean no tardó en venderle sus acciones. Una vez más, Dino no quería saber nada de grandes negocios, y menos aún convertirse en jefe de nadie. Pero sobre todo, Dean no quería tener que responder ante nadie por andar metido en negocios con su amigo Skinny D'Amato, especialmente ante Sam Giancana.

Como uno de los doce jefes de la *Cosa Nostra*, Giancana tenía vetado el acceso a todos los casinos del país. Ninguno le permitía entrar ni hospedarse en sus hoteles. Ninguno, excepto el Cal-Neva. Como administrador del complejo, Skinny D'Amato había cerrado un acuerdo con las hermanas McGuire para varias actuaciones en el salón de espectáculos de hotel. Lo había hecho por indicación de Sinatra, quien a su vez quería complacer a Sam Giancana. Éste mantenía una relación con Phyllis McGuire desde finales de los cincuenta, y las trabas que tenía para acudir a los principales hoteles del país le impedían mantener su idilio como antaño. Como co-propietario en la sombra, y principalmente como amigo de Sinatra, el Cal-Neva era el lugar ideal.

Sin embargo, la discreción de sus visitas al recinto se quebró a finales de julio de 1963, cuando Giancana protagonizó un escándalo insignificante con uno de los encargados que, sin embargo, facilitó al FBI pruebas irrefutables de su estancia en uno de los chalets para invitados especiales. Sinatra medió en la pelea (aunque años después negaría haber estado presente aquella noche), y tras solucionar la trifulca, le rogó a Giancana que se marchase al día siguiente. Pero ya era tarde. El mafioso pasó en total dos semanas en el Cal-Neva. Fue una estancia ilegal, pero nadie dijo nada. Sin embargo, cuando un mes después el Consejo de Control del Juego del estado de Nevada estudió el informe sobre el incidente, comprobó que el local del que Frank Sinatra era imagen y co-propietario había servido de residencia ocasional a un nombre de la lista negra.

Se inició entonces una lluvia de citaciones oficiales a todos los trabajadores del complejo, a los artistas que habían actuado allí, incluso a las hermanas de Phyllis McGuire, Christine y Dotty («¡Ya te dijimos que tu relación con Sam sólo nos traería problemas!») para intentar probar las relaciones entre Giancana y el Cal-Neva; más aún, su participación en los beneficios. Sinatra, por supuesto, recibió su propia citación, y como era de esperar, su respuesta fue desafiante y poco cooperativa. La tensa situación que se vivía llegó a costarle la amistad de Hank Sanicola, uno de los hombres que le ayudó a abrirse camino, con el que compartió grandes momentos, y que tenía más de 300.000 dólares invertidos en el Cal-Neva. Sanicola llevaba tiempo intentando que Frank entendiese que la presencia de Giancana en el casino y su residencia terminaría acarreándoles problemas. Un día, en un viaje en coche a través del desierto, la tensión entre ambos amigos y socios alcanzó tal tono que Sanicola acabó pidiendo al chófer que se detuviese. Frank había zanjado la situación: él se quedaba con las participaciones de Hank en el Cal-Neva y Park Lane Films, y a cambio, pasaban a manos de éste los derechos de autor de las cinco compañías de *copyright*. Valorados en cerca de cuatro millones de dólares, eso suponía que Frank tendría que pagarle cada vez que quisiese recuperar alguno de sus viejos éxitos. Pero daba igual. No estaba dispuesto a aguantar que nadie, ni siquiera uno de sus amigos más cercanos, le dijera qué debía hacer. El chófer arrancó de nuevo y Sanicola se quedó en medio del desierto, con dos maletas en el suelo, viendo cómo Frank se encaminaba inevitablemente hacia su autodestrucción. En pocos meses, el desencanto de Frank ante sus proyectos empresariales le llevaría incluso a vender Reprise a Warner Brothers.

Pasadas un par de semanas desde la ruptura con Sanicola, en septiembre, el Consejo de Control del Juego acusaba formalmente a Frank Sinatra de haber alojado a Giancana en el complejo Cal-Neva, subrayando además sus reincidentes contactos con el mafioso y su manifiesta voluntad de seguir haciéndolo. Aquella acusación oficial exigía explicaciones oficiales, convincentes, si Frank quería defender su licencia de juego. Pero fuese cual fuese dicha defensa, tendría que hablar de «Momo», o peor aún, no pasaría mucho antes de que alguien sacase a colación al presidente de los Estados Unidos. Para evitar enfrentarse a uno y perjudicar a otro, Sinatra sólo vio como alternativa renunciar a su participación en el Cal-Neva y a su licencia de juego, lo que suponía también desprenderse del porcentaje que poseía del Sands.

El cantante anunció aquella medida en octubre de 1963. Poco antes, del 23 de agosto al 8 de septiembre, volvió a reunirse con Dean y Sammy para una serie de shows en el Sands. Aquellas actuaciones se dieron a conocer como «Dean Martin y amigos», y la popular marquesina luminosa del Sands sorprendía a todos los habituales de Las Vegas con una llamada inusual: «Jack Entratter presenta a Dean Martin» y debajo en letras más pequeñas, rezaba «Tal vez Frank   -
Tal vez Sammy». El propio Sinatra se aseguró de llevar los equipos de Reprise para que grabaran algunos de los espectáculos con objeto de editarlos posteriormente. No era justo que sólo unos pocos afortunados, los que pasaban aquellos días en Las Vegas, pudiesen disfrutar de aquel fabuloso divertimento. Los tres estaban pletóricos. Los tres ofrecieron interpretaciones sobresalientes, incluso Dean, sazonadas al final con las bromas al uso y varios temas juntos. Aquellos recitales de otoño de 1963 fueron sin duda los mejores que Frank, Dean y Sammy dieron juntos. En esencia, fueron similares a los que ofrecieron entre el 23 de enero y el 12 de febrero de ese año allí mismo, en el Sands, aunque estos últimos, vistos con el paso de los años, tendrían un peso simbólico mucho mayor. Para empezar, supusieron un incentivo más que suficiente para el proyecto que Frank tenía en la cabeza: una nueva película juntos. Pero lo que Sinatra no sospechaba era que cuando esa película llegase a las pantallas, a

mediados de 1964, el mundo que conocían, el mundo en el que ellos fueron La Cumbre, habría cambiado por completo y para siempre.

Para olvidar los problemas con la comisión de juego, Sinatra se llevó al Rat Pack a Chicago. Con Lawford defenestrado y Bishop sin muchas ganas de seguir enredado entre mafiosos y presidentes, Sinatra decidió invitar al que fuese su gran maestro y el de Dino, Bing Crosby, para que se uniese a ellos en la película *Cuatro gánsteres de Chicago*. Dirigida por Gordon Douglas, la película, que narraba las aventuras de unos mafiosos con buenas intenciones en el Chicago de la Prohibición, no sólo reuniría a Frank, Dean, Sammy y Bing, sino también a una larga lista de viejos conocidos, como Victor Buono, el viejo amigo de Dean, Sonny King, o el veterano Edward G. Robinson. El resto del equipo también prometía buenos resultados, como es el caso de la banda sonora a cargo de Nelson Riddle o las canciones firmadas por Sammy Cahn y Jimmy van Heusen.

Dispuesto a evocar los viejos tiempos, a demostrar que la locura por Dylan y los Beatles no era más que una sombra de la que ellos despertaban, Sinatra se propuso, esta vez sí, recuperar las noches de enero de 1960. Durante el rodaje de la película, Frank, Dean y Sammy hicieron del Villa Venice de Sam Giancana su punto de reunión. El público y la prensa de Chicago enloqueció con el trío. Estuvo incluso aún mejor que en sus apariciones a comienzos de ese mismo año. ¿Por fin lo había conseguido Frank? ¿Volvía todo a ser como antes?

El 22 de noviembre de 1963 todo el equipo estaba presente para la escena más concurrida de la película, en la que se rodaba el entierro del personaje encarnado por Edward G.

Robinson. En medio de la filmación alguien irrumpió, notablemente alterado, explicando que había escuchado en la radio que habían disparado al presidente Kennedy durante su visita a Dallas, Texas. Todas las miradas se dirigieron a Frank. Éste indicó que el rodaje debía continuar. Antes de que concluyese la jornada ya sabían que el presidente había muerto. Contra todo pronóstico, Sinatra no alteró el plan de trabajo. Todas las previsiones de rodaje para aquel día se cumplieron con rigor. Después, Frank se marchó a su hotel y nadie volvió a verle en varios días. Mientras, Sammy aprovechó para ensayar sus números de baile en la película, Dino buscó un buen rincón en la barra del Villa Venice y allí apuró algunas copas. Tal vez recordaba, en aquel local mejor que en ningún otro sitio, cómo Giancana se encolerizó tras la imprevista marcha atrás de Kennedy en los proyectos contra Castro, o con su deseo de suavizar la «Guerra Fría». «Alguien debería volarle la cabeza a ese maldito irlandés», había dicho «Momo». Seguro que Hoffa y Traficante pensaban igual. «¿Por qué bebes tanto, Dean?», le preguntaba Frank en la vieja rutina del escenario. Ahora, Dean sabía bien por qué lo hacía.

Sinatra Society of Brasil

Extraños en la noche

A finales de 1957 Sammy Davis Jr. comenzaba a paladear el éxito. Aún no estaba en lo más alto, pero su ascensión parecía imparable. El accidente en el que perdió el ojo quedaba ya muy atrás. A cambio, había ganado un grupo de excelentes amigos que sentían un cariño especial por él, que lo cuidaban como si fuera su hermano menor. Sammy agradecía el gesto, pero había gente a la que no podía tratar como a un hermano, como era el caso de la despampanante actriz Kim Novak. Frank se la presentó aquel mismo año, cuando ambos rodaron juntos, con Rita Hayworth, la comedia musical *Pal Joey*, uno de los éxitos de la temporada. Frank ya había trabajado con Novak dos años atrás en la estremecedora *El hombre del brazo de oro*, película que valió al actor el reconocimiento de sus colegas por su interpretación de un drogadicto. Ya entonces mantuvo un idilio con la rubia de enigmática mirada, que se repetiría en el plató del musical. Allí, no obstante, también se despertó su interés por la veterana Hayworth, por lo que «cedió» a Novak a su amigo Sammy.

La actriz descubrió enseguida las marcadas diferencias entre ambos hombres, y a pesar del innegable atractivo que irradiaba Frank, la sensibilidad de Sammy y su necesidad de estar junto a alguien hicieron que la rubia platino se entregase de lleno a una relación que no tardó en salir a la luz.

Para el bombazo que suponía, lo cierto es que se publicó poco sobre el tema. A Harry Cohn, el productor que había gastado una fortuna en convertir a Novak en la estrella que era, le costó Dios y ayuda que la prensa sensacionalista no divulgase la historia. Y una vez controlada la información, su firme objetivo era poner fin a tan escandaloso romance entre «el negro y la blanca». Para ello, Cohn habló con un abogado que tenía para «asuntos delicados», un abogado con contactos dentro del mundo de la Mafia. A principios de enero de 1958, Sinatra recibió una llamada, y acto seguido puso rumbo a Las Vegas para ver a su amigo, que actuaba el Sands. «Alguien» le había prevenido de que habían dado orden de «eliminar el problema de Sammy Davis Jr.» si éste volvía a acercarse a Kim Novak. Consciente de cómo las gastaban sus amigos de Chicago y Los Ángeles, Frank instó a Sammy a que no volviese por Hollywood hasta que él aclarase las cosas con «los chicos».

Tal vez Sammy Davis estaba perdidamente enamorado de Kim Novak, pero es más probable que lo que le empujó a empaparse en bourbon durante varias jornadas seguidas fuese la desesperación ante una sociedad que le imponía una barrera tras otra. Y a veces, como entonces, algo más que una barrera. Sabía que si el rencoroso y todopoderoso Harry Cohn se lo proponía, podía arruinar su emergente carrera artística. ¿Si quería triunfar, qué debía hacer? ¿Comportarse como un «negrito» bueno? Está bien, lo haría. Apenas se le pasó la resaca, aunque aún con la botella de Jack Daniel's como principal apoyo, buscó en los salones del Sands a la joven afroamericana Loray White, una actriz cuyo mayor y único mérito había sido aparecer como uno más de los millares de esclavos de la película *Los diez mandamientos*. Había tenido algunos encuentros sexuales con la chica, y parecía buena y agradable. Era perfecta. Le pidió que se casara con él. Parecía ser la mejor forma de alejar a los matones de Cohn. Pero la farsa fue difícil de mantener. En cuanto White se percató de que Sammy no estaba realmente enamorado de ella, el matrimonio se rompió. Apenas duró unos pocos meses.

Es probable que Sammy no amara nunca a nadie como llegó a amar a May Britt. May era como Ava Gardner para Frank, como Dean Martin para Dean. Su relación fue tan polémica como la que protagonizó con Kim Novak, pero May no tenía a ningún protector al que le importase el hecho de que se acostase con un negro, incluso «la abominación» de que se casara con él. Se limitaron a echarla del mundo del espectáculo, sin más. Como es lógico, Sammy no reparó en gastos a la hora de darle la mejor vida posible e incluso intentó reavivar su carrera, pero bastante tenía con mantener con éxito la suya. Ni siquiera el poderoso Sinatra podía hacer algo al respecto. Incluso contratar a un guionista acusado de comunista era menos incendiario que respaldar un matrimonio interracial. De modo que Frank se limitó, eso sí, a acoger a la pareja como al resto de las amistades con las que solían pasar fines de semana de distensión en su casa o en su yate.

Se conocieron a finales de 1959, en una fiesta. De nombre real Maybritt Wilkens, era oriunda de un pueblo cercano a Estocolmo, en Suecia. Sammy se había quedado prendado de la actriz al verla en la película que había protagonizado junto a Dino, *El baile de los malditos*. Durante toda la velada, varias mujeres, cantantes y actrices conocidas, se insinuaron a Sammy para que las sacara a bailar. Éste aceptaba con mucho gusto, pero su interés no dejaba de estar fijado en la esbelta rubia de rostro sereno que rechazaba sin pestañear a un galán tras otro. Una amiga de Sammy, compañera de May en la película que estaba preparando, le advirtió de la frialdad de la sueca, a la que los compañeros masculinos de reparto habían apodado «el iceberg». A pesar de todo, Sammy se aventuró, dispuesto a desplegar ante ella sus mejores bromas y juegos. Tras un intento infructuoso, May le advirtió que si quería hablar con ella debía ser él mismo, y dejar a un lado el personaje que todos querían de él. Si Sammy albergaba alguna duda sobre su atracción por esa mujer, desapareció en aquel preciso momento.

May venía de dos matrimonios anteriores, el último de los cuales apenas duró un año. En cuanto ella y Sammy empezaron a salir, las conversaciones de la pareja se centraron en el deseo de formar una familia, en la forma en la que se desarrollaría esa vida familiar y en la clase de valores que les inculcarían a sus hijos. Para empezar, decidieron adoptar uno en lugar de engendrarlo. La razón que ambos defendían era que había demasiados niños sin hogar, necesitados de una familia, como para ser tan egoístas de darles la espalda por una simple cuestión de herencia genética. Tras salvar algunas complicaciones para los trámites, en junio de 1963 lograron que les concedieran la adopción de un pequeño de tres años al que llamaron Mark Sydney. Pero la primera vez que Sammy escuchó la voz de su hijo fue a través del teléfono, a cientos de kilómetros. Conocía por Frank lo que era tener hijos a distancia y no le gustaba. Para May, aquella fue una muestra de las radicales diferencias que iban a darse entre la teoría de Sammy sobre la vida familiar y los hechos reales.

No es fácil ser cantante y llamarse Frank Sinatra Jr. Si se trata de un abogado, un tendero, incluso un actor o director de orquesta, ese nombre puede resultar hasta positivo. Pero cantante... El primogénito de Sinatra no cantaba nada mal. De hecho, tenía muchos más conocimientos técnicos que su padre, pero no le tomaban en serio. Aunque Frank quiso que su hijo fuese a la universidad y llegase a ser alguien importante (como él, pero en otro campo), el joven siempre sintió un gran interés por la música, y de una forma u otra estaría ligado a ella durante toda su vida. Primero, trabajando en las compañías de su padre, y después, como intérprete en los mismos escenarios que éste recorría. No era nada extraordinario. Su hermana Nancy lo haría en breve (y con mucho más éxito), y algunos descendientes de «tío» Dean también habían apostado por entrar en el mundo del espectáculo.

En 1963, a los diecinueve años, Claudia Martin se enteró de que Nancy Sinatra, que acababa de cumplir los veintitrés, iba a participar en una película producida por su padre. Una llamada de Dean bastó para incluir a la chica en el reparto de la anodina *For those who think young*. Las dos amigas volverían a coincidir dos años después en la no menos sorprendente *El fantasma del biquini invisible*, concluyendo con ello la carrera artística de uno de los vástagos de Dean. Otro de ellos, Dean Martin Jr., tuvo algo más de suerte poco después, en 1965, logrando cierto éxito con su grupo Dino, Desi & Billy cuando apenas contaba quince años. El viejo Dean apoyó en lo que pudo a su hijo, aunque no se desvivió en el proyecto al estilo Sinatra. Si su hijo quería dedicarse al espectáculo, estupendo, pero aquél no era ningún paraíso. Lo mejor era que él mismo descubriese sus secretos, sus alicientes y sus peores rincones. Y lo cierto es que a Dino, Desi & Billy no les fue del todo mal. Llegaron incluso a publicar un disco con Reprise, y el sencillo que lanzaron entró en el Top 20. Después, se acabó. El joven Dean participó como secundario en un par de películas y alguna serie televisiva antes de declinarse finalmente por convertirse en piloto de las Fuerzas Aéreas.

Pero en 1963 Frank Sinatra Jr. todavía tenía esperanzas de triunfar, y como su nombre vendía entradas, sabía que no le faltarían auditorios. Había tenido su debut oficial el 12 de septiembre del 63, a los diecinueve años, en el Americana Hotel de Nueva York. La actuación no estuvo mal. Una vez concluida el público le reclamó con sus aplausos que saliera de nuevo para los bises, pero se hacía esperar. «¡Es igual que su padre —gritó entonces alguien del público—. Ya se ha liado con alguna chica!» Frank, presente en las primeras filas junto a amigos como Jackie Gleason o Joe E. Louis, sonrió pícaramente. Sin llegar a su altura, el pequeño Sinatra no se privaba de lujos y vicios. Su vida, desde luego nada tenía que ver con la del agente de bolsa de Los Ángeles Barry Keenan. Con veintitrés años, Keenan había tenido un accidente de coche que había echado al traste la que se apuntaba como una gran carrera profesional. De vivir como un acomodado miembro de la clase media-alta pasó a tener que regatear con bancos, caseros y tenderos para sobrevivir. Enganchado al alcohol y a varios medicamentos, Keenan pensó salvar su solución robando un banco, aunque después creyó que sería más fácil sacarle los dólares a algún famoso apelando a su sentido familiar.

Sopesó la posibilidad de secuestrar al hijo de Bob Hope o Bing Crosby, pero le parecían tipos demasiado buenos, que habían hecho mucho por el país y a los que una situación como la que se desencadenaría podría provocarles un infarto o algo por el estilo. Frank Sinatra era otro cantar. Sin duda era el candidato ideal. Pensaron igual Joe Amsler y John Irwin, los compinches que se buscó para el proyecto. La fecha prevista para secuestrar al chaval era el 22 de noviembre del 63, tras su actuación en el Cocoanut Grove, del hotel Ambassador, pero la noticia del día, el asesinato de Kennedy, les hizo abortar la operación. Años después, Keenan recordaba: «No importa lo que tuvieras pensado hacer ese día, todo el mundo tuvo que cambiar de planes».

El 8 de diciembre siguiente no hubo sobresaltos. Frank Jr. actuaba en el casino Harrah's, en el Lago Tahoe. Hacia las nueve y media de la noche se encontraba en su habitación del hotel, comiendo pollo frito mientras daba vueltas por la estancia en calzoncillos, repasando los arreglos para una de las nuevas canciones que iba a interpretar en la actuación de las diez. Llamaron a la puerta. Con un revólver calibre 38, Keenan y sus compinches obligaron al joven Sinatra a que se vistiera para que les acompañase, no sin antes pedirle todo el dinero que llevase encima, dado que los secuestradores se encontraban sin blanca. Una vez en el coche, le dieron unos somníferos y le obligaron a beber whisky, para hacerle pasar por borracho en caso de que les parase la policía.

Cuando le comunicaron la noticia a Frank Sinatra estuvo a punto de romper a llorar. Siempre supo que era posible que algún loco quisiese aprovechar su popularidad para hacer daño a alguien de su familia. Pues bien, había ocurrido. En cuestión de horas se presentó en Nevada acompañado de su amigo William Raggio, fiscal del distrito, al que pronto se unieron su abogado, Mickey Rudin, su amigo Jilly Rizzo, Jack Entratter y el máximo responsable del FBI en ese estado, Dean Elson.

«¡Sacad al maldito Robert Kennedy de la cama si hace falta, pero quiero saber algo ya!» Frank estaba verdaderamente nervioso ante la posibilidad de que su hijo apareciese muerto de un momento a otro, y barajó la alternativa de saltarse al FBI y recurrir directamente a Giancana y su gente para solucionar el asunto. «Momo» se había puesto en contacto con el cantante en cuanto se enteró de lo sucedido, y puso a su disposición toda su capacidad operativa, pero Frank terminó pidiéndole que se mantuviera al margen. Con su mejor intención, Giancana comenzaría a dar palizas y a romper brazos para conseguir información, y no era eso lo más conveniente. No después de haber recibido la llamada de Bobby Kennedy asegurando que J. Edgar Hoover iba a movilizar a todo el FBI para dar con el joven Sinatra.

Los secuestradores acabaron estableciendo contacto y pidieron 240.000 dólares a cambio de dejar en libertad al chico. «¿Pero qué me cuentas? —dijo Frank—. ¡Os daré un millón de pavos, pero dejad a mi hijo en libertad!» Keenan replicó que no necesitaban tanto dinero, los 240.000 bastarían. Sinatra los reunió y el 11 de diciembre se llevó a cabo la operación según las indicaciones de los secuestradores. Frank Sinatra Jr. quedó en libertad y los tres responsables fueron detenidos. En el juicio, el abogado defensor alegó que todo había sido un montaje de Frank Jr. para obtener publicidad. «Esta familia necesita tanta publicidad como un ataque de peritonitis», comentó a la prensa el patriarca de los Sinatra.

El secuestro, no obstante, tuvo algunas horas realmente dramáticas cuando, tras entregar el dinero, el joven Sinatra fue liberado en el desierto, cerca de una carretera secundaria, en el lugar convenido. Nadie le dijo que su padre iría a recogerle, así que echó a correr, desesperado, ante el temor de que sus captores volviesen. Cuando su padre se presentó en el lugar y no dio con él, pensó que los secuestradores le habían engañado, y no tuvo más remedio que poner rumbo a casa. Allí, Nancy y las dos hermanas de Frank Jr. esperaban ansiosas el regreso del padre y el hijo. En ellas pensaba Frank mientras conducía sollozando, sintiéndose más impotente de lo que nunca hubiese imaginado. Dada su manía de no llevar nunca monedas, le fue imposible telefonear a casa, donde había varios agentes del FBI. Al final, el joven Frank fue encontrado por un agente de la policía de carreteras, que le condujo a casa escondido en el maletero del coche. Sin embargo, Sinatra pasó tanto miedo con la experiencia que desde entonces siempre llevó un paquete de monedas en el bolsillo. Aquella costumbre se hizo tan popular que, ya en los ochenta, unos amigos le regalaron una serie de monedas diseñadas especialmente con la efigie del cantante en ellas.

Acorde con su descendencia siciliana, la familia era algo fundamental para Frank Sinatra. Siempre estuvo pendiente de que no les faltase nada a sus padres, y trató de ser tan bueno con sus hijos como le era posible. Aun así, reconocía que no lo era lo suficiente. «Debes estar cerca de tus hijos, cuanto más, mejor. Debes darles amor y afecto, o se perderán», solía darle ese consejo a muchos amigos que estaban a punto de ser padres. Él sabía de lo que hablaba. Estaba a miles de kilómetros cuando nació Frank Jr. y las giras le llevaron a perderse momentos importantes de las vidas de sus tres pequeños, pero intentaba estar al tanto de todo. Si estaba fuera, no pasaba un día sin llamar a casa. Desde luego, no era suficiente, pero era lo que podía hacer. Resulta significativo que incluso después de su tempestuoso divorcio, Nancy Barbato insistiese en que podían encontrarse pocos padres tan entregados a sus hijos como Frank Sinatra, «y creo que en pocas familias se debe querer tanto a un padre como en ésta». Tal vez por eso, el día que recibió el Oscar, eran sus dos hijos mayores los que estaban con él.

Los niños estaban primero, y sólo después, estaban ellas, las mujeres de Frank. Hubo tantas que no las recordaba a todas, aunque las importantes siempre estaban ahí. Nancy fue y sería siempre la madre de sus hijos, y como tal, mantuvo con ella una relación bastante afable. Mucho más, desde luego, que con Ava Gardner, su gran amor. Tras su matrimonio, los dos volvieron a pasar una temporada juntos a comienzos de los sesenta, cuando Frank era el artista oficial de América, con el beneplácito de la mismísima Casa Blanca. Pero, como en otras ocasiones, el contacto duró lo que tardó en apagarse el fuego de Ava y en quedar en evidencia las necesidades profesionales de cada uno. Y aunque el recuerdo de Ava era imborrable, otras muchas mujeres llegaron a ocupar su corazón, más allá del mero divertimento físico, desde su amiga y confidente Marilyn Monroe a la despampanante Anita Ekberg, sus compañeras de reparto Kim Novak y Angie Dickinson, pasando por la fugaz Juliet Prowse. Sin embargo, si hubo alguien que estuvo a punto de volver a hacer pasar a Frank por el altar otra vez en los últimos años cincuenta, ésa fue Lauren Bacall. La entonces viuda de su idolatrado Humphrey Bogart encontró consuelo y apoyo en los brazos de Frank. «En los últimos meses de enfermedad de

Bogie —recordaría la actriz— una parte de mí necesitaba un hombre al que hablar, y Frank se convirtió en ese hombre. No sólo empecé a depender de su voz al otro lado del teléfono, sino que lo necesitaba cerca. Cuando Bogie murió, esa dependencia se volvió más y más grande.» Poco después, Lauren Bacall vendió su casa y Frank la acogió como invitada, una invitación que se prolongó durante varios meses. Se habló de boda. Frank fue el primero en hacerlo. Pero cuando la actriz lo comentó con un periodista y se hizo público, la presión de la prensa llevó al traste la relación. Una vez más. Como el resto de sus mujeres, Lauren Bacall siempre encontró en Frank a un buen amigo al que poder recurrir ante cualquier problema.

Para Frank, Dean y Sammy, las mujeres eran algo especial. «¿Qué es eso que llaman amor?», cantaba Frank en el escenario. La voz de Dean le interrumpía: «Frank, si tú no lo sabes, estamos acabados». Es innegable que en Las Vegas o Atlantic City, en sus fiestas tras las actuaciones, se relacionaban con las «vedetes» como si fueran parte del menú. «No sólo de Jack Daniel's vive el hombre», solía decir Frank cuando le presentaban a alguna de estas chicas deseosas de alcanzar la fama por un camino rápido. Sin embargo, cuando se movían en sociedad, incluso en su intimidad, eran hombres de modales respetuosos y tradicionales. Especialmente Dean y Frank, idolatraban a la mujer. Era un ser especial al que había que tratar con unos cuidados especiales, intentando siempre darles lo mejor, protegerlas contra todo mal. Y eso que para ellos había muchos tipos de mujeres, cada una con su propio apelativo. De cualquier modo, por ejemplo, no permitían que se hablase mal delante de ellas (especialmente si se trataba de una «dama»), y se ofendían cuando algún tipo trataba mal a su chica o le decía obscenidades en público. En este sentido, Gene Kelly solía contar una anécdota muy divertida sobre su compañero de reparto en películas como *Un día en Nueva York* o *Levando anclas*: «Frank era un tipo muy amable y generoso. Si un día le decías que te gustaba su corbata, te mandaba una igual. Si le decías que te gustaba su traje, al día siguiente tenías uno en casa. Si le decías que te gustaba su chica, al día siguiente iban a verte dos matones llamados Carmine y Nunzio». «Desearía que alguien intentase hacerte daño para poder acabar con él», le había dicho Frank en una ocasión a Shirley MacLaine; era su forma de demostrar el respeto y cariño que sentía por ella. Un par de décadas después, cuando se enteró de que la que sería su tercera esposa, Mia Farrow, lo estaba pasando realmente mal al descubrir que su marido, Woody Allen, estaba teniendo una aventura con la hija adoptiva de ambos, Sinatra se ofreció a Mia para mandar un par de matones a que le rompieran las piernas al cineasta. Farrow rechazó la oferta, pero Frank no pudo evitar llamar al director neoyorquino: «Mira, no sé qué demonios está pasando aquí —le dijo—, pero te estoy vigilando; sólo quiero que lo sepas». Allen no tuvo ocasión de responder.

Pero si se habla de mujeres, durante los años cincuenta, y desde luego los cuarenta, pocos hombres mantuvieron relaciones con tantas como Dean Martin. Es cierto que Frank Sinatra apenas tenía que hablar con una chica para que ésta cayese rendida a sus pies. Pero en el caso de Dean, eran ellas las que hacían todo lo posible por acercarse a él y seducirle. Tal vez era su aire de completa indiferencia lo que las volvía locas. El caso es que con una simple mirada, una mera sonrisa, bastaba para que cualquier mujer se quedase sin palabras. Sin embargo, conforme Dean fue asentando su carrera y su vida familiar, las mujeres pasaron a ocupar un segundo plano. Desde luego tenía aventuras, pero sólo cuando no había forma de escabullirse de Sinatra y sus orgías. Como en el caso de su personaje de borrachín y el zumo de manzana en lugar de whisky, la idea de Dino como mujeriego no es más que un mito, al menos a partir de mediados de los años cincuenta. Su primera esposa, Elizabeth Ann McDonald, madre de cuatro de sus hijos, fue la que se llevó la peor parte en este sentido. Cuando se casó con Jeanne, en 1949, la vida de Dean seguía siendo una locura de giras, grabaciones y películas, pero el cantante no tardaría en estabilizarla.

Cuando en 1965 Jeanne y él eran ya padres de otros tres chicos, Dean había decidido echar el freno y disfrutar de la vida. Tenía suficiente dinero en el banco para vivir dos vidas a todo lujo, seguía grabando discos con Reprise que se vendían bien, hacía películas de vez en cuando que alcanzaban un éxito moderado y, para colmo, en 1965 firmó un contrato para hacer un programa de televisión semanal, *The Dean Martin Variety Show*, que se mantendría en antena hasta 1973 como uno de los espacios más vistos de toda la historia de la televisión. Todo esto le permitía vivir sin preocupaciones, que era lo que al fin y al cabo perseguía. Cuando Jeanne Martin se divorció finalmente de él, en febrero de 1973, seguía realmente enamorada de Dean, y también seguía sin conocer de verdad al hombre con el que había compartido veinticuatro años de su vida. «Nadie llega a conocer de verdad a Dean Martin», explicó una vez. Nicky Hilton, director de la prestigiosa cadena de hoteles que llevaba su apellido y uno de los jugadores de golf habituales en las partidas de Dean, lo describió con más precisión: «Dino es como el hermoso poema que amas pero que nunca podrás llegar a comprender».

Como Frank, Dean no permitía que le faltara nada a los suyos. La familia de los Martin era famosa en el acomodado barrio residencial de Los Ángeles en el que vivía. Sus hijos eran la envidia del vecindario gracias a las fiestas que su padre les permitía dar. Ellos pedían y Dean firmaba el cheque. Además, prefería estar en casa, rodeado de sus hijos, que en el Sands con Sinatra y su corte alrededor. Quería a sus hijos. Como Frank, tenía una idea muy arraigada de la unidad familiar, pero tampoco estaba dispuesto a atar a nadie. Les dejaba moverse a su antojo, igual que a Jeanne. Después de todo, con quien mejor se sentía era consigo mismo. Por eso la ocupación en la que empleaba más horas al día era en jugar al golf. Siempre estaba jugando al golf. Con el tiempo, el alcohol acabaría robándole algunas horas al deporte.

En una ocasión, a mediados de los sesenta, los Martin ofrecieron una fiesta en casa por su aniversario de bodas. Decenas de personas en esmoquin y trajes de gala acudieron para celebrar el evento con la pareja. Había mucha comida, mucha bebida y buena música. Algunos invitados bailaban alrededor de la piscina. Poco después de las once de la noche, unas sirenas de la policía llegaron desde lo lejos. Sonó el timbre de la puerta. Jeanne trató de que su marido abriese, pero al no encontrarlo, Sinatra se ofreció para hacer las veces de anfitrión. «¿Algún problema, agentes?», les preguntó. «Hemos recibido una queja por el volumen de la música y las voces. Tendrán que suavizar el tono o terminar la fiesta.» Dado que Jeanne le había comentado que allí estaban todos sus vecinos, Frank preguntó quién había puesto la denuncia. «Nos han pedido que no revelemos su identidad.» «¡Eh, amigos, están hablando conmigo!», se impuso el artista. «Pues verá, señor Sinatra, para serle totalmente franco, la llamada se realizó desde esta misma casa.» Frank no necesitaba saber más. «¡Maldito hijo de puta!», musitó mientras cerraba la puerta.

Subió a saltos los peldaños de la escalera y abrió de golpe la puerta del dormitorio de Dean. «Hola, socio, ¿qué tal va eso?», saludó éste desde la cama, en pijama, mientras saboreaba una galleta. En el televisor se desarrollaban las aventuras de la familia Cartwright en su rancho de Bonanza. «¿Qué tal va? —respondió enfurecido Frank—. ¿Has mandado a la policía a tu propia fiesta?» Dean se incorporó y tragó para poder hablar claro. «Mira, esa gente ya ha comido, ya ha bebido, se ha divertido de lo lindo. Pues bien, ya pueden largarse a casa. Mañana tengo que levantarme temprano.» «Loco bastardo», se despidió Frank.

No hacía ni dos años desde que los dos amigos habían tenido otro encuentro con la policía, pero entonces Dean era diferente. Iba borracho conduciendo su Ferrari rojo. Frank, que había bebido menos en la fiesta de la que volvían, se ofreció a conducir, pero Dean se negó. En cuanto una patrulla vio pasar el deportivo haciendo eses salió tras él. «No hables —le dijo Frank—, ni siquiera les mires, porque olerán el alcohol a kilómetros.» En cuanto los agentes se acercaron, Sinatra intentó hacer valer su popularidad, pero también él apestaba a alcohol. A pesar de sus intentos por distraer la atención de los agentes, uno de ellos enfocó a Dean con la linterna, y como si fuese un foco del Sands, éste reaccionó de un brinco y comenzó a balbucear «*Everybody loves somebody sometimes…*» Conscientes de la situación, el policía abrió la portezuela del Ferrari. «Señor Martin, por favor, salga del coche y camine sobre la línea blanca.» «¡¿Esta usted loco?! —respondió Dean—. No pienso hacerlo si no ponen una red debajo por si me caigo.» Al final, Frank y Dean acabaron siendo escoltados a sus domicilios por los agentes de la ley.

Pero había llovido mucho desde entonces, Dean era otro hombre. Lo cierto es que todo el mundo era diferente en 1965, todo y todos habían cambiado, incluso Sammy, que tras asimilar el éxito artístico comenzaba a abrirse tímidamente a nuevas ideas y experiencias que acabarían por alejarle de manera dramática de sus amigos. Todo cambiaba, aunque Frank intentase por todos los medios que no ocurriera así. Ese año, el 20 de junio, en el Kiel Opera House de Saint Louis, Frank, Dean y Sammy se reunían de nuevo. El encuentro, respaldado por la orquesta de Count Basie, tuvo como objeto recaudar fondos para una asociación benéfica. Joey Bishop tuvo problemas una vez más para oficiar como presentador y la responsabilidad recayó en el efectivo Johnny Carson. Los viejos chistes aún funcionaban, aunque más por nostalgia que por cualquier otra razón. Los números musicales se respetaban, y sólo al final los chicos se permitieron un pequeño bloque de bromas y juegos. Aquello no era más que un eco de lo que un día fue. Frank y Dean volverían a cantar juntos al año siguiente en el Sands, y coincidirían de nuevo en varias ocasiones a lo largo de los setenta, pero desde aquel concierto en Saint Louis, los tres amigos no volverían a compartir escenario hasta más de dos décadas después.

Si unos años atrás la muerte de Marilyn y del presidente Kennedy habían marcado el fin del sueño de una América de grandes esperanzas, con las canciones y películas del Rat Pack como entretenimientos de cabecera, en 1965 pueden encontrarse otro tipo de eventos, menos dramáticos desde luego, como el concierto en Saint Louis, que señalan el fin de los días de «Ring-a-ding-ding», el final del Rat Pack y de su estilo de vida. Para empezar, las cifras de recaudación de *Cuatro gánsteres de Chicago*, estrenada el año anterior no alcanzaron ni mucho menos lo esperado. Un año en el que cintas musicales como *My fair lady* o *Mary Poppins* dominaban la taquilla, la película del Rat Pack, con el aliciente de una destacable banda sonora y el apoyo del popular Bing Crosby no fue capaz de convencer al público. Al año siguiente, 1965, Sinatra no se conformó con protagonizar dos películas bélicas bastante correctas, *El coronel von Ryan* y *Todos eran valientes* (que acabó convirtiéndose en la única película dirigida por él), sino que además quiso volver a demostrar que el del Rat Pack era un humor y una filosofía perfectamente vigente, por lo que convocó a Dean, Deborah Kerr, César Romero y a su hija Nancy para rodar la simpática aunque demasiado tonta *Divorcio a la americana* (titulada así en España a tenor del éxito el año anterior de *Divorcio a la italiana*). Se trataba de una comedia sobre el matrimonio y la vida familiar que subrayaba el humor machista de los dos protagonistas masculinos (además de su afición a la bebida). El resultado fue una obra que, con Rock Hudson y Doris Day, podría haber tenido su gracia, pero con el plantel propuesto, supuso un fiasco.

Por otro lado, octubre de 1965 fue el momento elegido por la editorial Farrar, Straus & Giroux para publicar el volumen de memorias *Yes I can. The Sammy Davis Jr. Story*. Con el tiempo quedaría demostrado el mayor interés de este artista por dejar constancia de sus vivencias por encima de sus dos colegas, pues si bien Dean nunca escribió ni respaldó ningún libro sobre su vida, y Sinatra se limitó a apoyar a su hija Nancy en un libro (*Frank Sinatra. An american legend*) y a Tina en una serie para televisión, Sammy llegaría a firmar hasta tres libros biográficos. Tres títulos que no suponían continuaciones sino ampliaciones según pasaban los años. Así, en 1980 publicaría *Hollywood in a suitcase*, y pasados nueve años, poco después de su muerte, veía la luz *Why me?* Los tres son libros de memorias en la línea más tradicional, aunque con una incidencia especial en lo que respecta a los problemas raciales a los que el artista tuvo que hacer frente a lo largo de su vida. De hecho, en 1965 Sammy participó en una nueva marcha de Martin Luther King en Alabama, a la que ayudó que se sumaran otros muchos artistas, blancos y negros. En aquella ocasión también hubo amenazas y advertencias, pero Sammy tenía la lucha más clara que nunca. No podía ser de otro modo. No en vano protagonizaba en esos momentos una de las obras teatrales más aclamadas del país que denunciaban precisamente el fuerte racismo que aún imperaba en América.

En 1964, ocho años después de la experiencia de *Mr. Wonderful*, Sammy dejó de nuevo el circuito de clubes para volver a los escenarios teatrales. Le habían ofrecido el papel protagonista de *Golden boy*, el mayor éxito del dramaturgo Clifford Odets, estrenado en Broadway en 1934. La obra original narraba la historia de un joven italoamericano de familia humilde que arriesga su carrera como violinista al subirse al ring. El dinero fácil es uno de los motores que le llevan a convertirse en boxeador, pero por encima de todo está el deseo de convertirse en «alguien». Cuando los productores empezaron a hablar de montar de nuevo la obra, la lucha por los derechos civiles estaba en plena efervescencia, por lo que una de las primeras decisiones fue cambiar al protagonista y convertirlo en un chico de color que ya no sólo lucha por sobrevivir y por respeto, sino también para eliminar la barrera racial. Después de todo, aquello sonaba a la propia vida de Sammy Davis Jr.

Golden Boy abrió en Nueva York el 20 de octubre del 64 en el teatro Majestic de Broadway, y alcanzó las 569 representaciones. La acogida fue tan calurosa que antes de que pasara un mes estaba a la venta el disco con las canciones de la obra. Aunque el montaje adolecía de ciertos problemas de ritmo y de un libreto esquemático en exceso, el público disfrutaba viendo a Sammy sufrir y triunfar, además de cantar y bailar. Disuelto el vínculo que unía al Rat Pack, Sammy había sabido aprovechar el respaldo que le proporcionó este grupo, y a mediados de los sesenta se había convertido en el artista de color más popular del país.

Durante 1965 fue un invitado asiduo en numerosos programas de televisión, ya que no sólo atraía la atención de los espacios musicales como ocurría con Sinatra, sino que, conscientes de su excelente sentido del humor y su capacidad para la mímica o el baile, constituía un colaborador excepcional para distintas emisiones. Por otro lado, se reunió en el estudio con el respetado músico de jazz Count Basie, viejo conocido de Davis y el Rat Pack, y grabaron el excelente *Our shining our*, que lanzó Verve, un sello especializado en jazz. Aquello hizo que Sammy ampliase su círculo de admiradores al entrar en el codiciado ámbito de los vocalistas de ese género, un campo en el que Sinatra había intentado varias veces ser incluido sin éxito. El éxito de Sammy llegó a tal punto que la cadena ABC le propuso hacer dos especiales aquel año. En ambos, Peter Lawford fue uno de los invitados.

Tras su ruptura con Sinatra, Lawford había mantenido su amistad con Sammy, y a pesar de la sumisión total de éste hacia Frank, tomó desde el principio la firme decisión de desafiarle en este asunto. De hecho, el contacto entre Peter y Sammy excedió la mera amistad. Sammy participó en varios espacios televisivos producidos por Lawford, y ambos compartieron diversos negocios de hostelería. Se les relacionaba tanto que eran convocados habitualmente juntos para aparecer en algunos programas (como un reducto descolorido de La Cumbre) e incluso fueron invitados especiales en algunas series de televisión, como *Batman* o *Wild wild west*. El culmen de la colaboración entre ambos llegó en 1968, cuando protagonizaron juntos *Salt & Pepper*, una comedia con agentes secretos en la línea de James Bond que llevaba a los dos amigos al Londres más hippie. Las críticas fueron moderadas, más bien frías, pero el público respondió bien. Sinatra se reservó los comentarios.

Pero aquel año 1965 también depararía a Sammy Davis Jr. una grata sorpresa, su propio programa de televisión. La NBC le planteó la posibilidad de tener una hora a la semana, *The Sammy Davis Jr. Show*, en la que dar rienda suelta a todo su humor y su creatividad. Era genial, pensó Sammy. Era un fracaso, pensaron los directivos de la cadena al concluir la temporada, a mediados de 1966. Aquél fue todo el tiempo que se mantuvo en antena *The Sammy Davis Jr. Show*, dado que las expectativas de audiencia distaron mucho de cumplirse.

Tal vez lo triste fue que el programa no fuese cancelado antes, o que directamente nunca se hubiese emitido, dado que fue el detonante final de la separación de Sammy y May. Como la mayor parte de las mujeres de Frank, Dean y Sammy, May nunca hablaría con rencor sobre sus años con el artista, más bien al contrario, reconociendo la amabilidad y el cariño que éste no reparaba en derrochar entre los que le rodeaban. El problema radicaba en que, al contrario de lo que ocurría con Frank y Dean, para Sammy la familia era otro grupo de personas más al que amar. Su necesidad de ser aceptado, de sentirse reconocido, le impedía guardar más cariño y atención del necesario para los suyos. Quería repartirlo por igual entre todos. Sammy le decía habitualmente a May que la amaba, y ella sabía que era verdad, pero también sabía que eran dos personas muy diferentes, con dos conceptos muy distintos de lo que significaba amar a alguien.

En aquella época Sammy estaba verdaderamente exhausto. Tenía un musical en Broadway, un programa de televisión, no dejaba de grabar canciones para Reprise, además de las apariciones en televisión, cine y salas de espectáculos. Cuando tenía algo de tiempo libre no faltaban fiestas a las que acudir, fiestas siempre relacionadas con el mundo de él, con sus amigos, nunca con los de May. Pero lo que ella realmente no podía soportar era cuando reservaban con antelación un hueco para ellos, apenas una noche, unas pocas horas; una cena íntima y lo que ésta deparase. Pero en el último momento siempre había una llamada que arruinaba los planes. Tal vez era Sinatra, requiriendo la presencia de Sammy a más de mil kilómetros de distancia. Y Sammy nunca decía no a sus amigos. A May le molestaba eso incluso más que cuando esas llamadas comenzaron a ser de Lola Falana, una de las compañeras de reparto de Sammy en su nueva película, *A man called Adam*, una emocionante historia sobre un trompetista de jazz en la que le acompañaron músicos como Louis Armstrong y Benny Carter y amigos como Peter Lawford y Frank Sinatra Jr.

Cuando en 1968 Sammy y May firmaron el divorcio, el artista estaba ya en otro mundo. Peter Lawford y él habían encontrado en el colorido Londres de la época un estilo de vida con el que se sentían mucho más en sintonía que con el que seguían defendiendo Frank y Dean. Colgaron el esmoquin y se ajustaron los pantalones de campana y coloridas camisas de lino. Con sus innovadores cortes de pelo, a través de sus gafas de colores veían cosas que tardarían en imponerse en el Sands o el Fontainebleau. Allí estaban la marihuana y el LSD, así como experiencias sexuales, incluidas entre personas del mismo sexo, a las que nunca se habían acercado. Sammy y Peter entraron de lleno en la revolución de los sesenta, y eso que podían ser los padres de buena parte de los protagonistas de la misma.

Durante aquellos años Sammy no dejó de grabar, hasta el punto de que entre 1965 y 1970, ambos inclusive, salieron al mercado la friolera de dieciocho discos con su nombre impreso en ellos: dos directos (*The sounds of '66* y *That's all*), tres bandas sonoras y trece trabajos de estudio, que incluían desde compilaciones de grandes éxitos como *The Sammy Davis Jr. Show*, a colaboraciones excepcionales como *Sammy Davis sings / Laurindo Almeida plays*, con el compositor y guitarrista brasileño (aprovechando la moda de la *bossa nova*), hasta colecciones de temas que intentaban actualizar su sonido y sus textos, con portadas que eran toda una declaración de intenciones, como es el caso de *I've gotta be me* (1968). Aquel disco tomaba el título de una de sus canciones que se convirtió en el mayor éxito de Sammy en la década de los sesenta. Estaba extraído del musical *Golden rainbow*, pero en la voz de Sammy se convirtió en un himno biográfico coetáneo al *My way* de su amigo Sinatra. Tres años atrás, en 1965, Sammy había alcanzado otro gran éxito con *Yes I can*, canción que se lanzó poco antes que su libro de memorias del mismo título y que también suponía un tema muy personal, reflejo de la filosofía de superación del artista.

En 1969, poco después de participar, a petición de Shirley MacLaine, en *Noches en la ciudad*, una película de Bob Fosse con guión de Federico Fellini que suponía una difusa crónica de la libertad de espíritu de los nuevos tiempos, Sammy volvió a reunirse con Peter Lawford en Londres para protagonizar la continuación de *Salt & Pepper*, titulada *One more time*, que contó con la dirección de otro buen amigo de Sammy, el cómico Jerry Lewis. En aquel momento, incluso para Peter Lawford, Sammy era una persona completamente diferente al objeto de los chistes del Rat Pack en el escenario del Sands en 1960.

Durante el rodaje de *Noches en la ciudad*, Sammy y Shirley hablaron del sentido de la vida, de la razón por la que luchar y continuar cada día. En aquella época Sammy andaba confundido. El mundo se le antojaba una flor a punto de estallar en mil colores, pero su vida privada no existía. Cuando dejaba de trabajar no tenía nada. Ese sentimiento de vertiginoso vacío le empujó a investigar en distintas religiones, incluso un paso más allá.

Un domingo, tras pasar el día con May y sus hijos (habían adoptado otro desde el nacimiento de Tracey y la adopción de Mark), Sammy se sintió tan triste de regreso a casa que decidió dirigirse a The Factory, la discoteca que tenía con Peter. Allí se entretuvo bromeando y bebiendo con otros actores, hasta que uno de ellos le propuso que le acompañase a una fiesta especial. Sammy aceptó. Fueron hasta un apartamento de lujo en el centro de la ciudad. En uno de los salones del piso en el que entraron, un grupo de hombres y mujeres encapuchados y enmascarados, todos con una uña de la mano pintada de rojo, formaban un semicírculo en torno a un altar. Sobre él descansaba una mujer desnuda, con un manto rojo bajo ella. Sammy preguntó a su acompañante qué era todo aquello. Le explicó que se trataba de un rito satánico. No se sorprendió. Había leído sobre el tema. Eran artistas de poca monta que se excitaban con esos montajes para después participar en concurridas orgías. Aún no había valorado la situación cuando uno de los enmascarados se acercó a él y se descubrió, permitiendo a Sammy reconocer a su estilista, Jay Sebring.

Terminada la ceremonia, Sebring le presentó a Antón LeVey, el máximo líder de la Iglesia de Satán. Sammy le expresó su curiosidad sobre aquel mundillo, pero LeVey le advirtió: «No entres en esto a menos que realmente quieras comprometerte». Eso no hizo más que alentar la curiosidad de un Sammy cada vez más aburrido por su vida anodina, que entre espectáculo y espectáculo en Las Vegas, entre corista y corista, apenas sí se diferenciaba de la que llevaba viviendo desde hacía una década. Aquella noche Sammy volvió a su casa con una uña pintada de rojo, y así le verían cientos de personas en sus espectáculos durante los siguientes meses.

Le duró poco. Esa experiencia resultaba demasiado mística. Sammy prefería el mundo tangible de Londres, donde se codeaba con veteranos como Laurence Olivier o héroes juveniles como Jimi Hendrix. El sexo y las drogas eran su divertimento habitual mientras rodaba con Peter *One more time*, al mismo tiempo que representaba con éxito en el West End una segunda temporada de *Golden boy*. Había noches que se marchaba a su hotel con hasta tres chicas, como Frank en su mejor época. Claro que hacían muchas más cosas de las que su amigo de Hoboken llegaría a probar nunca. De Oriente llegaban nuevas posturas, nuevas prácticas, todo acentuado con la «libertad» de mente y espíritu que le proporcionaban distintos tipos de drogas. Algunos cronistas llegarían a asegurar que Sammy se aventuró incluso a probar el sexo con otros hombres, tal vez con Peter. Definitivamente, aquello quedaba muy lejos del club Ciro's.

Cuando alguien le comentó a Dean Martin que Sammy Davis Jr. y Peter Lawford habían contado con Jerry Lewis para su nueva película, replicó: «Dicen desde hace tiempo que Jerry es director de cine, pero no podría ni dirigir el tráfico en una calle de segunda». En boca de cualquier otro, aquellas palabras habrían levantado ampollas, dado el cariño popular por Jerry Lewis, pero ¿quién podía enfadarse con Dean Martin? ¿Realmente podía tener intenciones de hacer daño con su comentario? Siempre sonriente, siempre dispuesto a agradar y a hacer pasar un buen rato, Dino era más que nunca el amante que deseaba toda mujer y el amigo que quería todo hombre. Y sin duda, el segundo lustro de los sesenta fue su tiempo. Ni siquiera Sinatra logró alcanzar sus cotas de popularidad. Y si 1965 había sido el año de despegue de Sammy, el de Dean fue 1966. Las cifras señalaban que su programa de televisión era seguido cada semana por más de cincuenta millones de espectadores, lo que lo convertía en el más visto del *ranking*. La avalancha de cartas y declaraciones de todo tipo de público sobre este espacio le hizo además merecedor del Globo de Oro a la personalidad televisiva más popular del año. Por otro lado, para asombro de unos y pasmo de otros, la Asociación de la Música Country (CMA) no tuvo más remedio que nombrarle Hombre del Año, dada las cifras de ventas de los dos discos firmados como Den «Tex» Martin, convertidos en una innegable vía de entrada a ese género musical para miles de aficionados que anteriormente no se habían interesado por él. Además, la Asociación Nacional del Mercado Musical (NARM) le reconoció como el vocalista masculino que más había vendido ese año. Precisamente, en lo que a discos se refiere, Reprise publicó aquel 1966 dos LPs con canciones nuevas, *Somewhere there's a someone* y *The hit sound of Dean Martin*, y ambos contenían temas que se colocaron en puestos altos de las listas.

Efectivamente, nadie reaccionó cuando Dean dijo aquello de Jerry. Después de todo, apenas una década atrás, cuando rompieron, pocos daban un centavo por el italoamericano. Ahora, en plena época de cambios rotundos, cuando el tipo de comedia que hacía Jerry Lewis comenzaba a flojear en taquilla, Dean no sólo se mantenía, sino que había llegado a acomodarse en lo más alto del Olimpo de la popularidad artística. Y es que, si bien antes era ya sobradamente conocido gracias a las películas, los discos y los espectáculos, la televisión le permitió llegar a más público que cualquiera de los medios anteriores. Con un planteamiento amable y familiar, pero políticamente incorrecto en muchos sentidos, el programa heredaba plenamente el espíritu del Rat Pack más que ningún otro proyecto en solitario de sus integrantes.

Ante la cámara, Dean fumaba, bebía y, sobre todo, reía. Como en Las Vegas, sus canciones, interpretadas en un acogedor escenario que simulaba el salón de la casa de cualquier americano medio, estaban salpicadas de pequeños guiños y bromas, aunque recuperaba la compostura para acabarlas, demostrando con ello (tal vez de manera muy consciente) el perfecto dominio de su voz y el tono. Siempre estaba en inmejorable compañía. James Stewart, Orson Welles, John Wayne, Goldie Hawn, Gene Kelly, Petula Clark, Johnny Carson, Frank y Sammy… Pero también estrellas jóvenes, como los Rolling Stones, que proporcionaron a Dean una frase ya mítica en la historia de la televisión estadounidense y que, en cierto modo, simbolizaba el abismo generacional entre ambos tipos de artistas: «Tal vez piensen ustedes que estos chicos tienen el pelo largo —comentaba a la cámara señalando a los rockeros—. ¡No, qué va! ¡El problema es que tienen el cuello muy corto!» Mientras que Sinatra era un «viejo» para la juventud de los sesenta, Dean Martin era considerado más bien como un «tipo enrollado».

Dirigido por el joven Greg Garrison, *The Dean Martin Variety Show* fue en su momento el programa que mayor plantel de invitados llegó a presentar, y todos daban rienda suelta a su sentido del humor y del ridículo para divertirse junto a Dean. Para él, aquella era la clave: si ellos lo pasaban bien, también lo haría el público. Y por encima de todo, tenía claro que no pensaba trabajar un solo día más si el hacer el programa se convertía en algo monótono o aburrido. Para evitar que esto ocurriera, las Chicas Dean Martin se encargaban de aparecer de vez en cuando para que el apuesto presentador jugase con ellas a todo tipo de situaciones que sacaban de quicio a las emergentes feministas de todo el país. Aquel grupo de jovencitas, siempre ligeras de ropa y pletóricas al trabajar junto a Dean, llegó a hacerse tan familiar para el público que pronto pasaron de ser meras azafatas o bailarinas a convertirse en las imprescindibles Gold Diggers. Hasta llegaron a tener un programa propio paralelo. «¡Qué chica tan insistente! —bromeaba a veces Dean sobre alguna de ellas—. Anoche estuvo llamando a la puerta de mi camerino durante cuarenta y cinco minutos. ¿Podéis creerlo? ¡¿Cómo iba a dejarla fuera?!»

Ese mismo 1966 Dean estrenó nada menos que tres películas. Una de ellas, *Texas*, era un western insulso dirigido por Michael Gordon que incluía a un jovencísimo Alain Delon y a un imposible Joey Bishop, haciendo nada menos que de indio. Este título marcaría una de las vías temáticas de las películas de Dean en los años siguientes, en los que protagonizaría hasta cinco westerns más: *Noche de titanes*, con George Peppard; *El póker de la muerte*, junto a Robert Mitchum; *Bandolero*, con James Stewart y Raquel Welch; *La primera ametralladora del Oeste*, y *Amigos hasta la muerte*, una aventura otoñal con Rock Hudson como compañero de reparto.

Las otras dos películas que estrenó en 1966 respondían mejor aún a la filosofía que se había impuesto Dino para cada nuevo proyecto: que le divirtiera, que fuera rentable y que, por supuesto, no exigiese mucho trabajo. Encontró la propuesta a su medida en la serie de Matt Helm. Ésta no era sino otra de las respuestas de Hollywood a la moda de los superespías impuestas por la millonaria serie del agente James Bond. Basado en las novelas de Donald Hamilton (que a su vez no eran más que una mala imitación de los libros de Ian Fleming), Dean cogió al personaje y le obligó a meterse en sus pantalones, y no al revés. Lo personalizó tanto, que las «chicas Helm» fueron las mismísimas Gold Diggers. A pesar de la ínfima calidad de las películas, desde el guión a los efectos especiales, la aceptable respuesta del público animó a rodar hasta cuatro títulos, que junto a los westerns citados, supondrían el resto de la carrera cinematográfica de Dean Martin en los siguientes ocho años.

A comienzos de 1966 llegó a las pantallas *Los silenciadores*, la primera aventura de Matt Helm, y en breve llegaría *Matt Helm, agente muy especial*, para la que sorprendentemente se convenció a Ann-Magret para el papel de co-protagonista y a Karl Malden para encarnar al malvado. La película llegó a las salas antes de que concluyese el año, pero apenas nueve meses después, mediado 1967, ya había una nueva aventura del atípico agente en cartel, *Emboscada a Matt Helm*, a la que seguiría en 1969 *La mansión de los siete placeres*. Cuando se estrenó la primera entrega Dino se permitió incluso grabar un disco a modo de banda sonora, aunque la mayor parte de las canciones ni siquiera aparecían en la película. Daba igual. Hiciese lo que hiciese, sabía que al público le encantaría.

Es irónico que poco antes de que comenzase ese imparable ascenso mediático, en 1964, Dean Martin había atravesado una crisis importante. A comienzos de año fue operado de un quiste en una muñeca, intervención que coincidió con una mala racha anímica. Se sentía viejo, enfermo. Tal vez confundía su espíritu con su cuerpo. Durante algún tiempo, poco, pensó en dejarlo todo, pero el 22 de enero estaba de nuevo abriendo temporada con Sinatra en el Sands. Dino no abandonó su vida profesional, pero sí la personal. Cuanto menos personales fuesen las relaciones, tanto mejor para él.

Cuando aún vivía con Jeanne, o mejor dicho, cuando aún estaban casados, a Dean le gustaba bromear en los rodajes diciendo que no necesitaba el dinero de las películas, que la única razón por la que seguía haciendo cine era para poder estar lejos de casa durante unas temporadas al año. Todos se reían, claro, porque aunque algunos lo dudasen, Dean era un actor extraordinario, y nadie sospechaba que su matrimonio no fuese tan perfecto como parecía. Pero probablemente algo había de verdad. Durante los rodajes nadie quería profundizar en él como un maldito psicoanalista. Querían estar con el Dean Martin que todos conocían, el personaje, y eso era suficiente para Dino; le protegía. Nadie querría conversaciones profundas. Lo más íntimo que podía encontrarse era alguna rubia entre sus sábanas. Curiosamente, en aquellos días, a finales de 1966, fallecía Angela Crocetti, su madre, la mujer que le había insistido que la mejor manera de protegerse en este cochino mundo era no mostrando jamás sus emociones a los demás. Después de todo, Dino demostró ser un chico obediente.

Para Dean, el tiempo pasaba rápido. Y cuando la década de los sesenta tocaba a su fin, aunque se sabía querido por el público, no era tan estúpido como para no reconocer que sus días de gloria habían quedado atrás. En 1968 entró por última vez en la lista de éxitos, con el tema country *I take a lot of pride in what I am*, firmado por el cantautor Merle Haggard. Un año después, Elvis Presley llegaba a Las Vegas para tomar el relevo generacional del Rat Pack como el mayor espectáculo. Además, ya en esa época un joven Tom Jones comenzaba a hacerse fuerte en varios escenarios de la ciudad, desplegando una sexualidad animal que quedaba muy lejos de las insinuaciones y los chistes «picantes» de los chicos. De hecho, Dean ya no era ni siquiera un artista del Sands. Ahora estaba bajo contrato con el Riviera. Allí, sus espectáculos eran tan parecidos a lo que había hecho siempre, subrayados por el desencanto y la desidia, que los cronistas que lo habían conocido en sus mejores años no dudaban en afirmar que Dino se había convertido en el mejor imitador de Dean Martin que podía encontrarse en cartel. Cuando estaba en ese hotel prefería pasar las horas en el bar privado que habían montado para él en uno de los salones, al que llamaban «La guarida de Dino». En él compartía alcohol y silencio con el genial humorista Joe E. Lewis, el que fuera su gran inspiración para crear el personaje del borracho entrañable. Pero no fue aquello en lo único que Dean Martin emuló al maestro. Como él, también Dean había alcanzado y superado al borrachín simpático. Comenzaba a ser un alcohólico de verdad, y eso no tenía demasiada gracia. Sentado cada uno en una punta de la pequeña barra, a veces bromeaban comparando quién tenía más úlceras, quién más problemas de hígado y cuál de los dos sufría una diabetes más acentuada.

A partir de 1968 Jeanne Martin ya no era más que un recuerdo del mundo que nunca volvería, del Dean Martin que ya no era. Y afrontar esa realidad cada día suponía un trance doloroso, así que Dino comenzó a buscar en otras mujeres más jóvenes alguna chispa que, tal vez, encendiese de nuevo la maquinaria. Primero fue Gail Renshaw, de veintidós años (él contaba por entonces cincuenta y uno), con la que fue a ver un espectáculo de Elvis el 26 de enero de 1970, y éste le rindió tributo como uno de sus grandes maestros improvisando una emocionante versión de *Everybody loves somebody*. Ese mismo año, cuando Dean protagonizó la que definió como su primera película seria en años, *Aeropuerto*, Gail dejó paso a Kathy Mae Hawn, de veintitrés años.

Con Kathy se empezó a hablar incluso de boda. Mientras tanto, Dean seguía triunfando en televisión, grabando discos y haciendo películas. Sus más cercanos se sorprendían no sólo de que pudiese mantener aquel ritmo de trabajo, sino que además el público pensase aún que era uno de los mejores tipos de América. Tal vez lo era. Al fin y al cabo, sólo se estaba convirtiendo en un alcohólico algo huraño en su intimidad. Y es que, a la hora de trabajar, seguía siendo un perfeccionista «indiferente». Honor Blackman, la popular protagonista de *Los Vengadores*, fue su compañera de reparto en *La primera ametralladora del Oeste*, estrenada en 1972. Afrontó el rodaje con cierto temor ante los comentarios que circulaban sobre la excesiva afición de Dean a la bebida y su desmotivación. Sin embargo, la sensual actriz se encontró con uno de los hombres más seguros y adorables que jamás había conocido. «Era realmente amable, encantador —recordaría—, y se sabía cada coma del guión, fuese o no su parte. Además, estaba siempre bromeando, nos entretenía con sus canciones y nos hacía reír mucho. He conocido a pocos hombres como Dean Martin.» En una entrevista para la radio en 1970, Dean resumía su vida: «Estoy semiretirado. Tengo mi golf, tengo mi novia y me tengo a mí. Actualmente no necesito más».

A Frank Sinatra no le gustaba en absoluto esa actitud de su amigo. Al contrario que con Sammy, Sinatra trabajó habitualmente con Dean durante la segunda mitad de los sesenta, ya fuese en Las Vegas, en especiales de televisión (donde se llegaron a reunir las dos familias casi al completo) o en nuevos proyectos políticos. Por ejemplo, en 1967 ambos se unieron a la campaña para convertir a Ronald Reagan en gobernador de California, alineados con los republicanos del ala más dura, como el actor John Wayne. En realidad, la opinión que Sinatra tenía de Reagan no podía ser más negativa. Decía de él que era «un majadero estúpido», y que por eso se había metido en la política. No tenía en mejor estima a su esposa, Nancy. Sin embargo, saltó en su ayuda cuando se enteró de que su oponente era Jesse Unruh, amigo del alma de Bobby Kennedy y, en cierto modo, su protegido. Frank podía creer que Reagan era un inútil, pero nada podía igualarse al rencor que seguía guardándole al joven Kennedy por haber emponzoñado (sabía bien que él fue el culpable) la buena amistad que tenía con su hermano.

Por otro lado, aquella parecía la única alternativa para un Frank Sinatra al que le molestaba más que a ningún otro artista de su generación la nueva sociedad emergente. Mientras que Sammy se había metido de lleno en los cambios y Dean se había limitado a asumir que los buenos tiempos ya habían pasado, Frank no se resignaba. Aún tenía mucho que hacer.

En la música, por ejemplo, abrió una doble vertiente para demostrar su lozanía de espíritu. Por un lado, en 1965 celebró sus 50 primaveras demostrando que era consciente de su edad, pero no como una barrera para hacer cosas nuevas, sino como una suerte de mirador desde el que revisar su vida con perspectiva y sabiduría, reflexiones que plasmó en el excelente *September of my years*, con unos maravillosos arreglos de Gordon Jenkins y una canción, *A very good year*, que le haría ganar varios premios. De hecho, aquel disco recibió el Grammy al mejor álbum del año. En la misma línea de álbumes conceptuales se incluye el reflexivo *Cycles* (1968). Pero si algo buscaba Sinatra en el segundo lustro de los sesenta era innovar. Quería plantarle batalla a los jóvenes melenudos. Para ello comenzó a apartarse del estilo de balada clásica y swing con sabor jazzístico para coquetear con el pop más actual. De la mano del infalible Nelson Riddle ganó una primera batalla en 1966 con *Strangers in the night*, álbum y canción, todo un número uno. También con Riddle grabó *Moonlight Sinatra*, un disco conceptual con la luna como protagonista que devolvió la confianza a los críticos sobre las posibilidades de Sinatra para facturar discos interesantes.

Y visto que la revolución musical era imparable, a partir de 1967 Sinatra decidió acercarse al enemigo. Por ejemplo, aprovechó el éxito de su hija Nancy con *These boots are made for walkin'* para grabar con ella un tema ágil y pegadizo *Something stupid*, que suponía un claro gancho para el mercado juvenil. La idea funcionó, y padre e hija volvieron, juntos, al número uno. Le gustó tanto trabajar con Nancy que la invitó a uno de los especiales televisivos que protagonizó a lo largo de aquellos años (*A man and his music part II*), e incluso, en una ocasión, Frank padre, Frank hijo y Nancy protagonizaron lo que se denominó *La noche de los mil Sinatras*. Ocurrió en Las Vegas, el 29 de agosto del 69. Frank acudió al espectáculo de su hija a las ocho en el International y la invitó a que se uniera a él en el Caesars en el show de medianoche. Después, los dos fueron a ver a Frank Jr. en el Frontier y acabaron compartiendo escenario con él. Antes, cada vez que Sinatra ojeaba la lista de éxitos y leía nombres como The Byrds o Jimi Hendrix, y su nombre entre ellos, se enfurecía. Ahora, gracias a *Something stupid*, seguía sin gustarle, pero al menos estaba por encima de todos. El siguiente paso fue aliarse con ellos.

La primera propuesta fue grabar un álbum ese mismo año con Antonio Carlos Jobim, el máximo representante del nuevo ritmo que llegaba del sur, la *bossa nova*. Con él, y unos exóticos arreglos del innovador Claus Ogerman, Sinatra añadió otro éxito a su lista, *The girl from Ipanema*. Tras un encuentro histórico con el «duque» del jazz, Duke Ellington en *Francis A. and Edward K.* (1968), para complacer a su público más clásico, el artista afrontó en 1969 una apuesta importante. Por un lado confeccionó un álbum a base de canciones de notable actualidad. Frank entró en el estudio a grabar nada menos que *Yesterday*, de los Beatles, *If you go away*, que era una adaptación al inglés de *Ne me quitte pas*, el éxito de Jacques Brel, representante ilustre de la *chanson* francesa, *Didn't we*, del joven compositor de moda Jimmy Webb, o *Mrs. Robinson*, de Simon & Garfunkel.

En relación a esta última canción hay una anécdota que explica la perspectiva todopoderosa con la que Sinatra afrontaba las versiones de estos «jovenzuelos». En una conversación telefónica con Don Costa, arreglista y productor del disco junto a Sonny Burke, trataban de escoger algunas canciones de peso para el álbum. «¿Por qué no grabas algo de esos chicos, Simon & Garfunkel? Ese Paul Simon tiene buena reputación como compositor», le comento Burke. «Está bien —respondió Sinatra—. Grabaremos esa canción sobre una mujer, ¿cómo se llama? ¡Mrs Robinson!» «Estupendo, Frank.» «Eh, espera un momento Sonny. ¿No es ésa la canción en la que habla de Jesús?» «No lo sé Frank, creo que sí.»

«Pues lo cambiaremos. ¿Quién se ha creído ese chaval que es? Cole Porter no pone a Jesús en sus canciones, ni van Heusen. Lo cambiaremos.» Y así, el popular verso «Jesús le ama más de lo que usted cree» quedó convertido en «Jilly te ama más de lo que tú crees». Y ésa fue sólo una de las «adaptaciones».

Pero a pesar de todo, Frank se defendió bien con los temas. Los arreglos funcionaban, y aunque ya no podía presumir en absoluto de hacer los grandes discos de antaño en la Capitol, al menos eran propuestas originales. Aquel álbum se publicó a mediados de 1969 con un título contundente, *My way*. En aquellos días, las listas de singles estaban encabezadas por la dulcificada psicodelia del medley *Aquarius/Let The Sunshine in*, interpretado por The 5th Dimension. Aquello era herencia directa del «poder de las flores», la «primavera del amor» y tantas otras cursilerías que Frank Sinatra no entendía ni quería comprender. A él sólo le gustaba un lenguaje, el de los hechos, y con *My way* intentó de nuevo barrer de las listas a unos cuantos melenudos. Pero la canción se quedó en el puesto 27. Con el tiempo, la identificación del texto con la vida del intérprete la convertiría en un himno vitalista, no exento de cierto morbo, que acabaría por revitalizar la imagen de Sinatra y encumbrar *My way* a una de las grandes canciones del siglo XX. Pero eso llegaría con el paso de los años. En su momento, se quedó en un éxito discreto.

Lo curioso es que, al principio, Sinatra no quería grabar la canción. Le parecía pretenciosa y con poco gancho. Por suerte, una noche, en Las Vegas, su amigo Paul Anka, autor del texto en inglés, logró convencerle de que podía convertirse en su inequívoca autobiografía musical, algo que pocos habían hecho hasta el momento tan a lo grande. Fuese por lo que fuese, Sinatra aceptó grabarla.

Desde luego, la historia de *My way* fue un cúmulo de casualidades. En agosto de 1967 el cantante Claude François fue a visitar a su amigo, Jacques Revaux, un compositor de éxito discreto. Acababa de terminar un nuevo tema pero no estaba muy convencido. François hizo algunos arreglos, pero tampoco acababa de verlo claro, por lo que ambos recurrieron a otro compositor, Giller Thibaut, que ante todo propuso un cambio de título: de *Per Moi* a *Comme d'habitude*. Una vez arreglada, la canción se vendió a un sello y fue grabada por algún artista de segunda fila, con más pena que gloria. Y ahí entró en juego el dicharachero Paul Anka, que estando de vacaciones en Francia con su familia, la escuchó un día en la radio y se quedó prendado de la melodía. La historia que contaba, un retrato lúgubre sobre la vida en pareja, le animó a comprar los derechos para intentar escribir un texto más adecuado, y así surgió la idea de narrar en primera persona el repaso de una vida plena, llena de buenos y malos momentos, éxitos y fracasos, pero que se ha vivido «a su manera».

Al desigual recibimiento de *My way* le siguieron otros dos discos que pasaron con más pena que gloria, a pesar de suponer sendas experiencias originales. El primero, *A man alone*, lanzado a finales del 69, era una atractiva colaboración con el poeta Rod McKuen, que escribió para Sinatra tanto las letras de las canciones como algunos poemas sueltos que el cantante recita a lo largo del bucólico disco. Al año siguiente, *Watertown*, era la historia de un matrimonio en crisis y sus hijos, que viven en el pueblo del mismo nombre. Estructurado en dos partes, a modo de pieza teatral, el disco suponía toda una sorpresa para un veterano del estilo Sinatra. A pesar de todo, las ventas fueron más que moderadas.

Pero como bien decía Dino, ellos no necesitaban todo eso. Vendiese más o menos discos, a Frank no le faltaban dólares en el banco. Era feliz. La vida era joven, como él, por eso en 1966 se sintió llamado a empezar de nuevo, y decidió casarse con una jovencita a la que conoció mientras rodaba el *El coronel von Ryan*, la pelirroja Mia Farrow. Cuando se supo de la relación de ambos, hubo comentarios para todos los gustos. En 1966 Sinatra tenía cincuenta y un años, Farrow, veintiuno. Era más joven que Nancy y Frank Jr.

Mia era una chica de su tiempo. Era la actriz televisiva de moda gracias a su papel de adolescente modosita en la serie *Peyton Place*, que se mantuvo en antena durante tres temporadas. Le encantaba Bob Dylan en su revolucionaria etapa eléctrica, y creía que la respuesta a la locura del mundo de la guerra y el dinero estaba en el budismo, por lo que cada día practicaba meditación y hacía algunos ejercicios de los que se mofaban Frank, Jilly Rizzo y otros amigos. Ella disfrutaba más leyendo un libro de filosofía por la noche, tal vez fumando un cigarrillo de marihuana, que trasnochando en algún local bebiendo bourbon y hablando de los viejos tiempos rodeada de venerables señoras de visón y joyas. Además, ¿qué sabía ella de los viejos tiempos?

Pero quería a Frank. Era un hombre apasionado y cariñoso, que la trataba como ni de lejos habían hecho los jóvenes con los que se había relacionado hasta entonces. Era todo un caballero, con un espíritu radiante e inquieto. Además, aparentemente estaba dispuesto a dejarse guiar por ella, algo que comenzó con el regalo de mucha ropa nueva que llenó de colores el armario del artista. Además, le ofrecía colgantes cargados de buenas vibraciones que Frank lucía sin pudor, salvo cuando salía a escena.

La pareja se casó en julio del 66. Para Frank era un tercer intento, cuando ya estaba en la línea de salida para descender de la cumbre del éxito y había atravesado el medio siglo de edad; para Mia era el principio de todo. Como algún amigo le advirtió, aquel matrimonio se veía roto antes incluso de formalizarse. Frank quería tener éxito esta vez, crear un hogar cálido y estable, como cualquier otra familia. Mia estaba de acuerdo, pero también quería triunfar en el cine, aquello que hizo Frank cuando ella apenas había nacido. Al cantante se le ocurrió que la mejor forma de aunar ambos intereses era trabajar juntos. Él ya estaba comprometido para rodar en Londres la atípica cinta de acción *Perseguido*, mientras que Mia había apalabrado un papel destacado en otro thriller, *Sentencia para un dandy*, dirigido por el veterano Anthony Mann y con Laurence Harvey como compañero de reparto. «La siguiente será la nuestra, nena», le dijo Frank.

El rodaje de ambas películas supuso un largo periodo de separación para la pareja, aunque cada día Sinatra llamaba a su joven esposa para intentar que la relación se enfriase lo menos posible. A mediados de 1967 estaban juntos de nuevo y se habían reservado un tiempo para ellos antes de empezar a rodar *El detective*, un guión policiaco. Dirigido por Gordon Douglas, el proyecto tenía buena pinta, aunque el papel de Mia no fuese ni siquiera de protagonista (Lee Remick, con una edad más creíble, sería la esposa del detective que encarnaba Sinatra). Estaba dispuesta a ello sólo por hacer feliz a Frank. Pero entonces llegó Roman.

A sus treinta y cuatro años, Roman Polanski era un realizador de origen francés que se había ganado a la crítica más progresista con *El baile de los vampiros*. Contactó con Mia y le propuso protagonizar su siguiente película, una adaptación de la novela de Ira Levin *La semilla del diablo*, sobre una secta satánica en pleno corazón del Nueva York actual. ¡Protagonista! Era la oportunidad de su vida. Mia se puso loca de contenta. Además, Roman le aseguró que el rodaje terminaría antes de que comenzase el de *El detective*. Mia corrió a darle la noticia a Frank como la niña que vuelve del colegio con la mejor nota de la clase. Pero no hubo euforia, ni gritos de júbilo, ni brindis con champán. Hubo Jack Daniel's, en vaso bajo y sin hielo; sólo para Frank. A pesar de las promesas de Mia, Frank intuía lo que iba a pasar. Ya lo había vivido. Cada uno se metería en su rodaje, al final algo fallaría, no trabajarían juntos, y ahí acabaría todo. Cuando Frank hablaba así, Mia se enfadaba. Después de todo, aún no le había dado la oportunidad de demostrar cómo era, porque cada vez que se veía ante una situación conocida, Sinatra creía saber qué iba a ocurrir, según pasó con Nancy o con Ava. Pero ella no era ninguna de aquellas mujeres. Era Mia. Bastante hacía con consentir aquellos retratos de Ava Gardner repartidos por toda la casa. ¡Frank tenía más fotos de su ex mujer que de su propia esposa! Mia era aún demasiado joven para comprender lo que Ava había significado para él. Como también lo era para aceptar que Frank no se equivocaba con su predicción.

El rodaje de *La semilla del diablo* se iba alargando peligrosamente. Polanski era un perfeccionista y quería conseguir un aura tenebrosa que revolucionase el cine de terror (y lo logró). A comienzos de 1968 empezó a filmarse *El detective*. Sinatra le pidió a Gordon Douglas que empezara a rodar secuencias que no requiriesen la presencia de Mia.

Hasta que se quedaron sin nada que rodar. Y según las estimaciones más optimistas a *La semilla del diablo* le restaban aún un par de semanas de trabajo. «Está bien, dejémoslo —le dijo Frank al director—. Llama a Jacqueline Bisset para el papel.» Para el cantante, aquella fue la señal de que debía prepararse para interpretar un nuevo final en la película de su vida. Se sabía bien el papel.

De vez en cuando, Frank viajaba a Nueva York para ver a Mia y salían a cenar con algunos amigos, o con su hija Nancy y su novio. A Mia le agradaba, porque parecía que, después de todo, Frank no lo llevaba tan mal. Pero cuanto mejor lo pasaban, peor para ella, porque si la fiesta se prolongaba hasta bien entrada la noche, y el ambiente era efusivo, a Frank le podía dar por proponer que cogieran su avión privado y volar todos a Miami o Las Vegas para acabar la fiesta a lo grande en alguno de sus locales favoritos. «Cuando sentía la llamada de ese otro mundo (la tercera parte de su vida) era inútil presentar objeciones —escribiría la actriz en sus memorias—. En aquella época ya estaba acostumbrada a esas repentinas escapadas de Frank, que pronto se metamorfoseaba en un virtual desconocido y se olvidaba de muchas cosas, incluso de mí. Yo había aprendido a encajarlo.» Pero, ante esas propuestas, Mia siempre debía decir que no, dado que tenía que estar a primera hora en el estudio de Nueva York para proseguir con el rodaje.

En noviembre del 67, poco antes del último día de filmación de la película de Polanski, Mia Farrow vio entrar en el set a un hombre muy elegante. Llevaba un maletín. Su cara le resultaba familiar. Cuando se acercó a ella y los focos iluminaron bien su rostro reconoció a Mickey Rudin, el abogado de Frank. Con una sonrisa triste le entregó un sobre marrón, que custodiaba la demanda oficial de divorcio presentada por el cantante. La pareja no firmaría los papeles hasta agosto del año siguiente. En realidad, Mia no quería separarse de Frank. Se había casado con él siendo apenas una chiquilla, casi sin conocer mundo, y ahora la única referencia que tenía era el mundo de Frank. Para una joven tan insegura como ella, perder de pronto todo anclaje con la realidad le suponía algo traumático. Pasaron las Navidades juntos, se escribían y telefoneaban a menudo. En 1968 Mia se fue a India con los Beatles para meterse de lleno en la cultura hindú, y recibió de primera mano las enseñanzas del Maharishi. Aquél, desde luego, no era el mundo de Frank. Al volver a Estados Unidos retrasó cuanto pudo los trámites, y Frank tampoco insistió, pero veía más claramente que aquello no tenía sentido. Al final, ella también lo entendió, y supo que siempre que lo necesitase tendría a su lado a Frank Sinatra.

Tras la separación, los discos de Frank se volvieron más melancólicos, llegando al doloroso retrato que de él hizo Rod McKuen en *A man alone*. En el cine protagonizó otra cinta policiaca, *La mujer de cemento*, y un western terriblemente malo, *Duelo de pillos*, que llegó a las salas casi a la vez que *Watertown* a las tiendas de discos, en 1970. Antes de que concluyese el año, otro álbum del artista, *Sinatra & Company*, donde trabajaba junto a Antonio Carlos Jobim y Eumir Deodato, planteaba un nuevo intento de reenganche con la audiencia, para lo que el cantante combinaba ritmos exóticos con temas de jóvenes autores de éxito, como el humanitario John Denver, del que grabaría *My sweet lady* y *Leaving on a jet plane*. Pero la argucia ya no funcionaba.

El cambio de década no fue bueno para Frank Sinatra. Sus propuestas de 1970 pincharon, y en febrero de ese mismo año se vio obligado a declarar de nuevo ante una comisión investigadora, esta vez del estado de Nueva Jersey. La guerra contra el crimen organizado estaba más endurecida que nunca, y Frank estaba harto de que su nombre saliese siempre a relucir. «¿Conoce a alguien que pertenezca a la Mafia?», le preguntó el presidente de la comisión. «No», repondió Frank. «¿Conoce a alguien que sea miembro de alguna organización que entrara dentro de la categoría de crimen organizado?» «No». Nadie acusó a Frank de perjurio.

En 1971 Sinatra se sentía fuera de lugar. Sus canciones apenas sonaban en la radio, los críticos no se molestaban en comentar sus discos, aunque ahora resultaban más originales que nunca, y ningún productor le presentaba guiones interesantes para hacer algo bueno en el cine. Es probable que cuando Frank se sentase a meditar, lo que circulase por su cabeza fuese un discurso similar al texto de *My way*. Había tenido una vida plena de éxitos, de amores y de amigos. Había gozado del cariño del público durante más tiempo que ningún otro artista, y tal vez abusó de su confianza. Por eso, ahora se sentía relegado, una vieja gloria. Así que decidió asumirlo.

El 13 de junio de 1971, ofreció un emotivo concierto en el Los Ángeles Music Center. Acudieron amigos de la política (como el vicepresidente Agnew, el gobernador Reagan y el consejero de Presidencia, Henry Kissinger) y del espectáculo (Cary Grant, Jack Benny, Don Rickles...). También estaban su primera esposa, Nancy, y sus tres hijos. Inicialmente iba a ser *sólo* un concierto benéfico para recaudar dinero para el Fondo de Ayuda para el Cine y la Televisión. Pero días antes de celebrarse, Sinatra dio una rueda de prensa para anunciar que aquél iba a ser también el «concierto de despedida». Se retiraba. Tenía entonces cincuenta y cinco años. No sabía si sería de manera definitiva o sólo por algún tiempo, pero tenía claro que quería olvidarse de las presiones y los compromisos y dedicarse a vivir sin preocupaciones. «Sinatra dice adiós y amén», tituló la prestigiosa revista *Life*, con una foto del cantante en la portada. Con un repertorio especialmente diseñado, nutrido de joyas como *All or nothing at all*, *I've got you under my skin*, *My way* o *That's life*, que resumían bien tres décadas de carrera, Sinatra dejó para el final una de sus «canciones de bar» preferidas, *Angel eyes*. Con un cigarrillo en la mano, y los movimientos de un borracho melancólico (nada que ver con Dino), Frank robó algunas lágrimas a los asistentes. Poco a poco, el único haz de luz que le iluminaba se fue diluyendo. «Discúlpenme —musitó Frank el último verso, con la orquesta suavizando el tono—, mientras desaparezco...»

Cómo me gustaría ser joven otra vez

Desde que Frank Sinatra y Sammy Davis Jr. hablaron por primera vez, a comienzos de la década de los cuarenta, su relación había sido algo más que una buena amistad. Sinatra se había convertido en una suerte de protector y guía personal de Sammy, que sin traicionar sus raíces, imitaba a Frank y le seguía en buena parte de sus manías y costumbres. En cuanto a Frank, en fin, cuidar de Sammy era casi una necesidad de autoafirmación para él. Pero con el avance de los años sesenta los dos amigos se fueron distanciando, hasta que el mundo de uno apenas tuvo que ver con el que acogía la vida del otro.

Altovise Gore era una de las bailarinas que acompañaban a Sammy en sus espectáculos. Como tantas otras chicas, disfrutaba del buen humor, del carácter desprendido y del insaciable apetito sexual del artista. Pero más que ninguna otra, Altovise parecía llenar también un importante vacío en la vida de Sammy. Lejos de ser el risueño hombre-espectáculo que todos podían ver, en la intimidad, Sammy estaba apesadumbrado, perdido, y creyó ver en Altovise el faro que podría guiarle de nuevo hacia buen puerto. Tras una breve relación, se casaron en mayo de 1970, y aunque al principio ambos intentaron que el suyo fuese un matrimonio al uso, pronto comprobaron que ése era un objetivo harto complicado. Mientras que la vida de Altovise se desarrollaba entre las fiestas, presentaciones y demás actos de sociedad en los foros más concurridos de Los Ángeles o Nueva York, Sammy estaba en constante movimiento, de una ciudad a otra, bien para ofrecer una actuación, bien para participar en un espacio televisivo, bien para grabar un nuevo disco.

Con el tiempo, el matrimonio fue adquiriendo un carácter «abierto». Sammy y Altovise lo hablaron, pusieron las cartas sobre la mesa. Se querían, y querían que sus vidas estuviesen unidas, pero era absurdo no admitir que en ese momento era complicado pasar más de un par de semanas juntos. En consecuencia, decidieron matener una relación abierta, donde casi todo estaba permitido siempre que hubiese sinceridad y no se agotase el cariño que sentían el uno por el otro. De ese modo, cada uno, especialmente Sammy, mantuvo distintas relaciones ajenas a «la oficial». Kathy McKee fue una de aquellas mujeres con las que Sammy, dejando a un lado los sentimientos, dio rienda suelta a su curiosidad sexual. Ella, en concreto, le permitía satisfacer su particular fascinación por el sexo lésbico así como por las experiencias en grupo. Todo ello, avivado siempre por el consumo de distintas drogas, con un apetito cada vez mayor por la cocaína. De hecho, según recordaría Kathy McKee, ésta se convirtió en la inexcusable antesala a cualquier relación sexual de Sammy; era su forma de prepararse.

Al principio, las orgías estaban enmarcadas en descafeinadas reuniones satánicas, pero Sammy duró poco en el ambiente. Cuando en agosto de 1969 Sharon Tate, la esposa del director Roman Polanski, ambos amigos de Sammy, fue asesinada junto a otros miembros de una secta satánica por el líder de la misma, Charles Manson, el cantante tomó definitivamente la decisión de no coquetear más con ese ambiente. Otras muertes, las de los jóvenes Jimi Hendrix y Janis Joplin, también le llevaron a reflexionar sobre la urgencia de abandonar el consumo de drogas, pero eso le costó más trabajo.

Sammy era consciente de que la única forma de dejar las drogas era el trabajo, el trabajo duro, como antes, como en los buenos tiempos. Pero a comienzos de la década de los setenta no había guiones de cine sobre su mesa, sólo alguna colaboración televisiva. En 1970 publicó dos discos, *Something for everyone* y *Sammy stops the world*. Ninguno de ellos tuvo excesiva repercusión, teniendo en cuenta además que el primero salía al mercado no bajo el sello Reprise sino con Motown, la casa por excelencia del sonido «negro». Pero Sammy llegó tarde a sus filas, y por más que intentaron acercarle al público más joven a través incluso de la portada, el contenido no convenció ni a éstos ni a sus seguidores de siempre, que comenzaban a recelar del buen chico que adoptaba ahora unos gustos y costumbres poco agraciados. Con el movimiento de lucha por los derechos civiles más radicalizado que nunca, muchos «hermanos» tachaban a Sammy de haber llevado una vida «típicamente» blanca, que quedaba en evidencia en el tipo de canciones que interpretaba. Apesadumbrado, Sammy llegó a comentarle a Jimmy Bowen, su productor habitual: «Me he pasado toda la vida intentando ser blanco y ahora lo negro es hermoso».

Sammy Davis Jr. se embarcó entonces en la creación de una nueva empresa, una agencia de talentos que se encargaría de representar a artistas, buscar proyectos interesantes y, ante todo, respaldar cada nueva incursión suya en la escena artística. Sinatra había tenido un buen número de proyectos empresariales, pero en el fondo, Sammy fue el que más variadas propuestas presentó a lo largo de los años. Su primera incursión fue Samart Entreprises, creada en 1958 en sociedad con Arthur Silber Jr., hijo del agente del Will Mastin Trio y su mejor amigo durante más de veinte años. Samart no llegó a mucho más que a publicar un libro de Silber sobre Sammy años después de la desaparición de éste, pero aquélla era la forma de actuar de Sammy Davis Jr. Su mente estaba en continua ebullición, se le ocurrían mil ideas, y cuando se decidía a hacer realidad una de ellas, se metía de lleno en el asunto… hasta que le aburría y decidía emprender otra nueva.

Durante un breve lapso de tiempo, a finales de 1970, Sammy creyó haber limpiado de vicios su vida gracias al trabajo. Pero pronto comprobó que la ansiedad y la apatía se habían convertido en los únicos motores de su cotidianeidad, y le conducían invariablemente hacia el desenfreno y la experimentación. Por ejemplo, fue un paso más allá en su interés por el sexo, y cuando en 1972 se estrenó la primera gran película del cine porno, *Garganta profunda*, compró todas las localidades por una noche en el cine Pussycat de Los Ángeles y organizó una gran fiesta para un grupo de amigos, a los que envió lujosas limusinas para que acudiesen a un estreno que la mayoría de la sociedad estadounidense consideraba vergonzoso y reprobable. La película era desde luego muy diferente a *La cuadrilla de los once*. Al día siguiente no sólo hizo las gestiones para adquirir una copia de la cinta para su colección personal, sino que además llegó a un sustancioso acuerdo con una distribuidora para que le fuesen proporcionando todas las novedades del género. Pero más aún, Sammy quiso conocer en persona a la protagonista de la polémica cinta, Linda Lovelace, y organizó una fiesta privada en su honor a la que se unieron otras actrices que empezaban a despuntar en el género en auge del porno, como Marilyn Chambers. Con todas ellas, Sammy comentaba sus deseos más ocultos, que rara vez llevaba a la práctica según los concebía. Y todas ellas se llevaban de ese modo una extraña sorpresa, al encontrar algo retorcido e incluso peligroso a un hombre que el público alababa como uno de los más entrañables del país. No obstante, la suntuosidad de las reuniones de Sammy así como el trasiego de famosos por ellas las convertía en citas demasiado atractivas para esas chicas, que se convirtieron en visitantes habituales del hogar de los Davis mientras Altovise estaba fuera de la ciudad. Poco a poco, a comienzos de 1973, esos encuentros minoritarios cobraron amplitud, y se abrieron a los personajes de Los Ángeles más afines al mundo del alcohol, las drogas y el sexo. No había horas ni fechas concretas, uno siempre encontraba abiertas las puertas de la mansión de Sammy Davis Jr., y siempre había algo dentro en lo que emplear el tiempo. Como un distorsionado reflejo de Frank Sinatra en sus días de gloria, Sammy también solía movilizar a una veintena de personas cada vez que actuaba fuera de la ciudad. Además de su equipo y su material, llevaba con él a una docena de amigos, bebidas, comida y música para todos, junto a varios baúles de vestuario y maletas llenas de joyas y ostentosos colgantes que le gustaba lucir. Todo corría a su costa. ¿En qué otra cosa iba a gastar su dinero?

A Frank no le gustaba demasiado esa actitud de Sammy, pero allá él. No le importaban los excesos sexuales de su amigo. Al fin y al cabo no eran más que eso, sexo. Aunque no le agradaba demasiado que llevase dos años sin grabar un disco ni hacer una película. Claro que, también él estaba retirado. Era su tiempo libre. Pero las drogas eran un tema muy diferente. A Frank le llegó la noticia de que Sammy había pasado de los cigarrillos de marihuana al ácido, y de éste a la cocaína y el *popper*. Por si no fuera suficiente, últimamente bebía también muchísimo, whisky y vodka. Bebía incluso más que Dino.

Frank estaba realmente dolido, así que mandó a Jilly Rizzo a hablar con Sammy. No quería enfrentarse a él. Podría echarse a llorar o agarrarle del cuello enfurecido por arrojar su vida a una cloaca. En sus años con Tommy Dorsey, Frank había visto a demasiados músicos arruinar su vida por culpa de la droga, e incluso él sucumbió a las pastillas. Sí, tal vez a alguno le ocurrió igual con el alcohol, pero no era lo mismo. Así se lo dijo Rizzo a Sammy, y le matizó tanto la tristeza de Frank por sus nuevas aficiones como su firme decisión de no volver a dirigirle la palabra hasta que no abandonase las drogas. Maldita sea, Sammy sabía lo que significaba eso. Durante casi una década había servido de hombro a Peter Lawford para que éste llorase el ostracismo al que le había condenado Frank. Él mismo había sufrido su rechazo cuando se definió como mejor cantante. Frank era como su hermano, ¿qué podía hacer? Sammy sacó pecho ante Rizzo, bromeó sobre el talante anticuado de Sinatra y se mostró tan duro como le fue posible. «¿Quién se cree que es? Si no le gusta como soy, si dice que no volverá a hablarme, pues allá él.» Cuando Jilly Rizzo, decepcionado, se marchó de su casa, Sammy se sintió muy triste. Hacerle daño a Frank Sinatra era hacerse daño a sí mismo, porque cuando Frank estaba triste, él también lo estaba. Pero en aquel momento no había nada tan satisfactorio como una raya de coca y un sorbo de whisky entre las piernas de una mujer.

Ironías de la vida. En los setenta, Dean Martin se convirtió en un remedo del personaje que siempre le había gustado a Sammy, el cowboy aventurero y solitario. Se despidió de la década anterior con un álbum de marcado sabor country, *I take a lot of pride in what I am* y ése sería el espíritu que presidiría los seis discos que lanzaría entre 1970 y 1978. Había encontrado en Jimmy Bowen al productor perfecto para plantear una transición suave desde las baladas de sabor latino que Dino popularizara en los cincuenta y sesenta, a un country orquestal, que entroncaba con la nueva corriente del género que apostaba por combinar la tradición más austera con los nuevos sonidos pop. Además, Bowen también ayudó a que Dean renovase su imagen a través de esos discos, recurriendo para ello a composiciones de autores jóvenes que alternaban inevitables declaraciones de amor con dramáticas reflexiones sobre romances rotos, mujeres perdidas y errores irreversibles.

En enero de 1971, tras editar el interesante *For the good times*, Dean renovó su contrato con Reprise por diez discos más. A pesar de que los aires de la música de moda soplaban en otra dirección completamente diferente, los directivos de la compañía eran conscientes de que los discos de Dean Martin seguían contando con un público importante. En los siete años anteriores se habían vendido más de seis millones de sencillos y seis millones y medio de LPs con su nombre. Era bastante más de lo que podían decir muchos jóvenes melenudos. Pero Dean ya no llenaba aforos. En 1972, durante una serie de conciertos en el Boston Garden, las entradas para ver a Elvis se agotaron la misma tarde que salieron a la venta. Incluso el relamido Liberance logró vender las 15.000 localidades. En el caso de Dean, cuando salió al escenario la noche del 5 de octubre pudo ver que su popularidad apenas había logrado llenar la mitad de los asientos. Le habían pagado cien mil por adelantado, así que forzó treinta minutos de espectáculo, cogió la pasta y se largó de allí. ¿Quién necesitaba 15.000 espectadores? Estaría mucho mejor jugando algunos hoyos en el Dean Martin-Tucson Open de golf.

Dean ya había comenzado a advertir aquella caída de su popularidad poco antes, cuando entre 1970 y 1971 la NBC le había obligado a realizar varios cambios en su programa semanal. Y es que tras la explosión de amor y sexo libre de los últimos sesenta, Estados Unidos vivía con la nueva década una oleada de nuevo puritanismo, que intentaba luchar contra el «libertinaje» con el que determinadas películas, escritores y músicos pretendían emponzoñar el manido «estilo de vida americano», herido de muerte ya en aquellos días. De esta forma, el plató de grabación que simulaba un bar, uno de los más usados por Dean, fue eliminado, así como determinados números musicales protagonizados por las Gold Diggers. En respuesta, el artista hizo gala de su ingenio y propuso sustituir a este grupo de chicas «ligeras» por otro nuevo. La cadena aceptó, y Dean empezó a aparecer acompañado de las Ding-a-Ling Sisters, un elenco femenino aún más provocador si cabe que el anterior.

Al año siguiente, el director de *The Dean Martin Variety Show*, Greg Garrison, tuvo una reunión con los directivos de la NBC y le conminaron a aliviar el tono del programa. Resultaba demasiado sugerente y provocativo. No se inventaban nada. La cadena había comenzado a recibir cartas personales y de asociaciones feministas que lo tachaban de machista y primitivo, con una visión de la mujer como objeto que hacía años que nadie se atrevía a exhibir, menos aún en un programa de emisión privilegiada. En algunas de esas notas se tachaba a Dean de «viejo sucio» y se denunciaban las bromas sobre homosexuales. Lo políticamente incorrecto parecía ser más incorrecto que nunca.

No ayudaba en absoluto que la imagen familiar de Dino se hubiese desmoronado. A pesar de sus bromas con las chicas del programa y su aire de Don Juan, durante todos aquellos años el público sabía (o creía saber) que Dean era en realidad un responsable padre de familia, marido cariñoso y entregado, con una concepción tradicional de la vida en familia. ¡Nada menos que siete hijos! Sus programas especiales de Navidad, acompañado de casi todos sus vástagos, a veces incluso de la familia Sinatra, registraban auténticos picos de audiencia. Pero la vida familiar de Dean Martin ya no existía. Tras varios años de separación real, Dean presentó su petición de divorcio de Jeanne en diciembre de 1972. El 29 de marzo del año siguiente la pareja acudió al juzgado para firmar los documentos pertinentes. Era el fin del matrimonio. Ni un mes después, el 25 de abril, Dean se casaba con Kathy Hawn, la veinteañera recepcionista de un salón de belleza de Beverly Hills con la que llevaba saliendo varios años. La pareja adoptó una hija, Sasha, el octavo retoño para el cantante. Poco después, también en el otoño de 1973, comenzaba la novena temporada de su programa, castigado y castrado por la censura televisiva, con el nuevo nombre de *The Dean Martin Comedy Tour*. A pesar de todos los esfuerzos, fue un verdadero fracaso. La Asociación Nacional de

Mujeres había otorgado a Dean, junto a la película *El último tango en París*, de Bernardo Bertolucci, el premio «Mantenla en su lugar», con el que el colectivo señalaba las iniciativas más machistas y denigrantes para la mujer de cada año. Definitivamente, aquél ya no era su mundo.

No obstante, era evidente que Dean Martin seguía teniendo atracción sobre el público. Así que a alguien se le ocurrió reciclarle en un programa en el que no tuviesen lugar ni las jóvenes escotadas ni los chistes fuera de tono. Estrenado en 1975, *The Dean Martin Celebrity Roast* era un formato en el que Dino sería el anfitrión y presentador de un homenaje semanal a una personalidad determinada, un acto en el que participarían una docena de artistas y conocidos nombres de la sociedad estadounidense. Frank Sinatra, Sammy Davis Jr. Ronald Reagan, James Stewart, Muhammad Ali, Kirk Douglas, Bette Davis, Johnny Carson o Hugh Hefner fueron algunos de los homenajeados en un espacio que se mantuvo en antena durante prácticamente una década y con el que Dean Martin llevó a cabo un lavado de imagen que, para horror de las más feministas, tuvo un éxito notable. Además, tras un periodo de pruebas, la NBC decidió dar su apoyo definitivo a Dino ofreciéndole un contrato multimillonario por conducir el espacio.

Por otro lado, Las Vegas seguía siendo Las Vegas. Allí, hiciera lo que hiciera, Dino siempre tendría su sitio. En 1973 abrió sus puertas el MGM Grand Hotel, el complejo hotelero más grande del mundo. Con 2.100 habitaciones y cerca de 5.000 empleados, también ostentaba el casino más grande del planeta. A la hora de buscar figuras para llenar sus espectáculos, Dean Martin ocupó uno de los primeros puestos de la lista. El día de su debut allí, un periodista le preguntó a Dean si había cambiado mucho la ciudad desde los años cuarenta. «El noventa por ciento de mis amigos han muerto —respondió—. Pero el dinero sigue siendo el mismo.» No mentía. Jack Entratter, el sempiterno presidente del Sands, había fallecido en marzo de 1971, a los cincuenta y siete años. El jefe de éste en los días en los que era un simple matón de Nueva York, Frank Costello, fallecía dos años después. Dino empezaba a comentar que no era buena señal cuando uno huele a muerto alrededor. El cantante firmó con el MGM por tres años para temporadas de seis semanas, a 200.000 dólares por semana. El resto del año seguiría en el Riviera. Allí, además, había logrado un acuerdo histórico al convertirse en el único artista que ofrecía sólo una actuación por noche, en lugar de las dos de rigor.

Pero no todo era tan brillante en la vida de Dean. Su vida personal seguía el rumbo que él había impuesto años atrás: la búsqueda de la tranquilidad. Y por estar tranquilo, por no discutir, en junio de 1976 compró una casa en Malibú a la que se trasladó con Kathy y Sasha desde la mansión Copa de Oro, en la que vivían hasta el momento. Kathy no dejaba de decir que la vida social estaba en aquellos días en Malibú. Había que estar en Malibú. ¡Qué iba a contarle aquella chiquilla sobre la vida social que Dino ya no supiera! Él sí que podría decirle cosas, sobre presidentes, mafiosos y actrices que le pondrían los pelos de punta. Pero si ella quería Malibú, se irían a Malibú. A Dean Martin siempre le había aburrido discutir. La verdad es que nunca se discutía con él, ya que si para discutir hacen falta dos, con Dean siempre faltaba uno. Él prefería pelearse consigo mismo, como entonces, cuando se preguntaba cómo podía haber sido tan estúpido de casarse con aquella muchacha. ¡Qué diablos tenía él que ver con ella! Dos semanas después de la mudanza, Dean dejó a Kathy y a Sasha y la mansión de Malibú y se fue a casa de Mort Viner mientras buscaba otro hogar. Era absurdo seguir con esa farsa. El divorcio sería cuestión de meses.

Ésa fue una etapa de ajetreos legales para Dean, porque apenas se había resuelto el divorcio, aquel 1976 se vio también enfrascado en una pugna con Reprise. En mayo y noviembre de 1973 había lanzado sendos discos con ese sello, el atractivo *Sittin' on the top of the world* y el correcto *You're the best thing that ever happened to me*, aunque ninguno tuvo demasiada repercusión. Un año después, en noviembre del 74, tras muchas insistencias de la compañía, Dino entró de nuevo en el estudio. Esta vez no barajó temas con Jimmy Bowen; impuso los que tenía en mente. Rebuscó en su memoria y echó mano de un grupo de viejas melodías que recordaba de sus días en Steubenville, algunas canciones en las que escuchó por primera vez la voz de Bing Crosby. El álbum resultante no estaba nada mal, aunque tenía un aire demasiado «retro». Reprise no puso pegas, pero tampoco lo editó. Se limitó a guardar el material. Transcurridos dos años, el cantante demandó a la compañía por incumplimiento de contrato, al no publicar el disco ya grabado como uno más de los diez que habían convenido. Reprise intentó probar que por parte del cantante tampoco se había dado una producción demasiado rica en los últimos años. El caso se saldó finalmente en agosto de 1978 con la edición de *Once in a while* y la ruptura del acuerdo entre el artista y la compañía. Dean no había grabado ni publicado nada hacía cinco años, y no lo haría hasta cinco años después.

Pero, ¿quién necesitaba discos? En mayo de 1977 el *New York Times* anunciaba en portada que Frank Sinatra y Dean

Martin actuarían juntos en una serie de conciertos en el Westchester Premier Theater de Tarrytown, Nueva York, y que después seguirían con una mini-gira por algunas ciudades. La semana de conciertos en Nueva York tuvo que ser ampliada a tres, y aún así no quedó ni un sitio libre de los 4.000 disponibles para cada noche. El primero de aquellos recitales coincidió con el sesenta cumpleaños de Dean. En los instantes previos al comienzo, Jilly Rizzo y Mort Viner comentaron a los dos cantantes que el aforo no sólo estaba lleno, sino que además había una gran cantidad de público joven. Cuando Frank y Dean salieron a escena se quedaron pasmados ante la ovación que se desató. Se acercaron al borde del escenario, y sin dejar de mirarse entre ellos, intercambiando sonrisas de satisfacción, saludaron a un público entregado.

Dean abrió el espectáculo y Frank le siguió con su bloque. Después, ambos empujaron el carrito de las bebidas al centro del escenario. Bebieron y bromearon, bebieron y cantaron, bebieron y disfrutaron. Hubo chistes de siempre y hubo alguna broma nueva, al hilo de la actualidad nacional e internacional más latente. Por ejemplo, a tenor del ardiente conflicto árabe-israelí, Frank comentaba: «Hablemos de actualidad, Dean. ¿Crees que los israelíes deberían salir de El Líbano?» «Tan rápido como puedan», respondía su compañero mientras bebía su copa. «¿Por qué crees eso?» «¿Bromeas? —gritaba Dean— ¿Algunas vez has estado en El Líbano?» Claro que, como de costumbre, las bromas estrella eran las referidas a Dean y su afición al alcohol. «Déjame decirte que soy americano y estoy profundamente orgulloso de todo lo italiano que hay en mí», comentaba Frank tras una breve semblanza sobre los italoamericanos. A lo que Dean, levantando su vaso de whisky, respondía: «Sé cómo te sientes. Yo estoy profundamente orgulloso de todo lo escocés que hay en mí». «Amigo —le decía Frank—, creo que te convendría algo de aire fresco. ¿Alguna vez has dormido bajo las estrellas?» «Muchas veces —explicaba Dino—, pero no voy a darte nombres.» Por su parte, los asistentes disfrutaban tanto del espectáculo que eran constantes los comentarios, especialmente hacia Dean, como cuando éste bromeó sobre el calor que sentía y una voz femenina le anunció: «¡Acompáñame a casa, tengo aire acondicionado!» Poco después, otra mujer le gritaba: «¡Dean, te quiero, incluso dejaría ir a mi marido!», a lo que Dean, desconcertado por tanto halago, respondía: «¿Y qué voy a hacer yo con tu marido? Si tú no lo quieres, yo tampoco».

Al final del espectáculo, los aplausos y vítores hicieron que la aclamación inicial quedase en una mera anécdota. Frank y Dean se vieron obligados a salir a saludar varias veces. Pasada la hora y media de espectáculo ambos seguían asombrados ante el calor de aquel público, similar al que Frank había conocido en los años cuarenta y Dean en los días junto a Jerry. Incluso hubo muchos que, encendidas las luces, se abalanzaron hacia el escenario para intentar acercarse lo máximo posible a aquellas dos leyendas nacionales. Y ellos, fieles al público, máxima que siempre habían respetado, respondieron estrechando una mano tras otra. En el camino de regreso al hotel, Dean no pudo reprimir algunas lágrimas de emoción. «No puedo creerlo. ¡Todavía se acuerdan de mí!» Las noches siguientes, en Nueva York y en los siguientes escenarios, la reacción de los espectadores fue similar. Era tan extraordinario que el *New York Times* publicó un artículo con el titular: «Frank Sinatra y Dean Martin, ¿estrellas de rock?»

* * *

En marzo de 1971 Sinatra había dicho que se iba, se retiraba, aunque aquéllos que le conocían bien sabían que no sería una desaparición completa de los escenarios. Si bien es cierto que no pisó un estudio de grabación en cerca de tres años, el artista no vaciló a la hora de ofrecer espectáculos benéficos. En octubre del 72 dio un par de conciertos para recaudar fondos para la campaña de reelección del presidente Richard Nixon y el vicepresidente Spiro Agnew. Apenas un mes después, lograba recaudar en otro recital más de seis millones de dólares para la organización *Bonds for Israel*. Tras el espectáculo, en una cena de gala, el vicepresidente Agnew le otorgó la Medalla al Valor, un tributo reservado sólo a unos pocos estadounidenses que el político justificó explicando que Sinatra era «una leyenda de su propia era, no sólo en el mundo del espectáculo sino en el mundo de la filantropía». Recibir aquel galardón fue para Frank tan emocionante como cuando la Academia de Cine le otorgó el Premio Humanitario Jean Hersholt, durante la gala de entrega de los Oscars de 1971.

Pasados seis meses, con un gobierno republicano, Sinatra alcanzó el sueño que no había visto cumplido con ninguno de los presidentes demócratas a los que había ayudado a conseguir el Despacho Oval. Nixon le invitó a dar un concierto en una cena en honor del primer ministro italiano, Giulio Andreotti. Aparentemente, a Nixon no le importaban las habladurías sobre las conexiones de Sinatra con la Mafia (cuestión que el reciente estreno de *El Padrino* había reactivado). Anteriormente, sólo Roosevelt le había tratado como a un artista que apoyaba su causa, sin prejuicios ni miramientos. Aunque, con el paso de los años, Nixon reconoció haber recibido cartas de gente influyente que le recriminaban esa decisión, tanto por la dudosa reputación de Frank como por su reconocido pasado demócrata.

Pero si alguien recibió cartas durante 1972 y 1973, fue sin duda Frank Sinatra. Admiradores de todo el mundo le escribían para pedirle que volviese. Que, al menos, grabase un álbum. Y al final, tras algunas pruebas poco satisfactorias pero que le sirvieron para ponerse a punto, el 4 de junio del 73 entró de nuevo en un estudio de grabación. Fue en la sala 7 de los estudios Goldwyn, y junto al cantante estaban dos de sus colaboradores de confianza, Don Costa como productor y Gordon Jenkins como arreglista. Una apuesta segura para el regreso. Además, canciones actuales tan sólidas como *Let me try again* o *Send in the clowns*. Frank registró tres temas el primer día, otros tres al día siguiente y seis más pasadas dos semanas. Con el álbum ya listo, citó a su viejo amigo y colega Gene Kelly para que le acompañase en un especial televisivo, en el que revivirían algunos de sus viejos números juntos en películas como *Un día en Nueva York*. En septiembre se puso a la venta el nuevo disco de Frank Sinatra, *Ol' Blue Eyes is back* («El "viejo ojos azules" ha vuelto»), y dos meses después la NBC emitía el especial con un índice de audiencia bastante alto.

No obstante, el regreso de Sinatra fue bastante controlado. Nada de giras, ni de películas ni de excentricidades de ningún tipo. El artista mantuvo su tónica de conciertos benéficos mientras veía cómo el escándalo Watergate hacía tambalear de arriba abajo un Gobierno que él había apoyado con entusiasmo. Un año después de ese regreso, Frank volvía a entrar de nuevo en el estudio, en mayo de 1974, para dejar listo el que sería su último álbum en seis años, *Some nice thing I've missed*. Con canciones de moda como *Sweet Caroline*, de Neil Diamond o *You are the sunshine of my life*, de Stevie Wonder, Frank hacía un último intento por recuperar su estatus discográfico. Pero era inútil. Ni siquiera tenía el gancho de Dino para los compradores de discos. Así que asumió que su mundo debería replegarse a los circuitos de actuaciones de toda la vida, algunos especiales televisivos de vez en cuando y los multitudinarios conciertos benéficos de rigor.

Era verdad que sus nuevos discos tal vez no se vendían igual que antes, pero no cabía duda de que Frank Sinatra se había convertido en algo más que un artista popular americano. Algunos, muchos, le consideraban «el» artista popular americano. El promotor Jerry Weintraub observó mejor que nadie este sentimiento popular, y como reconocido hombre de negocios del mundo de la música, hizo honor a su reputación al concebir un gran espectáculo que simbolizase no sólo el regreso de Sinatra (ocurrido realmente dos años atrás), sino además su entrada triunfal en las filas de los intocables mitos de la cultura estadounidense, al lado de figuras como Bob Hope o Bing Crosby. Weintraub diseñó un concierto a modo de evento deportivo, a celebrarse en el Madison Square Garden de Nueva York, la catedral del boxeo, y presentado por Howard Cosell, el comentarista pugilístico más conocido del país. El concierto sería retransmitido por televisión a escala mundial, y se grabaría un álbum del acontecimiento. El título de todo el proyecto (concierto, programa y disco) no podía ser otro que *The main event* («El evento principal»).

La idea no le hizo en principio demasiada gracia a Frank, sobre todo teniendo en cuenta que no estaba del todo seguro de gozar de ese avasallador calor popular con el que contaba Weintraub. El Madison era sin duda uno de los mejores escenarios de todo el mundo, con su pequeña pista en medio de la gran instalación, y todo el público a su alrededor. «La lucha de un solo hombre», lo definió Weintraub. Poco a poco, Sinatra se quedó sin argumentos para no aceptar. Y así, el 13 de octubre de 1974, más de 20.000 personas llenaron hasta el último asiento del foro neoyorquino. 350 técnicos trabajaron contrarreloj para que todo estuviese a punto. Cuando Sinatra tomó el escenario, todo el público se puso en pie y le arropó como pocas veces habían hecho con otro artista, como si realmente fuese la primera vez que cantaba en muchos años. Para muchos de aquellos neoyorquinos es probable que fuera la primera vez que le veían en directo. «Jamás en mi vida había sentido tanto amor en una sala», reconoció Sinatra entre lágrimas.

Interpretó «canciones de salón» como *Angel eyes* y ritmos rápidos como *Bad Leroy Brown*, nuevos temas como *You are the sunshine of my life* y clásicos como *I've got you under my skin*. Pero sin duda, las canciones que más entusiasmaron al respetable fueron aquellas de sello autobiográfico, como *That's life* o *My way*, canciones que parecían verdaderos discursos de un hombre que, con sus particulares secretos inconfesables, representaba un pedazo de la historia y el espíritu de América al que todos querían rendir tributo. Entre el público había escritores, actores, cantantes y políticos que prestaban nombre a un efusivo grupo humano que pasó buena parte del concierto en pie, sonriente ante la emoción, y que pudo ver, al concluir el espectáculo, como unas lágrimas de agradecimiento asomaban a los ojos del veterano artista. Sinatra estaba en lo más alto. Otra vez.

Al calor del aclamado concierto, que fue seguido vía satélite desde Río de Janeiro a París, Sinatra se embarcó en una gira europea a mediados de 1975, a la que le siguió a su regreso a Estados Unidos una serie de conciertos junto a tres grandes del jazz con los que ya había trabajado anteriormente, el pianista y compositor Count Basie, la vocalista Ella Fitzgerald y, en sustitución de ésta en varios recitales, Sarah Vaughan. Una muestra del interés por esta reunión de grandes nombres fue la demanda que se produjo en Londres cuando Sinatra, Basie y Vaughan actuaron en el London Palladium: 350.000 peticiones para 15.000 localidades. Además, Frank pensó que sería bueno reforzar su imagen de cara a los más jóvenes haciendo un especial para televisión acompañado de una de las nuevas figuras que más le agradaban, el afable cantautor John Denver. Sinatra ya había grabado alguna canción suya, y tal y como había previsto, el especial tuvo tan buena acogida que ambos artistas recibieron ofertas de varios escenarios para cantar juntos. En el Harra's de Lago Tahoe aceptaron contrato para actuar durante una semana. Se recibieron más 650.000 solicitudes para conseguir una entrada.

Y ya que profesionalmente volvía a estar al cien por cien, no es de extrañar que su necesidad de amar y ser amado volviese a acentuarse como años atrás. Para empezar, durante aquella gira con Basie y Fitzgerald pudo hacer realidad su deseo de años atrás al flirtear con la que fuese Primera Dama del país, Jacqueline Kennedy. La que en su momento fue la mujer más elegante de América, acudió a uno de los conciertos en Nueva York, en noviembre del 75, y Sinatra la invitó después a cenar en el Club 21. Ocho meses atrás Jacqueline Bouvier Kennedy Onassis había vuelto a quedarse viuda, esta vez del millonario griego Aristóteles Onassis. Como ya hiciera en su momento con Lauren Bacall, Frank ofreció a Jackie un hombro en el que llorar. Ella no estaba tan desconsolada como para aceptar, aunque no rechazó pasar alguna velada con el cantante mientras actuaba en la ciudad. Aquello no fue más que un escarceo. Hubo otros, sin duda, pero el Frank Sinatra de los años setenta no era el «devorador» de mujeres de dos décadas atrás. De hecho, estaba mucho más entregado a su vida profesional que a la personal. Eso cambió el 11 julio de 1976, el día de su boda con Bárbara Marx.

Quince años más joven que el cantante, Bárbara estaba casada con Zeppo, uno de los populares hermanos Marx. Cuando comenzó a salir con Sinatra, a mediados de 1972, su matrimonio ya hacía aguas. Les presentaron en una fiesta, y el artista vio en la afabilidad de la mujer un rasgo femenino que no había experimentado hasta entonces con sus anteriores esposas. Durante cuatro años mantuvieron una relación firme aunque sin compromiso de hecho. Frank no estaba seguro de que fuese a funcionar. ¿Por qué iba a hacerlo ahora si no lo hizo las tres veces anteriores? Por su parte, Bárbara, una mujer completamente ajena al mundo del espectáculo, no tardó en comprender por qué se hablaba de Sinatra como un hombre de carisma especial. Ocurrió durante una fiesta organizada por el comité nacional republicano de Maryland. Meses atrás, Maxine Cheshire, máxima firma de sociedad del *Washington Post*, había puesto a prueba el temperamento de Sinatra. En un evento en el que estaba presente el vicepresidente Agnew, preguntó al cantante: «¿Cree que su supuesta relación con la Mafia causará al vicepresidente los mismos problemas que ya causó a la administración Kennedy?» «Esas cosas no me preocupan», respondió Frank, flemático. Cuando, acompañado de Bárbara, entró en la fiesta de Maryland, una de las primeras personas a las que vio, disfrutando de un cóctel, fue a Maxine Cheshire. Desde aquel incidente la sangre de Sinatra había ido calentándose con el recuerdo. Y entonces, explotó. Se acercó a la periodista y comenzaron a discutir. El tono de la conversación se elevó hasta que Sinatra la zanjó gritando: «¡No eres más que una puta de dos dólares! Sabes a qué me refiero, ¿verdad? Te has pasado la vida acostándote con tíos por dos dólares». Antes de marcharse, Frank sacó dos billetes del bolsillo y los arrojó sobre la copa de Cheshire.

El incidente acaparó titulares por todo el país, y tanto a Nixon como a Agnew les hizo bastante daño político. Poco después, una noche que Sinatra actuaba en Los Ángeles, un viejo amigo, cercano a Nixon, le comentó que debía haber demostrado más clase, y que tal vez debería pedir perdón. Bárbara estaba presente en la conversación, pero no le pareció que Frank fuese un hombre muy dado a pedir disculpas. Sin embargo, cuando salió a escena, indicó a la orquesta que dejase de tocar. «Señoras y señores. Antes de nada quisiera disculparme. Recientemente he dicho que Maxine Cheshire era una puta de dos dólares; me equivoqué y pido perdón —buscó a su amigo entre el público y le guiñó un ojo—. La verdad es que es sólo una puta de un dólar.»

Como el resto de las mujeres de Sinatra antes que ella, Bárbara aprendió a amarle por todo lo bueno y a intentar ignorar todo lo malo. Los años que pasaron como algo parecido a un noviazgo fueron realmente buenos para ambos. Y así, llegado 1976, cuando Frank estuvo seguro de que esta vez sí había posibilidades de que el matrimonio triunfase, se arrodilló ante ella. «He encontrado una nueva forma de estar tranquilo —comentaba Frank en una entrevista—, de verdad. Bárbara es una mujer maravillosa y llevo una vida distinta.» No mentía. Redujo paulatinamente el tabaco, así como el consumo de alcohol. Comenzó a hacer ejercicio, y aprovechó la llegada al mundo de varios nietos para retomar de forma intensa la vida familiar.

Ese nuevo ambiente se reflejó en un Sinatra más emotivo que nunca, y tal vez la mejor muestra de aquel estado de ánimo fue el reencuentro que propició entre Dean Martin y Jerry Lewis. Sin duda, fue una de las mayores sorpresas que Lewis se llevó en toda su vida. Sinatra, como Sammy Davis Jr., era un colaborador habitual del Telemaratón Anual por la Distrofia Muscular, un cita benéfica instaurada por Jerry años atrás a favor de la Asociación Americana de Distrofia Muscular, que se había convertido en una de las más apreciadas y reconocidas. Incluso llegaron a nominar al cómico para el Nobel de la Paz en 1977. La cita anual aquel mismo año sería en otoño, y Frank pensó que ya era hora de que el cantante y el cómico, el organillero y el mono, hicieran las paces. Se lo propuso a Dean, y éste, sorprendentemente, estuvo de acuerdo. Frank lo organizó todo. Habló personalmente con todo el que debía saberlo, desde el equipo de producción al de seguridad o la orquesta. Cuando llegó el momento, en medio de la gala, retransmitida en directo, Sinatra interrumpió el programa previsto. Al terminar una canción llamó a Jerry al centro del escenario. Desconcertado y sonriente, acudió. «Mira Jerry, tengo un amigo que aprecia realmente lo que haces cada año y que quiere saludarte. ¿Podéis hacerle pasar?» Los focos iluminaron entonces la gallarda figura de Dean, que cruzó pletórico el trecho que le separaba de Jerry, arropado por un efusivo aplauso del público. Lewis no pudo reprimir las lágrimas. «Creo que ya era hora, ¿no?», dijo Frank mientras miraba a los dos amigos fundirse en un abrazo. La que fuese la pareja artística más popular de los años cincuenta no se había dirigido la palabra en dos décadas. «¿Qué tal te va?», dijo Jerry a su viejo colega. «Ya sabes —respondió Dean—. Es como si no nos hubiéramos visto en veinte años.» Tras unas emocionadas palabras, Jerry se retiró para dejar que Frank y Dean interpretaran el repertorio que traían preparado. «Es cierto lo que dicen —le dijo a un colaborador entre bambalinas—. Cuando Francis Albert está cerca, suelen pasar cosas excitantes.»

Durante los años setenta Jerry Lewis había estado completamente enganchado al Percodan. El amigo de Dean, Mack Gray, le había iniciado en el mundo de las pastillas años atrás, aunque no empezó a consumir en serio hasta mediados de los sesenta. Entre 1973 y 1977, el cómico pasó el peor periodo de su vida a causa de las drogas. Él mismo reconocería después que en aquella etapa sólo tuvo tres momentos de lucidez. El primero fue cuando se descubrió a sí mismo deambulando por las calles de Londres, desesperado, dispuesto a pagar mil dólares a quien le vendiese una docena de Percodans. El tercero fue a comienzos del 77, cuando se metió en la boca el cañón de una Smith&Wesson calibre 38 y comenzó a acariciar el gatillo sin decidir qué hacer. Decidió bien. Poco antes había tenido un segundo fogonazo, cuando Dean Martin apareció en su escenario «caminando como un jodido campeón, un gladiador, ante millones de espectadores». Cuando Frank y Dean terminaron la actuación el público les despidió en pie. Dino se volvió hacia Lewis y le lanzó un beso con un «¡Hasta la vista, Jerry!».

Aquella misma noche, Jerry Lewis redactó una emotiva nota de agradecimiento y se la envió a Dean a su hotel. No hubo respuesta. Dos semanas después le envió otra nota a su casa acompañada de una moneda de oro con el símbolo del Telemaratón y una sentida inscripción en el reverso, la misma que recibió Frank. Éste respondió enseguida, Dean, nunca. Jerry hizo varios intentos más por contactar con su antiguo socio. El último, a finales del 76, fue cuando ambos coincidieron en Las Vegas, cada uno trabajando en un hotel diferente. Jerry le encargó a alguien que buscase a Dean y le dijese que esa noche iría a verle tras el espectáculo. «No, no —respondió Martin—. Dile que yo iré a verle en cuanto termine.» Por supuesto, no fue.

La última fiesta

La orquesta atacaba los últimos compases de la pieza instrumental de entrada, cuando Dean salió al escenario Oakland Coliseum Arena. Era el 13 de marzo de 1988. El primer concierto de *La gira del reencuentro*. El público se puso en pie para ovacionarle. Con paso tembloroso y semblante confuso caminó hasta el centro del escenario. Sonreía. ¿De verdad sonreía? Más bien daba la impresión de que torcía el gesto para ver bien a las miles de personas que aguardaban expectantes para volver a reír con unos números tal vez más viejos que ellos mismos. Dino se ajustó las grandes gafas que se veía obligado a portar para ver con mínima nitidez, y aferró con más fuerza el micrófono inalámbrico. La orquesta empezó a interpretar los sones de *When you're smiling,* que él debería cantar con la letra adaptada para su personaje de borrachín. Todo era igual que tres décadas atrás, con la salvedad de que, entonces, él tenía treinta años menos. Entre el público, muchos sonreían ante su paso dubitativo, casi torpe, y su mirada perdida. El personaje del borracho le sale igual que siempre, comentarían. En realidad no se trataba más que del costoso caminar de un hombre de setenta y un años, maltratado por el alcohol y con poca confianza en lo que estaba haciendo. No obstante, hizo honor a su leyenda y trató de dar lo mejor de sí. Se acercó el micro a los labios y comenzó a cantar. El público estaba asombrado de aquellas letras divertidas y aparentemente improvisadas sobre la marcha. La mayoría ignoraba que llevaba cantándolas toda la vida.

Pasados 35 minutos, fue despedido con aplausos eufóricos. Su voz había estado algo turbia, titubeante, aunque sus comentarios seguían robando tantas carcajadas como siempre. Al fin y al cabo, si algo no había podido robarle el cobarde paso del tiempo había sido su carisma. Con *Everybody loves somebody* se metió al público en el bolsillo nada más empezar. Otra canción y *Welcome to my World*, la canción que se había convertido casi en *leitmotiv* de su programa de televisión. Otro tema y *That's amore*. Extraordinario final. Mentira. Era pura emoción por parte del público ante la posibilidad de ver juntos y a lo grande a aquellos tres mitos vivientes. Algún crítico definió en serio la actuación de Dean: «Con todo el cariño y la tristeza, fue patético». A veces se olvidaba de la letra y ni se molestaba en leer el apuntador electrónico. Y aun así, el público le adoraba.

Los aplausos se fundieron en una nueva ovación para dar entrada a Sammy. Su operación de cadera, pocas semanas antes de comenzar la gira, le convertía poco menos que en un superhombre. Desde luego no bailaba como antaño, ni siquiera lo intentaba, pero no dejaba de moverse por las tablas mientras cantaba, de un extremo al otro del escenario. Estaba realmente eufórico por el hecho de estar de nuevo junto a Frank y Dean, sobre todo porque eso le permitía enfrentarse a ese nuevo desafío que suponía una gira por grandes aforos. A sus 63 años seguía siendo «el pequeño Sammy», y como tres décadas atrás, en Las Vegas, cuando tenía que ganarse día a día el derecho a ser tratado como sus compañeros blancos, Sammy Davis Jr. se dejó la piel en aquel escenario californiano. Su interpretación de *What kind of fool I am?* emocionó, aunque antes, el público más joven recibió feliz su entusiasta interpretación de la jovial *The candy man*, su gran número uno de 1972. No faltaron ni las imitaciones de otros artistas. Claro que, en la era de la Mtv, el gran Sammy sabía que no podía seguir luciendo sus maneras de James Cagney o su acento de Nat King Cole. No, ahora su gran imitación era la de Michael Jackson, interpretando (baile incluido) su reciente éxito, *Bad*. Con eso, el público enloquecía. Para concluir su número, la emocionante y casi biográfica *Mr. Bojangles*.

Pero nada era comparable a la aparición, en tercer lugar, del nexo común, del organizador, del «presidente de la junta», del «jefe», del «viejo ojos azules»: el señor Frank Sinatra. Irónicamente, si Dean daba la sensación de acabado y Sammy la de incombustible, Frank no podía evitar un cierto aire de ridiculez, sobre todo a causa del peluquín que se empeñaba en lucir, además de por las distintas muecas y gestos que lanzaba en un vano interés de imitar el espontáneo gracejo de aquel gran «entretenedor» que fue Dean Martin. Al contrario que en sus espectáculos clásicos en el Sands, Sinatra apostó por un repertorio ágil y dinámico, en lugar de íntimo y cercano. ¿Quién podía intimar con tantos miles de personas? *For once in my life*, la vibrante *Mack the knife*, y cerraba con la esperada *Theme from New York, New York*, su último gran éxito. Era su nuevo repertorio habitual, con el que había aprendido a seducir al público de grandes estadios igual que antes lo conseguía en un club. A pesar de los años, seguía siendo capaz de modular notas como nadie, seguía siendo capaz de emocionar con una canción como la mayoría hacía con un beso. Seguía siendo el más grande.

Y entonces llegó el gran momento. Los tres amigos juntos de nuevo. Alguien acercó a Dean y a Frank unos vasos con hielo bien regado con sus whiskis favoritos. Sammy, luciendo un grueso colgante y anillos de oro, se limitaba a asir su micrófono. Comenzaron a bromear sobre el alcoholismo de Dean, la virilidad de Frank y la estatura de Sammy. Ya no había chistes sobre negros, ni judíos, ni la Mafia. De vez en cuando cantaban algo, y de nuevo a hablar. Empezaron con una versión revisada de *Side by side*: «Estamos haciendo un montón de dinero / por eso sonreímos el día entero / y sólo queremos seguir viajando, / seguir cantando, / uno al lado del otro.»

Sammy no dejaba de moverse por el escenario, mientras que Frank intentaba imitarle, aunque a veces se notase su renqueante situación. Dean se mostraba rezagado, intentando destacar lo menos posible. Frank le inquirió que se animase, pero apenas si varió su actitud, claro que tampoco lo necesitaba. Aun queriendo ocultarse, sus momentos brillaban. En medio de un tema de Sammy, Dean se deshizo de su cigarrillo al viejo estilo, lanzándolo a sus pies y tapándose los oídos como si se tratase de una bomba a punto de estallar. Al público le encantó aquel viejo chiste, aunque a algunos de la primera fila no les hizo nada de gracia que el artista les arrojase la colilla. Calculó mal. Treinta años atrás jamás hubiera ocurrido. Y por fin, el apoteósico final, *The oldest establishment, permanent floating crap game in New York*, con los tres cantando a pleno pulmón. Frank se sentía de nuevo joven y dispuesto a nuevas juergas. A Sammy, el calor del público le valía como el mejor calmante para sus dolores de cadera. Dean pensaba, más que nunca, qué diablos hacía él allí.

Al igual que le había ocurrido a Dean Martin con Jerry Lewis, también Frank Sinatra tenía pendiente un reencuentro. En 1978 Sammy Davis Jr. presentaba un programa de televisión, *Sammy & Company*, un espacio que fluctuaba en la parrilla desde su estreno, en 1975, y que despertaba por igual comentarios positivos y negativos. Entre estos últimos destacaban los que acusaban al presentador de resultar demasiado exagerado en cada carcajada con la que respondía al más mínimo comentario del invitado de turno. ¿Era Sammy Davis un individuo especialmente sensible a las bromas o estaba tan despistado que reía todo el tiempo como mejor arma para no poner en evidencia su falta de respuestas y su deseo de agradar? Como fuese, en enero de 1978 el artista había recuperado ligeramente el favor del público. Un año atrás, MGM, su nueva compañía discográfica, había lanzado su primer disco en tres años, el directo *A live in performance*, y comenzaba a barajarse su nombre como posible candidato para un nuevo musical de Broadway. Parecía el momento apropiado para retomar su vieja vida, y para ello tenía un asunto por resolver que debía abordar sin más demora.

Como parte de su programa televisivo, Sammy iba a entrevistar a Frank Sinatra en el Caesar Palace. Después del trabajo, los dos hombres, acompañados de sus respectivas esposas, Altovise y Bárbara, cenaron juntos en el salón Bacanal del hotel. No había nadie más en ella. Sinatra la había reservado para hablar seriamente con Sammy. Era la primera vez en varios años que se encontraban cara a cara. Frank sabía que su amigo mantenía su adicción a la cocaína y otras sustancias, mientras que éste era consciente de que Frank mantendría su palabra de no volver a verle hasta que no abandonase esa dependencia. Para sorpresa de Sammy, en aquella ocasión pudo más el cariño que Sinatra sentía por él que su tristemente célebre orgullo imbatible.

«Mira "Fumador", Dios te puso aquí por un montón de razones que ni tú ni yo llegaremos a saber —le dijo Frank mirándole a los ojos, con las manos sobre sus hombros—. Él te dio un talento y lo estás desperdiciando. Y yo estoy viendo cómo mi amigo se pierde cada vez más. Te quería cuando no eras nada y te querré si vuelves a ser nada. Te estás engañando a ti mismo, estás engañando a tus amigos y estás engañando a tu público. Hasta que no dejes de hacer esto, no quiero estar cerca de ti.» No era la primera vez que a Sammy le decían algo así. Su amigo y director musical durante años, George Rhodes estuvo con él hasta que no pudo más con aquel estilo de vida, aquella fiesta continua que, al contrario de las que vivió con el Rat Pack, se empezaba a cobrar vidas. Sammy vio a mucha gente, buena gente, irse de su lado, aunque todos le prometían volver cuando fuese de nuevo el Sammy que todos conocían, aquél del que todos querían ser amigo.

En aquel salón vacío, acompañado de la persona que probablemente más le importó en su vida, y de la mujer que permanecía a su lado a pesar de su conducta, Sammy Davis Jr. tomó una de las decisiones más importantes de su carrera. Le prometió a Frank que todo acabaría. Y más importante aún, se lo prometió a sí mismo. Y como caído del cielo, apenas un par de meses tras su encuentro con Sinatra los responsables del musical *Stop the World. I want to get off*, decidieron definitivamente darle a Sammy Davis Jr. el papel protagonista de la obra.

Estrenada en Londres en 1961, esta tercera pieza teatral de Sammy suponía una satírica reflexión sobre el ser humano en la nueva sociedad emergente de consumo, mentiras institucionales y una vida cada vez menos sincera y natural. Sammy se lo tomó realmente en serio. Comentó a un periodista que no volvería a cometer el mismo error que con *Golden boy*. Aquella obra pudo ser una gran oportunidad para él, pero en su etapa inglesa lo echó todo a perder. Eran los primeros años setenta, cuando estaba entrando de cabeza en una vida plenamente hedonista. Con *Stop the world* tenía decidido emplearse a fondo. Además, tuvo la suerte de que la dirección de la obra fuese encargada al innovador Mel Shapiro, que cambio tras cambio, logró actualizar una pieza con veinte años para que fuese digna competencia del nuevo tipo de musical que imperaba en Broadway a finales de los setenta, caso de *Hair* o *Jesus Christ Superstar*. Aquellos arreglos y los comentarios que hablaban de la recuperación de Sammy permitieron a la obra emprender una exitosa gira por todo el país. Logró colocarse entre las más populares del momento, e incluso se adaptó a la gran pantalla con el título *Sammy stops the world*, película de la que Warner publicó su banda sonora en julio de 1978. Sería el único disco de Sammy Davis Jr. en el mercado hasta cuatro años después.

Y es que, si bien entre 1960 y 1969 Sammy había grabado la nada desdeñable cifra de cuarenta y siete discos, entre 1970 y 1979 tan sólo ocho álbumes llevaron su nombre. Lo más destacado de aquella producción fueron sin duda los dos discos publicados en 1972, que supusieron un intento desesperado por limpiar una imagen de vicio y perversión que muchos lamentaban tener que aceptar. Más aún cuando uno de ellos, *Sammy Davis Jr. Now*, alcanzaba en abril nada menos que el puesto once entre los más vendidos. Y es que el disco contenía *The candy man*, una composición de Leslie Bricusse y Anthony Newley, con arreglos del habitual de Sinatra Don Costa, que se convirtió en el único número uno de la carrera de Sammy Davis Jr. Se mantuvo en ese puesto durante tres semanas, mientras que de la lista de éxitos, más arriba o abajo, no salió hasta transcurridos más de seis meses. Gracias a ello, *Sammy Davis Jr. Now* vendió más de un millón de copias, lo que animó al artista y a su compañía, MGM, a publicar un nuevo disco tan sólo cinco meses después. *Portrait of Sammy Davis Jr.* también logró entrar en la lista de éxitos, aunque en un puesto bastante bajo. Bricusse y Newley habían compuesto para Sammy una canción con el mismo espíritu inocente y animado, *The people tree*, pero no fue ese sin embargo el principal atractivo del álbum.

En 1968 Jerry «Jeff» Walter había compuesto una emocionante crónica de la azarosa vida de un bailarín de principios de siglo, en constante lucha con los prejuicios raciales y su dependencia del alcohol, a la que tituló *Mr. Bojangles*. Aunque los hechos estuviesen ligeramente alterados, todo el mundo identificaba la canción como un homenaje a Bill «Bojangles» Robinson, el popular bailarín que alcanzó gran fama en los años treinta y cuarenta y que Sammy había conocido en sus comienzos. Muchos artistas de nueva hornada, desde Neil Diamond y John Denver a la Nitty Gritty Dirt Band grabaron la canción, pero ninguno logró con ella tanto éxito como Sammy Davis Jr. Y es que ninguno de ellos podía identificarse tanto con el protagonista de la historia como Sammy, por lo que desde entonces se convirtió en un título indispensable y definitorio del repertorio de Sammy.

Cuando en 1978 y 1979 llevaba por todo el país *Stop the world*, Sammy también pensaba en cómo desperdició la oportunidad que le brindaron aquellos éxitos unos años atrás. El público le quería y le respetaba, al igual que muchos artistas que empezaban, pero él, como le había apuntado Frank, no les correspondía. A mediados de la década recibió invitación para varias colaboraciones televisivas, como en la serie *Los Ángeles de Charlie*, en la que apareció en dos episodios. Pero fue más por lo exótico de su presencia que, como antiguamente, por la valía de su talento. Además, un nivel de gastos desorbitado había llegado a dañar sus contundentes ahorros cuando los ingresos dejaron de ser tan altos, continuos y variados como años atrás. Aunque pasó por momentos difíciles, Sammy estaba dispuesto a reconducir su vida, y a volver a ganarse ese respeto de su público y sus amigos. Iba a pelear fuerte. Todavía recordaba cómo se hacía. Y en 1980 se le planteó otra oportunidad de oro. Alguien le preguntó si le gustaría engrosar un amplio listado de artistas para participar en una comedia loca. Tendría un compañero de reparto especial que sólo aceptaría si Sammy lo hacía también. Cuando supo el nombre, Sammy no pudo negarse. Volver a trabajar con Dino era demasiado bueno para dejarlo escapar.

En 1971 se celebró por primera vez en Estados Unidos una carrera de coches ilegal en la que sus participantes debían recorrer todo el país, de costa a costa, saliendo desde un punto establecido de Nueva York hasta alcanzar la meta en California. Durante esa década, la peculiar carrera, que carecía de cualquier tipo de regla, se celebró en cinco ocasiones más. Aquello proporcionó a Brock Yates material suficiente para escribir una película coral, *Los locos de Cannonball*, protagonizada por personajes tan desequilibrados como rebuscados, desde un rico heredero que se hace pasar por Roger Moore (interpretado por el propio actor britanico en una época en la que ya se le empezaba a ver algo ridículo como el agente 007), hasta un médico loco y borracho encarnado con gran acierto por el veterano Jack Elam. El peso protagonista recaía sobre el viril Burt Reynolds, una de las mayores estrellas de Hollywood en aquellos días, y en su buen amigo Dom DeLuise. Junto a ellos, otro par de amigos, Dean y Sammy, daban vida a un par de golfos de Las Vegas que se presentaban a la carrera disfrazados de sacerdotes. Un limitado pero eficaz Hal Needham se encargó de dirigir esta película, para mayor gloria de Burt Reynolds, su actor fetiche. Si algo tuvo de bueno ese trabajo fue que Needham tenía poco de artesano y mucho de técnico, por lo que era partidario de rodar una sola toma, rápida y correcta, y a otra cosa. Para Dean y Sammy, aquello era un sueño hecho realidad.

Estrenada en 1981, la película fue un gran éxito de taquilla, al tiempo que tachada unánimemente de infame por la crítica, sin excepción. Entre sus comentarios, algunos lamentaban que no se hubiese dado algo más de cancha a la participación de Dean y Sammy, dado que su reunión en la gran pantalla (la primera película de Dean desde la policiaca *Mr. Ricco*, en 1975, y de Sammy desde la desastrosa adaptación de *Stop the world*, en 1978), suponía uno de los pocos puntos exóticos y algo interesantes de la cinta. No obstante, a pocos se les escapaba el hecho de que, a los 55 años de Sammy y a los 63 de Dean, con un aspecto bastante deteriorado en ambos casos, sus personajes de simpáticos seductores resultaban bastante difíciles de creer.

Pero Hollywood no atiende a razones, sólo a cifras, por lo que tres años después, en 1984, llegaba a las pantallas *Los locos de Cannonball II*, una incomprensible continuación en la que repetían papeles buena parte de los protagonistas y secundarios, como un entonces desconocido Jackie Chan, y a la que se unían nombres de peso como Telly Savalas. Pero los dos nuevos nombres más destacables de la película fueron los de Shirley McLaine y Frank Sinatra. El Rat Pack de nuevo al completo y con su chica favorita. Incluso se apuntó Henry Silva, uno de miembros de *La cuadrilla de los once*.

Sinatra se cabreó en 1980 cuando le llegó la noticia de que Dean y Sammy iban a rodar juntos una película. «¿Por qué nadie me ha dicho nada?», le gritó a su agente. «Es una mala película», le respondió. «¡Y qué más da! Estarán Dino y Sammy!» Cuando se comenzó a barajar el nuevo rodaje, Frank se apresuró a presentar su nombre. Pero mientras Shirley encarnaba a una participante más, Frank aprovechó para reírse de todos los que hablaban sobre su poder en las sombras y sus relaciones con la Mafia, dando vida a un tipo muy poderoso al que los personajes de Dean y Sammy acuden para que les ayude a solucionar un problema en el que se juegan la vida. Sinatra no aparecía más de diez minutos en pantalla, tal vez no llegase a los cinco, aunque se permitió meter en la escena incluso al bueno de Jilly Rizzo. Y si las críticas de la primera película fueron negativas, la de ésta fueron ya demoledoras. Pero lo peor fue que la taquilla no respondió como todos esperaban. Daba igual. Frank, Dean

y Sammy estaban juntos de nuevo. Los tres habían protagonizado un breve destello de resurgir con la nueva década,
y tanto Frank como Sammy estaban entusiasmados con la
idea de vivir un nuevo periodo de esplendor. Dean, como
siempre, recelaba.

En esos días Sinatra había decidido romper su silencio discográfico de seis años. Ya antes, en primavera de 1977 había
trabajado con Nelson Riddle en un atractivo proyecto compuesto por canciones con nombre de mujer. *Sweet Lorraine*,
Barbara, *Nancy* o *Linda* fueron algunos de los cortes que
llegaron a grabarse, aunque el álbum previsto nunca llegó a
ver la luz. El ansiado regreso tuvo que esperar hasta 1980,
con un arriesgado trabajo que muchos no entendieron en su
momento. Consistía nada menos que en un triple álbum,
Trilogy, que suponía un interesante experimento musical
con el que el cantante fundía pasado, presente y futuro. Así,
el primer disco (*The past*) se nutría de sus clásicos junto a
Dorsey, como *The song is you*, *It had to be you* o *Let's face
the music and dance*. Billy May se hacía cargo de esos arreglos, mientras que Don Costa afrontaba los de la pieza central (*The present*), un disco en el que «La voz» entonaba
canciones bien conocidas por el público en la voz de Elvis
(*Love me tender*), los Beatles (*Something*), Neil Diamond
(*Song sung blue*) o Kris Kristofferson (*For the good times*).
El tercer disco, compuesto y arreglado por Gordon Jenkins, era un ejemplo de pretenciosa pero valiente propuesta experimental, con sonidos rompedores y coros de
corte futurista que parecían dejar fuera de lugar a Sinatra,
lastrando el resultado final. Aunque la mayor parte de las

críticas fueron duras con ese tercer bloque, pocos pasaron por alto la valentía de un hombre de la edad y la carrera de Sinatra al aventurarse a seguir probando cosas nuevas. No obstante, los aficionados estarían eternamente agradecidos a aquel álbum, dado que el segundo disco incluía el que sería el último gran éxito de la carrera del cantante, un nuevo himno que añadir a canciones como *I've got you under my skin* o *My way*. *Theme from New York New York*, con unos memorables arreglos de Don Costa, era el tema principal de la película de Martin Scorsese *New York New York*, protagonizada en 1979 por Robert De Niro y Liza Minelli. Escrita por John Kander y Fred Ebb, nadie ha logrado rendir un tributo musical a la «Gran Manzana» como Sinatra con la interpretación de ésta. Su grado de identificación con el tema ha hecho que muy pocos se hayan animado a grabar la canción.

De nuevo en caliente, y a pesar de las escasas ventas de *Trilogy*, Sinatra lanzó en noviembre de 1981 su último disco con Reprise, *She shot me down*. Afortunadamente, todos los elementos se conjuraron para que ésta fuese una despedida a la altura, y Frank logró presentar con ello un excelente trabajo. Ese mismo año Sinatra había vuelto a la primera línea de la política al ser el responsable de organizar la Gala Inaugural de la Presidencia de Ronald Reagan, al igual que hizo con Kennedy veinte años atrás. Pero al contrario que con aquél, Reagan no dudaba a la hora de invitar al cantante y su esposa a todo tipo de eventos, oficiales y personales. Con todo ello, Frank se sentía pleno una vez más. Y ese entusiasmo se vio reflejado en un disco a la medida. Con arreglos y dirección de Gordon Jenkins y producción de Don Costa, el cantante había logrado su ansiado objetivo de renovación. *She shot me down* ofrecía una selección de nuevas composiciones que mantenían el clima de sus clásicas «canciones de salón». Tal vez animado por ello, trabajó su voz como no lo había hecho en *Trilogy*. De esta forma, *She shot me down* resultó un brillante trabajo, de ambiente triste y desolado, a la altura de su trilogía de despedida de Capitol Records.

A la zaga de su amigo, Dean y Sammy también se lanzaron a grabar de nuevo en los ochenta, aunque con un planteamiento realmente sorprendente. Tras años sin pisar un estudio de grabación, ambos apostaron por marcharse a Nashville y trabajar con músicos locales y compositores contemporáneos sendos álbumes de música country. El disco de Sammy fue el primero en salir. Bajo el sello Aplausse, llegó al mercado a mediados de 1982 con el título *Closest of friends*.

Para un enamorado de la cultura del Oeste como era Sammy Davis Jr., grabar un álbum de música country era una asignatura pendiente que llevaba arrastrando demasiado tiempo. Además, aquél era un género poco visitado por artistas de color (con la brillante excepción de Charlie Pride). Con una más que decente selección de títulos y autores, como *Oh lonesome me*, de Don Gibson, o *Come Sundown* y *Please don't tell me how the story ends*, de Kris Kristofferson, Sammy llevó a cabo un esforzado trabajo vocal que ponía de manifiesto su evidente excitación con éste. Pero ni los arreglos instrumentales ni el propio trabajo de los acompañantes estuvieron a la altura, y acabaron estropeando la que podría haber sido una despedida a la medida de Sammy: un desafiante álbum del género musical blanco por excelencia. Por el contrario, el disco se mostraría como un dramático antecedente de un desenlace demasiado cercano. Así, en *Smoke smoke smoke (That cigarette)*, Sammy cantaba: «He fumado durante toda mi vida / y aún no he muerto». El cáncer no tardaría en tornar amarga esta, *a priori*, divertida canción.

Pero si pocos esperaban un disco de country firmado por Sammy Davis Jr., de Dean Martin nadie esperaba firmada ni una maldita fotografía. La década de los ochenta era una tortura para Dean. Si en 1970 había pocas cosas que despertasen su interés, diez años después ya no era capaz de encontrar ninguna. Su rostro, pálido y demacrado por el arrollador efecto del consumo de alcohol y los antidepresivos, estaba presidido por unas grandes ojeras que subrayaban una mirada triste y perdida, tan sólo un lejano recuerdo de la mirada que en otra época lograba seducir a una mujer con sólo un pestañeo. Dean estaba viejo, y él lo sabía. En enero de 1981, a los 75 años, había fallecido Mack Gray, su amigo más cercano y duradero, que había llegado a convertirse en un auténtico enlace entre Dean y el resto del mundo durante los últimos años.

Dino sabía que no tardaría mucho en ir tras el viejo Mack. Dos días después del entierro tenía previsto participar en la gala inaugural de temporada de la cadena de televisón ABC, retransmitida en directo a todo el país. Sinatra sería uno de los participantes, al igual que políticos de peso, como el vicepresidente George Bush. Aquella misma tarde todos acudieron a un ensayo general. Al fin y al cabo, el público había pagado cantidades considerables para ver al nutrido grupo de artistas y personalidades que iría presentando Johnny Carson. Durante la prueba, cuando el cantante Charlie Pride aún estaba interpretando su tema, Dean irrumpió en el escenario con su vaso de whisky en la mano. Parecía perdido, más bien, ido. Antes de que llegasen a la platea los gritos de los responsables de la retransmisión, que coordinaban el ensayo desde el puesto de control, Sinatra corrió a coger a su amigo de un brazo, para guiarle de nuevo a su silla. Dino tropezó varias veces en su camino. Unas horas después, poco antes de comenzar el espectáculo, fue el propio Sinatra quien tuvo que anunciar que Dean no estaba en condiciones de participar en la fiesta.

Pero una vez más, Dean Martin volvió a tomar vuelo. Jimmy Bowen había producido algunos de sus últimos discos de los sesenta, y durante la década siguiente se había convertido en un hombre importante en el sello Elektra/Asylum, nada menos que vicepresidente de la oficina de Nashville, lo que había afianzado definitivamente el giro de Dino hacia un sonido más country. En 1983, la compañía se había fundido con Warner Brothers, y Bowen fue nombrado responsable de la división de Nashville, lo que significaba en otras palabras, de la producción de música country. Con ese poder, Bowen retomó el proyecto que llevaba años acariciando: volver a grabar un disco con Dean Martin, un buen disco del género. Pero Dino llevaba ocho años sin pisar un estudio de grabación y no parecía tener el menor interés en volver. «Tenemos que hacerlo, Dean —le dijo al cantante—. Un buen disco, que les deje noqueados, antes de que te retires definitivamente.» «Amigo, tengo cincuenta millones de dólares. No necesito eso.» Pero al final, el proyecto que le presentó Bowen resultó tan interesante que Dean no pudo negarse. Tal vez lo vio como un nuevo desafío que salvar.

En cinco días se grabaron las diez canciones que compondrían el álbum, cuyo título quedó definido como *The Nash-*

ville sessions. Para respaldar el disco, Bowen arropó al artista con dos prestigiosas voces del género, Conway Twitty y Merle Haggard, y seleccionó para él un puñado de excelentes canciones de reciente horneado, como *My first country song, Since I met you baby* o *Drinkin' champagne.* Editado en junio de ese 1983, el disco no sólo logró unas críticas bastante aceptables, sino que además, el sencillo *My first country song,* logró entrar en la lista de éxitos. De hecho, el propio álbum logró escalar puestos en el Top 50 de las listas de música country. Dean volvía a estar tan «en la onda», que para su segundo sencillo, *Since I met you baby,* su hijo Ricci se encargó de producir y dirigir un vídeo musical que haría las delicias de los espectadores más kitsch de la floreciente Mtv.

Una prueba más de que Dean había decidido sumarse al resurgir de Frank y Sammy fue que, cuando Warner lanzó *The Nashville sessions,* él estaba actuando en Inglaterra. No viajaba al Viejo Continente para actuar desde hacía treinta años, cuando «el organillero y el mono» eran la sensación de la temporada. Ahora, era el invitado de honor en un banquete en el Mayfair Milton, en el que la propia Princesa Ana se unió al resto de los comensales para cantarle el *Cumpleaños feliz.* Aquel día de junio de 1983, Dino ofreció la primera de una tanda de diez actuaciones en el teatro Apollo Victoria. A pesar de lo elevado del precio de las entradas, semanas antes de los conciertos ya se había vendido todo el papel. La expectación por la visita del mítico Dean Martin a Londres era tal que la BBC grabó uno de los espectáculos para preparar un especial televisivo. Y el viejo Dino no defraudó. Como el Ave Fénix, consciente de alguna forma de su inminente final, el italoamericano socarrón, de mirada y sonrisa irresistibles, sedujo a los ingleses como pocos podían imaginar a esas alturas. Su repertorio abarcaba quince temas, probablemente más de los que había cantado nunca en directo, aunque su actuación no estuvo en absoluto exenta de sus chistes y ácidos comentarios. Precisamente, si hubo algo que sorprendió a sus más allegados fue lo en serio que Dean se tomó aquella invitación británica, dado que se preparó varias tandas de comentarios divertidos expresamente para esos recitales. Y eso era mucho decir para un hombre que apenas había innovado su repertorio cómico en veinte años. «Me han dicho que la señora Margaret Thatcher es muy conservadora, ¡muy, muy conservadora! Imagínense: cuando se casó, insistió en pasar sola la luna de miel.» Aunque lo cierto es que sus viejos discursos sobre sus hijos, su suegra o su afición al alcohol funcionaron en aquel Londres de final de milenio de igual modo que lo habían hecho en Las Vegas de los días de la crisis de los misiles cubanos. Dean Martin volvía a demostrar que era capaz de cualquier cosa que se propusiera.

Pero ya no era época de más demostraciones. Estaba cansado y se sentía más viejo aún de lo que ya era. A mediados de 1984, le llegó la noticia de que su amigo Skinny D'Amato había muerto de un ataque al corazón. Años antes, a finales de los setenta Skinny había comenzado a delegar responsabilidades. El juego ya era legal en *su* ciudad, las cosas cambiaban. El fin de Skinny D'Amato fue el final de Atlantic City. Pero al menos fue menos amargo que el fin de Las Vegas. En el segundo lustro de los sesenta, grandes magnates comenzaron a adquirir algunos de los complejos de la ciudad, casi siempre respaldados por importantes multinacionales. Con esto, el reinado de la Mafia comenzaba a peligrar. Aquellos tipos jugaban con otras reglas. Sinatra, por ejemplo, tuvo un sonado enfrentamiento en 1967 con el excéntrico multimillonario Howard Hughes, que adquirió el Sands aquel mismo año. Sinatra siempre había gozado de una línea de crédito cuando actuaba allí, y casi nunca devolvía sus pérdidas. A los dueños del casino no les importaba en absoluto, dado que gracias a él ingresaban elevadas cantidades con cada temporada de actuaciones. Hughes no lo veía así, y dio la orden tajante de que se le negase el crédito. Jack Entratter, que seguía como presidente de la corporación que dirigía el hotel y el casino, no fue capaz de dar la noticia a su amigo.

Al enterarse una noche de forma brusca ante la mesa de juego, Sinatra buscó inútilmente que alguien le solucionase la situación. Al no lograrlo, salió furioso del recinto y se dio de bruces con un carrito de golf. Sin dudarlo, subió a él y lo dirigió contra uno de los grandes ventanales de la entrada del Sands. Tras aquel incidente Frank rompió su larga relación con ese hotel y se marchó al recién inaugurado Caesars Palace. Claro que aquello no era nada. A finales de los ochenta y comienzos de los noventa, las grandes multinacionales comenzarían a adquirir los viejos casinos y a edificar complejos que se acercaban más a un parque de atracciones que a lo que siempre habían sido los hoteles de Las Vegas. Al Mirage, que abrió sus puertas en 1989, le siguieron el Excalibur (con forma de castillo medieval), el Paris (un palacio francés) o el Luxor (una pirámide). Ante familias con pantalón corto y gorras de McDonald's, ¿qué podía hacer la vieja Mafia? En Las Vegas se seguiría desplumando a gente, pero de otra forma.

* * *

Efectivamente, las cosas habían cambiado a mediados de los años ochenta. Y más que iban a cambiar. Pero para Frank Sinatra y Sammy Davis Jr., el mundo tenía aún mucho que ofrecerles. El Hospital Eisenhower había inaugurado un Centro Bárbara Sinatra para la Infancia, en honor a la esposa del cantante, y a éste se le ocurrió organizar varios conciertos junto a sus viejos amigos para recaudar fondos. Las actuaciones no fueron en grandes aforos, sino más bien de carácter privado. Aun así, era evidente que seguía habiendo chispa entre ellos. Fue entonces cuando Sammy propuso volver a trabajar juntos. No unas actuaciones puntuales, sino algo grande, gordo, como en los viejos tiempos, pero con la experiencia y los medios que tenían ahora.

Al principio pensaron en una película, pero era poco menos que imposible. Era evidente que ningún estudio respaldaría una aventura de tres viejos carcamales por mucho espíritu de adolescentes que tuvieran. ¿Qué sería, *Cocoon* en Las Vegas? A Frank, como siempre, se le ocurrió la idea maestra: una gira nacional. Irían a donde nunca habían llegado juntos, para acercarles su magia en el escenario a quienes no habían tenido la oportunidad de verles. A mediados de los setenta Frank y Dean ya habían hablado de aquella posibilidad, pero entonces no eran más que admirados cantantes de hotel en una época en la que los grupos de rock y punk acaparaban los estadios. En 1987, Frank, Dean y Sammy eran mucho más, eran símbolos nacionales, y los grandes escenarios se abrían ahora a otros tipos de músicas. De cualquier modo, la última palabra la tendrían los números. Había que echar cuentas.

El ambicioso proyecto quedó en varias charlas, hasta que una muerte lo precipitó todo. La tarde del sábado 20 de marzo de 1987, mientras Dean Martin disfrutaba de la visita de algunos hijos y nietos, una llamada rompió la agradable estampa familiar. Era un oficial de la base de la Fuerzas Aéreas en la que estaba destinado su hijo Dean Paul, Dino Jr., quien en pocos años se había labrado una excelente reputación como piloto de aviones de combate. Aquel día, pasadas las dos de la tarde, había salido en su F-4C Phantom para unas maniobras, acompañado de su oficial de armas, el capitán Ramón Ortiz. En el parque nacional de San Bernardino, al aproximarse a la cordillera San Gorgonio, la torre de control dejó de recibir la señal de radio del cazabombardero. Además, el aparato había desaparecido del radar. Problemas con el mal tiempo y una comunicación errónea sobre el tráfico aéreo llevaron al desastroso final. Las Fuerzas Aéreas tardaron cinco días en dar por muertos a los pilotos. Durante ese tiempo, buscaron por la zona con ahínco, con la esperanza de que hubiesen podido saltar en paracaídas. Diez años atrás, en 1977, Dolly Sinatra, la madre de Frank, también había perdido la vida en un accidente de avión en aquella misma cordillera. «Esas malditas montañas no deberían estar ahí —le había dicho entonces Sinatra a su amigo Dino—. Sencillamente no deberían estar donde están.»

En más de una ocasión, Dean Martin había comentado que pocas cosas se le antojaban más tristes que la idea de un padre que tuviese que enterrar a su propio hijo. Ahora podía decirlo con conocimiento de causa. Además, cuatro días después de la muerte de Dino Jr., el hijo mayor del artista, Craig, tenía que afrontar el fallecimiento de su propia esposa, a los cuarenta y ocho años, a causa de un infarto. Cuando la muerte rondaba, Dean sabía lo que se podía esperar. Para él, aquellos sucesos fueron el interruptor que apagaron su maquinaria. «Vivo esperando la muerte, amigo —le reconoció al cantante Paul Anka—. Es lo único que deseo.»

Pero mientras que para Dean era el final, para Frank, aquel hecho trágico constituía, o debía hacerlo, un principio. «Vamos allá con esa gira, Sammy. Nos dejaremos la piel en esto, pero puede ser divertido. El cambio de aires le vendrá muy bien a Dean. Aunque sólo sea por animarle, ya vale la pena.» Sammy se mostró completamente de acuerdo con Frank, y entre los dos tuvieron que arrastrar a Dino desde su ostracismo voluntario hasta el estudio alquilado para los ensayos.

Los cálculos reales desbordaban las previsiones iniciales, que indicaban que el atractivo de los tres daría para llenar aforos de 20.000 asientos. Frank y Sammy estaban excitados. Dean comentaría meses después: «Malditas las ganas que tenía de embarcarme en aquella aventura. ¿Para qué? No éramos más que tres viejos, y yo estaba realmente acabado. Mis días de gloria habían quedado atrás. Seguía dando conciertos aquí y allá, pero aquello eran palabras mayores. Tendríamos que trabajar duro. Y sin embargo, ¿Cómo iba a negarme a cantar con Frank y Sammy? Sencillamente no podía hacerlo, así que me dejé arrastrar. No quería decepcionar a mis amigos, pero en el fondo sabía que estaba cometiendo el mayor error de toda mi vida». La prensa de todo el mundo se hizo eco de la gran noticia. Frank, Dean y Sammy, de 72, 70 y 62 años respectivamente, volvían a trabajar juntos. Todo el que era alguien en Estados Unidos se hizo con una entrada.

● ● ●

Concluido el concierto en el Oakland Coliseum, el primero de *La gira del reencuentro* los tres artistas volvieron a los camerinos. Aún se oían a lo lejos los aplausos. Dean caminaba cabizbajo, deseoso de salir de allí cuanto antes. Le seguía Sammy, excitado con la experiencia. Tras ellos, Frank avanzaba malhumorado. Cogió a Dean de los hombros y le dio la vuelta para mirarle cara a cara. «¿Se puede saber a qué coño estabas jugando ahí fuera?», le gritó. «¿De qué hablas, Frank?» «¡Hablo de cantar como lo has hecho! ¡Y hablo de tirarle una colilla al público! ¡No puedes insultar así a la gente que paga por verte! ¿Qué coño te pasa, Dean?» «¡Vete a la mierda, Frank!», le respondió Dino, librándose de las manos de su amigo. Sammy intentó mediar, pero antes de poder proponer nada Sinatra se había marchado notablemente enfadado.

«Frank tenía razón —reconoció después Dean—. Pero es que me sentía humillado, y además, me moría de miedo. Estaba hecho un manojo de nervios y la cagué, sencillamente. ¿Qué demonios hacía yo allí?» Pero el abismo entre Frank y Dean no sólo quedó en evidencia en el escenario. Más aún pudo verse la distinta concepción que ambos tenían de la vida a su edad cuando llegó la hora de pasar la noche. Dean y Sammy estaban sentados en una sala del hotel, charlando, y Frank llegó proponiendo que después de cenar podrían ir a buscar unas chicas y pasar un buen rato. Pero Dean estaba cansado, y prefería retirarse pronto a su habitación. Frank no respondió. Le miró algo asombrado, y de improviso, derribó su silla tirándola al suelo. Comenzó a reír a carcajadas. Era el tipo de bromas habituales de La Cumbre, treinta años atrás. Pero treinta eran muchos años. «¿Cómo te has vuelto tan viejo de repente?», les espetó Frank, furioso de que el patetismo del hombre al que siempre había admirado no fuese más que un reflejo de su propia vejez. Un par de horas después, Dino cenaba espaguetis con salsa de ostras, y Frank volvió sobre el tema. «¡Vamos Dean, salgamos! Bebamos unas copas y pasémoslo bien. ¡Haces que me sienta viejo!» Con gran laconismo, Dino tomó un trozo de pan italiano, tostado y crujiente, y lo masticó antes de responder. «¡Es que eres viejo, Frank!» No, no era verdad. Frank no quería creer que fuese verdad. Cogió el plato de espagueti de Dean y antes de que éste pudiese reaccionar lo volcó sobre su cabeza y se lo dejó a modo de sombrero. Cuando el artista se puso en pie, la salsa le chorreaba por la cara. Frank volvió a reír a carcajadas, pero Dean no reaccionó. Se limpió el rostro y se marchó de la habitación. Esa actitud volvió a enardecer a Sinatra. Tal vez esperaba que riese, tal vez que le pegase. El Dino de los viejos tiempos le habría respondido de algún modo, algo. El Dino de los nuevos tiempos se fue a dormir.

Seis días después estaban en Chicago, en el hotel Omni Ambassador, para tres conciertos en el Chicago Theater. Tras la actuación de esa jornada, Sinatra cogió aparte al representante de Dean, Mort Viner, y le dijo que éste tenía que esmerarse más, que su trabajo no estaba a la altura. La relación entre Frank y Dean se había enrarecido tanto que ya sólo se hablaban durante los diálogos del espectáculo. Cuando Viner transmitió el mensaje, Dean sacudió las manos. «Está bien, se acabó —fue su respuesta—. Me largo.»

A Sammy le entristeció de veras la marcha de Dean, aunque seguro que no tanto como a Frank, que a pesar de todo hizo lo posible por ocultar sus sentimientos con el mejor de sus cabreos ante tamaño desplante. Aún quedaban muchos espectáculos comprometidos. Mientras Dean ingresaba en el hospital Cedars-Sinaí de Los Ángeles, en parte para guardar las apariencias, en parte porque realmente se sentía morir, Frank y Sammy buscaron sustituto para él. Liza Minelli ocupó su puesto, y con el espectáculo adaptado, la gira se presentó como *El último evento* (*The ultimate event*). Recorrieron medio mundo con ella, e incluso se grabó un especial para la HBO, un especial programado en principio para Frank, Dean y Sammy. Mientras, Dean aguardaba los resultados de varias pruebas que debían aclarar algo más sobre sus graves problemas de riñón. Apenas un mes después de su marcha, el 28 de abril de 1989, cumplía su compromiso con el Bally's Grand de Las Vegas y entretenía a su público con un nuevo espectáculo en solitario al viejo estilo. Los tres amigos seguían en la brecha, cada uno a su manera.

David Redferns

Goodbye and amen

En 1989 Sammy Davis Jr. no podía sentirse más en deuda con Frank Sinatra. Gracias a su insistencia había abandonado definitivamente las drogas a finales de los setenta. Es más, una década después, mientras Dean estaba completamente enganchado a varios medicamentos, que por supuesto ingería a base de alcohol, y Sinatra volvía a recuperar su olvidada dependencia de los años cuarenta a algunas pastillas, Sammy estaba limpio. También de la mano de Frank, había pasado de tener contrato con algunos hoteles a recorrer escenarios multitudinarios de todo el mundo, lo que ayudó a que volviesen a lloverle propuestas del circuito habitual. Pero había más. Los artistas de color más importantes e influyentes de los ochenta, como el cómico Richard Prior o el músico Quincy Jones le rendían pleitesía. Bill Cosby le reservó apariciones estelares en su aclamada serie televisiva y el rey del pop, Michael Jackson, recordaba sin pudor cómo Sammy le dio algunos de los primeros y mejores consejos de su carrera cuando no era más que un chiquillo. Para él era como un padre. Y de igual modo, Sammy le quería como a un hijo.

Pero además, a mediados de 1988 Sammy recibía una excelente propuesta para volver al cine. Nick Castle, un realizador dedicado por entero a películas juveniles, había decidido dar un giro a su carrera a través de un guión dramático, que narraba la vida de un bailarín de claqué. Tenía la intención de recuperar el espíritu de los musicales clásicos de los años treinta y cuarenta, además de describir las dificultades a las que tenía que hacer frente el protagonista, recién salido de prisión: unirse a una banda de matones o luchar por su carrera como bailarín. Con el actor y bailarín en la vida real Gregory Hines como protagonista, ofrecieron a Sammy el papel de antigua gloria del vodevil —a la sazón padre de la novia del chico— que intenta ayudar a que el chaval no cometa errores de los que se arrepentiría toda su vida.

Aunque secundario, el sobrio trabajo de Sammy en la película, titulada *Taps dancing*, y estrenada a mediados de 1989, fue elogiado como uno de los mejores de su carrera, lo que abría la puerta a nuevas propuestas de similar proyección dramática, el gran sueño de Sammy. Casi al mismo tiempo, el artista correspondía a todo el cariño y apoyo que Altovise le había ofrecido a lo largo de todos aquellos años juntos concediéndole lo que más quería. Antes de casarse, entre acuerdos sobre la vida sexual y cláusulas de libertad conyugal, Sammy y Altovise decidieron que no tendrían hijos juntos. El artista ya había tenido tres con May Britt, Tracey, Mark y Jeff, y siempre se había reprochado que no había sabido ser un buen padre, ni siquiera un buen marido. Al principio, Altovise estuvo de acuerdo, pero su instinto maternal se hacía cada vez más irrefrenable. En 1989 Sammy se sentía demasiado viejo para jugar de nuevo a ser padre, pero sabía que era la gran ilusión de Altovise, así que acabaron adoptando un niño, Manny.

El pequeño llegó a la familia casi al tiempo que las librerías recibían *Why me? The Sammy Davis Jr. Story.* Cuatro meses después, en septiembre de 1989, actuaba pletórico en un hotel de Florida para un nutrido aforo plagado de grandes hombres de la General Motors. Cercano ya el final del show, su garganta falló. Sammy hizo gala de sus tablas y continuó el programa. Pero la garganta volvió a fallar. En tan sólo unos días su publicista daba una rueda de prensa para comunicar el resultado de las pruebas médicas. Sammy —«Fumador», como siempre le habían apodado Frank y Dean—, que consumía entre tres y cuatro cajetillas diarias, tenía cáncer de garganta. Existía la posibilidad de extraer el tumor, pero eso suponía que no podría volver a cantar. Para Sammy, aquello era un sinónimo de la muerte. Prefería la única alternativa, la radioterapia.

Y mientras Sammy se hacía fuerte para afrontar una lenta y dolorosa agonía, con el cáncer en un estado bastante desarrollado, el mundo del espectáculo, su mundo, su verdadera familia, se unía para ofrecerle toda la fuerza, el respeto y el cariño que él había sabido ganarse con el paso de los años. Ya en 1988 había trabajado con su viejo amigo, George Schlatter, en un posible espectáculo para celebrar sus sesenta años en aquel mundillo, pero las giras con Frank y Dean, primero, y Frank y Liza después, no lo pusieron fácil. Aunque el artista estaba dedicado por entero a luchar por su vida, le propuso a Schlatter recuperar la idea pero obviando ahora su aniversario y enfocando la gala a un espectáculo benéfico a favor de la United Negro Collage Fund. La idea estaba bien, pero no funcionó. Y es que, conforme Schlatter fue convocando a gente para la gala ésta fue tomando otros derroteros, el del homenaje a Sammy Davis Jr. que todos sentían la necesidad de brindarle. Más de seis mil personas llenaron el Shrine Auditorium para ver una de las mayores concentraciones de artistas jamás reunida. Desde Frank Sinatra y Dean Martin a Whitney Houston y Stevie Wonder; de Michael Jackson a Ella Fitzgerald o Bill Cosby. Presentado por Eddie Murphy, hubo infinidad de llamadas de viejos y nuevos conocidos de Sammy que no querían perder la oportunidad de dar su aportación al homenaje. Y así, por el escenario pasaron, entre otros, Clint Eastwood, Magic Johnson, Gregory Peck, Goldie Hawn, Mike Tyson… Incluso el presidente George Bush. En lo más álgido de la gala, Gregory Hines, el protagonista de *Taps dancer*, ocupó el escenario para ofrecer un emotivo baile. Estaba previsto que invitase a Sammy a cerrar el número con él, pero el delicado estado de salud del artista durante el fin de semana anterior le hizo plantear sus dudas. George Schlatter insistió. Sabía que su viejo amigo sacaría fuerzas de lo más profundo para despedirse de su gran familia del espectáculo a lo grande, como había vivido, en el escenario. Así lo hizo. Al final de la actuación de Sammy, a dúo con Hines, éste se arrodilló inesperadamente para besar los zapatos del veterano, al que había reconocido como su maestro.

Sammy dijo de aquella fiesta que había sido el día más feliz de su vida. La gala, que logró recaudar más de 300.000 dólares, se emitió por televisión el 4 de febrero de 1990. Tres meses después, el miércoles 16 de mayo de 1990, a los sesenta y cuatro años, Sammy Davis Jr., «el hombre-espectáculo», fallecía en su casa de Los Ángeles rodeado de su esposa Altovise y todos sus hijos. Su funeral, dos días después, fue una congregación de rostros conocidos aún mayor que la del homenaje. El servicio religioso estuvo a cargo del reverendo Jesse Jackson, otro nombre histórico en la lucha por los derechos de la gente de color. Tantos amigos tuvieron palabras de despedida para Sammy que la ceremonia se prolongó durante dos horas, concluyendo con la audición de *Mr. Bojangles* en la inolvidable voz del artista fallecido. La canción sonó entonces más significativa y escalofriante que nunca.

La muerte de Sammy destrozó a Frank Sinatra. Ya el anuncio de la enfermedad hizo llorar al italoamericano, que no dejó de visitar ni un solo día a su amigo hasta que falleció. «Al salir de la habitación de mi padre parecía un hombre completamente distinto —recordaría Tracy Davis de él—. Se le veía abatido, consternado, la mirada fija en el suelo. Caminaba como en trance, sin mirar a nadie, hasta cruzar la puerta de cristal que daba a una rotonda, y allí se quedaba, deambulando y sollozando a solas.» No fue una época fácil para Frank. Mientras apoyaba en su lucha a Sammy le llegó la noticia de que otra vieja conocida se encontraba en estado muy grave a causa de una pulmonía. El 24 de enero de 1990, a los sesenta y siete años, Ava Gardner fallecía en Londres.

Tras su muerte, amigos y familiares de la actriz hablaron largo y tendido sobre la relación entre ésta y Sinatra, y no tuvieron más que buenas palabras hacia el cantante. Cuando se enteró de su enfermedad, Frank insistió en apoyarla todo lo posible. Llevaba años enviándole dinero, aunque ella no lo necesitaba. Quería ayudarla con un tratamiento que seguía. «Jamás dejaron de amarse», dijo Tina Sinatra sobre la pareja. Y llevaban razón, aunque cada cual amó a su manera. Una semana antes de su muerte Ava llamó a Frank. Había bebido bastante. «Hola querido. Soy Ava.» «Te he reconocido», respondió Sinatra. «¿Sabes qué estoy haciendo? Estoy viendo *Cruce de destinos*. ¿Verdad que éramos guapísimos? ¿A que éramos sencillamente guapísimos?» «Cariño —le susurró Frank—, tú sigues siendo guapísima.» Fue la última vez que hablaron. Unos días después, próxima su muerte, Ava le confesó a una amiga: «Recuerdo cuando le hacía la vida imposible a Francis... Parece que fue ayer. ¡Maldita sea! Amaba de verdad a ese hijo de perra... Y sigo amándolo. ¿Dónde ha ido a parar el tiempo? Siempre creí que tendríamos más tiempo». El dolor que sintió Sinatra con la noticia de su fallecimiento le empujó a varios días de depresión que le impidieron acudir a su funeral. No faltó sin embargo una hermosa corona de tonos rosa y añil con el mensaje «Con amor, Francis».

Pero la muerte de aquellos seres queridos no impidió a Sinatra protagonizar una resurrección como no experimentaba desde mediados de los cincuenta. Entre 1990 (cuando se embarcó con Steve Lawrence y Eydie Gorme en la *Gira de las bodas de diamante*) y 1994, aquel hombre de setenta y cinco años se comprometió con una interminable tanda de conciertos por estadios deportivos y grandes teatros de todo el mundo que ya hubieran querido haber igualado algunas de las estrellas jóvenes del momento. El público se rendía a sus pies. Daba igual que la voz le temblase a veces, o que en ocasiones su memoria le llevase a olvidar parte de una canción; con la entusiasta interpretación de la siguiente, todo quedaba olvidado. Incluso la prensa volvía a convertirle en objeto de chismorreos, esta vez relacionándole nada menos que con Nancy Reagan.

En los noventa, Frank Sinatra era un auténtico dinosaurio, representante de una época de la que iban muriendo casi todos sus grandes nombres mientras él seguía al pie del cañón recabando éxito tras éxito cada día que pasaba. Su hijo, que conocía con detalle cada canción del gran Frank Sinatra, se constituyó en su inmejorable director de orquesta, mientras que un séquito de colaboradores tenía que cuidar de que, ciudad tras ciudad, todo estuviese al gusto del señor Sinatra. A finales de los ochenta, el «Abuelo», como le apodaban, comenzó a incluir en sus contratos una larga lista de exigencias que alcanzaba la veintena de páginas. La llamaban «cláusula técnica». En ella se estipulaba, por ejemplo, que en su camerino debía haber siempre doce paquetes de caramelos marca *Life Saver*, tres latas de sopa Campbell de pollo y arroz y dos sándwiches de ensaladilla de huevo. Sobre el tocador debían dejar un cartón de Camel sin filtro, ya sin el celofán que lo cubría. Junto a dos pastillas de jabón Ivory debía encontrar seis paquetes de Kleenex y seis servilletas de lino. La verdad es que no era mucho teniendo en cuenta las exigencias de otros artistas (como Diana Ross, que pedía redecorar su camerino con tonos ocres). Tema aparte era la bebida. Siempre debía haber una botella de Jack Daniel's, una de Absolute Vodka, otra de Chivas Regal, una de Beefeater y una de Courvoisier. Para mezclar, completaban la lista seis botellas de agua mineral Evian y dos docenas de botellitas de soda. Para degustar aquello se pedían seis copas altas.

En cuanto a su equipo personal entre las nuevas incorporaciones estaba la sección de peluquería. Siempre preocupado por su imagen, Sinatra empezó a usar peluquín en 1980, cuando rodó su última película como protagonista, *El primer pecado mortal*. Desde entonces, el peluquero de Nueva York Joseph Paris estaba en contacto periódico con el cantante para ir renovando su «look». Así, cuando salía de gira, Frank llevaba consigo hasta doce peluquines diferentes, más por higiene que por estética, y un estilista se encargaba del cuidado personalizado de cada pieza.

Tal vez el trabajo y el apoyo del público eran el único refugio para un Francis Albert que se venía abajo cada vez que le daban la noticia de que otro buen amigo, otro anclaje con los viejos tiempos, pasaba a mejor vida. En mayo de 1992 le llegó el turno al que había sido su hombre de confianza durante las últimas dos décadas, el hostelero Jilly Rizzo. Tenía setenta y cinco años cuando perdió la vida en un fatal accidente de tráfico, de camino a recoger a su nueva novia. Unos meses después, en enero de 1993, quien fallecía era Sammy Cahn, otro de sus mejores amigos y su letrista de cabecera. «Nunca he conocido una canción de Sammy Cahn que no te emocionase, que no dijese algo», escribió Sinatra en las notas de un disco. Tres años atrás se había marchado el que fue su brillante pareja profesional y aún mayor amigo de Sinatra, Jimmy van Heusen. Canciones firmadas por Cahn & van Heusen, como *High hopes*, *Call me irresponsible* o *Love & marriage*, ganaron Oscars y Emmys. Sin ellos, a Frank no sólo le costaba cada vez más pensar en pasarlo bien, sino sobre todo tomarse en serio la idea de continuar en el mercado musical.

La última vez que Frank había entrado en un estudio de grabación fue en abril de 1984. Quincy Jones, el productor de moda de la década y un viejo conocido del cantante, le convenció para grabar un último gran álbum. Jones usó toda su influencia para reunir a un brillante grupo de músicos de jazz, de Lionel Hampton y Ray Brown a los hermanos Brecker, Steve Gadd o George Benson. En cuanto al repertorio, se seleccionaron algunos clásicos (*Teach me tonight, Stormy weather*) y nuevas composiciones (*How do you keep the music playing*). El tema principal y título del álbum fue la composición de Bergman y Jones *L.A. is my lady*, canción con la que, tras *Chicago* y *Theme from New York New York*, Frank ponía de manifiesto su corazón infiel en lo que a ciudades favoritas se refería. Otro corte del álbum, el clásico y vibrante *Mack the knife*, grabado previamente por grandes como Louis Armstrong, Bobby Darin y Ella Fitzgerald, se convertía en la última canción memorable añadida por el cantante a su repertorio en directo.

Publicado finalmente en agosto de 1984, *L.A. is my lady* recibió unas críticas moderadamente buenas, y supuso una despedida discográfica honorable para el cantante. Mano a mano con Jones, consiguieron recuperar el espíritu de las viejas grabaciones, con toda una banda repleta de grandes talentos tocando en directo frente al cantante. Ya nadie trabajaba así, sólo Frank Sinatra.

Y diez años después, cuando ya nadie se lo esperaba, a mediados de 1993, Frank no sólo volvía a grabar, sino que lo hacía en los estudios de Los Ángeles de Capitol Records, donde se labró su reputación de innovador intérprete popular. El regreso se nutría de una selección de títulos clásicos, la mayoría grabados por primera vez en aquel estudio casi cuatro décadas atrás. El artífice del proyecto fue en gran medida el productor Phil Ramone. Las canciones de Sinatra seguían funcionando en la radio, aunque sus últimos discos no eran bombazos en las listas. Tanto las jóvenes estrellas como las más veteranas le admiraban, aunque el público joven apenas le conocía. No había nadie tan popular como él ¡Si incluso el presidente Reagan le había concedido unos años atrás la prestigiosa Medalla de la Libertad! Ramone pensó que si mezclaba todo eso podría surgir el combinado más rentable del momento. Y no se equivocó.

El proyecto *Duets* marcó un antes y un después en el mercado discográfico. Desde entonces, pocos artistas, de mucha o poca monta, han pasado sin su equivalente. Aunque ninguno, desde luego, llegaría a alcanzar la reunión estelar de aquellos dos discos, el primero publicado en octubre de 1993 y el segundo, un año después. Ahí estaban Barbra Streisand (*I've got a crush on you*), Julio Iglesias (*Summer wind*), Gloria Stefan (*Come rain or come shine*), Charles Aznavour (*You make me feel so young*), Bono, de U2 (*I've got you under my skin*), Luis Miguel (*Come fly with me*) o Willie Nelson (*A foggy day*), entre los cerca de treinta artistas de primera fila que tomaron parte en el proyecto. Sin embargo, Ramone pasó por alto dos elementos fundamentales en la larga trayectoria discográfica de Frank Sinatra, dos elementos que, ante tan majestuosa producción, tal vez podrían resultar insignificantes, pero que acabaron relegando finalmente ambos discos a meros productos comerciales sin atractivo artístico real. Para empezar, los discos de Frank siempre habían gozado de arreglos sencillos y elegantes, mientras que Ramone apostó por una producción sobrecargada, excesiva. Por otro lado, teniendo en cuenta que Frank siempre había renegado de las nuevas técnicas de grabación y había creído imprescindible la interacción entre el cantante y la orquesta, resultaba casi aberrante el hecho de que ni uno sólo de los veintisiete duetos fue grabado cara a cara. Por el contrario, Frank se encargó de registrar cada canción junto a la orquesta (la primera noche dejó listos nada menos que nueve temas; como en sus mejores tiempos), y posteriormente, cada artista en su propio estudio añadió la voz. Algunos incluso recurrieron a una innovadora tecnología digital, desarrollada por George Lucas, para grabar su parte a través de una llamada telefónica. Por supuesto, la mayoría de los participantes nunca llegó a saludar personalmente a Sinatra con ocasión del disco.

Pero a nadie le importó todo aquello. Ambos discos vendieron millones de copias, y el primer *Duets* alcanzó de lleno el primer puesto de las listas. Era el primer disco de Sinatra que lograba tal honor. No estaba mal para un viejo de setenta y nueve años. En 1994, todavía con aquellas canciones llenando las ondas y toda una joven generación saboreándolas, Frank Sinatra recibió un premio Grammy honorífico a toda su carrera. El líder de U2, Bono, se encargó de presentarle con un discurso más bien patético que terminaba: «El rock'n'roll juega a ser duro, pero este hombre es... bueno, es el jefe, el jefe de los jefes, el hombre, el padrazo, el Big Bang del pop. Yo no pienso meterme con él. ¿Y vosotros?» Alguien debió decirle que el Grammy se lo daban por su carrera musical.

Cuando el primer *Duets* estaba en preparación, un productor le sugirió a Phil Ramone que tal vez sería una buena idea que Dean Martin estuviese entre los artistas colaboradores. Sinatra se la quitó de la cabeza. Al contrario de lo que muchos pensaban, Frank y Dino no se distanciaron tras la suspensión de *La gira del reencuentro*. Pasadas algunas semanas, disipado el cabreo, Frank llamó a su amigo y quedaron para comer juntos. Todo volvía a ser como antes. Por eso, Sinatra sabía que Dean no estaba para grabaciones. Hacia

1992 había dejado de fumar, y dentro de lo posible, también de beber. Aquel año también cumplió su contrato con el Bally's y firmó con el Desert Inn. Colocaron la foto de Dean en un lugar destacado del cartel de estrellas en plantilla, aunque no llegaría a ofrecer un solo espectáculo. ¿Cómo iba a hacerlo? En el Bally's tuvo que recurrir a una silla porque le resultaba imposible mantenerse en pie durante los treinta y cinco minutos de su actuación. Su último momento memorable en el escenario tuvo lugar en junio de 1989, cuando Jerry Lewis le devolvía la sorpresa de una década atrás y, en medio de la actuación de Dean, le sorprendió tomando el escenario con una gran tarta por su setenta y dos cumpleaños. Los dos amigos se abrazaron fuerte, y esta vez Dino también lloró. «Nunca sabré por qué rompimos», le dijo Lewis en un intento final por borrar viejos rencores. Dean suspiró y se sintió saldando cuentas antes de que le llegase la hora de «comprar el gran casino». «Yo tampoco, Jerry», le respondió.

Durante los últimos tres años de su vida Dean apenas salía de casa. De hecho, si alguna vez algún periódico le dedicaba unas líneas era para comentar su aspecto decrépito captado durante algún paseo. Durante el homenaje final a Sammy, se sentía incapaz de aparecer en público, pero Frank insistió. Debía estar allí. Él también lo sabía, y salvó su aparición lo mejor que pudo. Pero a nadie le pasó por alto su estado. Algunos periodistas coincidieron en sus crónicas que si había alguien en ese escenario que parecía a un paso de la muerte era sin duda Dean Martin.

Su ex esposa Jeanne y su agente y amigo Mort Viner cuidaban de hacer que los días de Dino fuesen lo más llevaderos posibles. Poco después de que se le agudizasen los problemas de próstata el médico habló también de Alzheimer. Su hígado, por supuesto, estaba machacado desde tiempo atrás. Jeanne lo sacaba a cenar cada sábado, y Mort lo hacía algún día entre semana. Siempre iban al mismo sitio, el restaurante *La Famiglia*, en North Canon Drive, el lugar preferido de Dean.

En aquella última etapa de su vida Frank volvió a estar muy presente. «Me llama de vez en cuando o viene a verme —comentaba Dean poco antes de fallecer—. Hablamos de lo de siempre. A Frank siempre le gusta hablar de los viejos tiempos. El único problema es que no recuerdo los viejos tiempos. En realidad, ni siquiera me acuerdo de los nuevos tiempos.» En esa misma entrevista, tras hablar de esos viejos tiempos y hacer balance del paso de los años, que se había cobrado ya la vida de Peter Lawford (en 1984) y Sammy Davis Jr., Dino explicó: «Cuando me vaya, Frank y Joey serán los únicos que quedarán. Luego ellos serán los próximos y estaremos juntos de nuevo… ¡Maldita sea! Entonces sí que vamos a pasarlo bien.»

Seis meses después de aquellas declaraciones, el 25 de diciembre de 1995, fallecía Dino Crocetti, el artista de Steubenville que pasaría a la posteridad como Dean Martin. Contaba setenta y ocho años, y el parte médico certificaba la muerte a causa de un fallo respiratorio producido por un enfisema. A su lado estaba Jeanne, su esposa durante veintitrés años y apoyo incondicional cada vez que lo necesitó durante los veinticinco siguientes. Por supuesto, no faltaba a su alrededor ninguno de sus hijos ni de sus nietos. «Hoy le llega un regalo a los ángeles», dijo Joey Bishop. Aquella noche, la calle principal de Las Vegas, donde se alinean los principales hoteles y casinos, apagó durante un instante todas sus luces.

Y se hizo el silencio. Era un homenaje solemne para un hombre que había ayudado a hacer grande aquella ciudad.

Tras el funeral, Frank Sinatra se pasó dos días sin levantarse de la cama. Estaba realmente destrozado. Un periódico le rogó que escribiese unas palabras sobre Dino. «Me han pedido en demasiadas ocasiones que dijese algo sobre los amigos que ya se han ido. Ésta es una de las más difíciles. Dean era mi hermano, no de sangre, pero sí de elección. Nuestra amistad ha viajado por muchos caminos a lo largo de los años, y siempre habrá un lugar en mi alma y en mi corazón para Dean. Ha sido como el aire que respiro… Siempre presente, siempre cerca de mí.»

Dean se había ido, y Sammy, incluso Peter. Ava se había ido, al igual que Marilyn y John Kennedy. También Jilly y «Momo» Giancana. El 26 de noviembre de 1996 el hotel Sands era demolido para dejar paso a una nueva y megalómana construcción, más acorde con el estrambótico espíritu de la actual Las Vegas. Pero Frank Sinatra aún seguía en pie, aunque había dejado de cantar. En un concierto, a mediados de 1994, mientras interpretaba *My way*, se volvió inesperadamente hacia su hijo, a cargo de la orquesta, y comenzó agitar un brazo. Dejó de cantar. «¡Quiere una silla. Se va a desplomar!», exclamó desde un extremo del escenario Tony Oppedisano, su mánager de la gira. Antes de que sus piernas flojeasen por completo, Frank Jr., Tony y otros colaboradores lograron agarrarlo, ayudándole a caer poco a poco sobre la silla. Bill Miller, su eterno pianista, estaba petrificado sobre la banqueta. «¿Qué ha ocurrido? —preguntó Frank al recuperar el conocimiento—. ¿El público aún puede verme?» Fueron unos momentos realmente angustiosos para todos. Por eso, unos meses después, el 25 de febrero de 1995, en Palm Springs, Frank decidió que aquél sería su último concierto. «Ojalá lleguen ustedes a los cien años y la última voz que oigan sea la mía», se despidió.

Un fin de semana de julio de ese año, un grupo de artistas participó en un contundente homenaje titulado *Carnegie Hall celebrates the music of Frank Sinatra*. Cada noche, un grupo diferente de cantantes tomaba el escenario para rendir tributo a un artista que, un homenaje tras otro, era consciente de que su final no podía andar lejos. Poco después, en noviembre, Bárbara Sinatra y el productor George Schlatter planearon otro tributo, cuya recaudación iría destinada al Proyecto a Favor de la Lucha contra el SIDA. Cuando se enteró, Frank dijo que no quería saber nada de aquello. «¡Ve tú, Bárbara, y pásalo bien. Pero a mí déjame en paz!» Aquel especial televisivo costó varias broncas al matrimonio Sinatra, pues ya en su momento, cuando el propio Schaltter organizó el homenaje a Sammy, Frank le comentó a su mánager: «Ni se te ocurra hacerme algo como esto a mí mientras viva».

A Bárbara no se le ocurrió otra forma de convencer a su marido más que invitando a casa a dos de las máximas figuras que participarían en el programa, Bob Dylan y Bruce Springsteen. Fueron a cenar una noche, y después los dos rockeros se sentaron al piano a interpretar viejas melodías de la época de Frank con Tommy Dorsey. Le habían pillado. Pasaron la noche hablando del mundo del espectáculo y apurando varias botellas de Jack Daniel's. Al día siguiente, convencido de acudir al homenaje, Frank le comentó a su esposa: «Son unos tipos geniales. Deberíamos invitarles más a menudo. Olvídate de Steve (Lawrence) y Eydie (Gorme), estoy harto de ellos. Hay que invitar a casa a Dylan y a Springsteen una vez al mes». El «viejo ojos azules» no tenía solución. A punto de cumplir los ochenta y ya buscaba sustituir a la veterana pareja con la que solía pasar las tardes de los sábados por dos de los músicos más aclamados de la época. «Por encima de mi cadáver», le respondió sabiamente Bárbara.

Sinatra: 80 años a mi manera, se grabó en noviembre y se emitió el 14 de diciembre de 1995, dos semanas antes de la muerte de Dean. Aunque la intención fue buena, en general, fue un espectáculo algo patético. Artistas de nueva hornada como Salt-N-Peppa, Paula Abdul o Seal ofrecieron versiones de clásicos de Sinatra que parecían más un insulto que un tributo a su memoria. Colegas de género, como Vic Damone y Tony Bennett, se encargaron de salvar la velada. Sinatra se unió a todos ellos al final, para interpretar juntos *Theme from New York New York.* Pero la gala también tuvo su lado amargo, el enfrentamiento entre Bárbara y los hijos del artista. Ella organizó el evento sin consultarles, chafando así el proyecto que tenían Tina y Nancy de lanzar un disco especial conmemorativo y celebrar una cena en familia para festejar el cumpleaños.

Pero todo eso fue antes de la muerte de Dean. Con ella se accionó algo en el interior de Frank que le hizo ser consciente del verdadero paso del tiempo. Tras la marcha de Dino, Sinatra se volvió muy introvertido, incluso con sus hijos. «Con el fallecimiento de cada amigo mi padre pierde una parte de su espíritu», comentó Tina. Shirley McLaine estaba en contacto con la familia, interesada por la paulatina decrepitud de su amigo. «Frank se está desmoronando», reconoció.

Entre noviembre de 1996 y enero de 1997 fue ingresado tres veces en el Cedars Sinaí de Nueva York, a causa de una neumonía en el pulmón izquierdo. En la última ocasión sintió que llegaba su final, y admitió ante sus hijos que se arrepentía de muchas cosas, como de no haber sido un buen padre ni esposo. Toda la prensa hablaba ya del inevitable desenlace, pero a los pocos días Frank estaba de nuevo en casa. Lo primero que hizo al llegar fue encender un Camel y servirse un vaso de Jack Daniel's, que saboreó sorbo a sorbo.

Y aún quedaba por llegar un reconocimiento, el de toda la nación. En abril de 1997, el diputado demócrata de Nueva York, José Eduardo Serrano, que había oído por primera vez inglés siendo un niño, en la voz de Frank Sinatra, propuso que se concediera al artista la Medalla de Oro del Congreso. Se trata del mayor reconocimiento que concede el país a una personalidad pública. De hecho, es más antigua que la propia Constitución, y se entregó por primera vez en 1787 a George Washington. Desde entonces, tan sólo 320 estadounidenses la habían recibido. Con prácticamente toda la opinión pública a favor de la concesión, el Congreso en pleno la aprobó a finales de ese mes de abril, y en verano era impuesta por el presidente Bill Clinton.

No llegó a pasar un año antes de que el 14 de mayo de 1998, a los 82 años, el corazón de Frank Sinatra dejase de latir a causa de un infarto. Como ocurrió con Dean, y antes con Sammy, la ciudad de Las Vegas le rindió pleitesía. En su funeral, un par de días después, se vieron artistas que muchos daban ya por muertos. Amigos y colegas que salían de su vida ya anónima para despedir a un hombre que había sido único y peculiar. Impecablemente vestido en el féretro, con los zapatos relucientes, los hijos de Frank pusieron en sus bolsillos un paquete de Camel, una botellita de Jack Daniel's y sus caramelos favoritos. Quedaban por delante varios días de reportajes en prensa, radio y televisión, reediciones, chismorreos y mucha, mucha música.

En 1965, meses antes de cumplir cincuenta años, un periodista le preguntó a Frank Sinatra cómo le gustaría quedar en la memoria del público. «Creo que me gustaría que me recordasen como un hombre que innovó en la música popular de un modo peculiar y único, y espero que uno de estos días alguien prosiga la tarea para que nunca muera. Me gustaría ser recordado como un hombre que vivió bien, tuvo buenos amigos y una familia maravillosa. No creo que pueda pedirse mucho más. Creo que con eso es suficiente.»

El mismo año de la muerte de Frank Sinatra, la HBO estrenó una película sobre el Rat Pack en la que se mostraba a los chicos en sus años de máximo apogeo, sus relaciones con Kennedy, Giancana, Marilyn, Ava y una nación que les admiraba. En Las Vegas, varios espectáculos intentaban inútilmente recuperar el encanto del grupo en unos montajes destinados a hacer que los visitantes se percatasen de lo anodina que eran sus vidas cotidianas. Pero ninguno de esos proyectos podía atrapar la verdadera esencia de lo que fueron aquellos años entre Las Vegas y Atlantic City, entre el Villa Venice y el Sands. Las chicas, las copas, las canciones, las bromas, los amigos… En el entierro de Frank, un anciano de pequeños ojos brillantes y rostro vulgar caminaba entre las grandes estrellas de Hollywood, pasando casi desapercibido. Su expresión triste no se debía del todo a la muerte de uno de sus mejores amigos, y en buena medida el hombre que le dio su gran oportunidad. En realidad, siempre tuvo gesto serio. Fue una de las claves de su triunfo como humorista. Ahora, él era el último. Sabía que el morbo y la curiosidad del público volverían a empujarle a una popularidad no deseada a través de decenas de entrevistas y reportajes. Podría hablarles hasta hartarse del Rat Pack y de aquellas noches legendarias, pero la gente no captaría ni la mitad de lo bueno que fue realmente. Joey Bishop sólo quería envejecer en paz y evocar en soledad el recuerdo de los días de «Ring-a-ding-ding» junto a Frank, Dean, Sammy y Peter bajo el resplandor de las marquesinas de Las Vegas.

Los comienzos

Sinatra, el primer ídolo de quinceañeras.

Archivo CBS

Jerry Lewis

El joven Sammy como estrella del Will Mastin Trío.

Martin & Lewis junto al productor cinematográficao Hal B. Wallis.

JPhotofest

El joven Sammy como estrella del Will Mastin Trío.

Sammy bailando entre Gene Krupa y Buddy Rich, dos brillantes bateristas de jazz.

Imagen promocional de la película «Pal Joey», de 1957, con un Frank pletórico.

En el estudio

Dean, todo estilo. Sammy, todo pasión. Frank, todo swing.

Dean y Frank discuten los arreglos de «Sleep warm», el álbum que grabaron jun-tos en 1959 para Capitol. En esta ocasión Sinatra se hizo cargo de la orquesta.

El Rat Pack

Una reunión de «la pandilla de ratas». A la izquierda, entre otros, Humphrey Bogart, Lauren Bacall, Judy Garland y, al fondo, Jack Entratter. Enfrente, David Niven, Sinatra y tras él, Michael Romanoff.

Bogart y Bacall dieron origen a este grupo de amigos «rebeldes».

La cumbre

Todos los actores que intervenían en el rodaje de «La cuadrilla de los once» reunidos también sobre el escenario del Sands para la fiesta de rigor.

Dean Martin, Sammy Davis, Peter Lawford, Frank Sinatra y Joey Bishop. La Cumbre de Las Vegas al completo durante una de las noches de enero de 1961.

«Queremos chicas gratis».

«No pienses, bebe».

Frank hace publicidad del
nuevo restaurante de Dean:
«Dino está a sólo 3 millas».

Bob Willoughby-MPTV

Phil Stern-CNi

MPTV

Shirley McLaine, la mascota del Rat Pack, entre Frank y Dean.

La Cumbre (sin Dean), dando la bienvenida a un desubicado Elvis Presley.

Las películas

«La cuadrilla de los once», una película cuyo rodaje resultó tan caótico como divertido.

Los chicos (con Bishop ausente) beben leche durante el rodaje de «Tres sargentos».

La película «Cuatro gángsteres de Chicago» reunió al trío por última vez en los sesenta.

Los chicos de la Mafia

Sinatra entre algunos de los principales mafiosos de Nueva York, entre ellos el poderoso Carlo Gambino (superior derecha).

Salvatore Giancana, Sam «Momo» Giancana, uno de los doce capos de la Cosa Nostra.

A Johnny Roselli le gustaba paladear martinis en compañía de Dean Martin.

El temperamental Mickey Cohen.

Los Kennedy

El «Jack Pack» durante un mitin electoral de su nuevo amigo, el senador John F. Kennedy.

Sinatra nunca fue del agrado de Jacqueline Bouvier.

Sinatra abrió a Kennedy la puerta a un mundo de glamour y espectáculo a cambio de esperanzas de poder.

Frank Sinatra y Bobby Kennedy, siempre con Peter Lawford como intermediario.

Frank dio la espalda definitivamente a Peter tras ser rechazado por el presidente Kennedy.

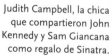

Judith Campbell, la chica que compartieron John Kennedy y Sam Giancana como regalo de Sinatra.

Tres amigos

Corbis-Bettman-UPI

En los camerinos del Carnegie Hall, para el espectáculo de apoyo a Martin Luther King.

Archivo del autor

JACK ENTRATTER PRESENTS
DEAN MARTIN
MAYBE FRANK · MAYBE SAMMY
BRASCIA & TYBEE

«Jack Entratter presenta a Dean Martin. Tal vez Frank, tal vez Sammy».

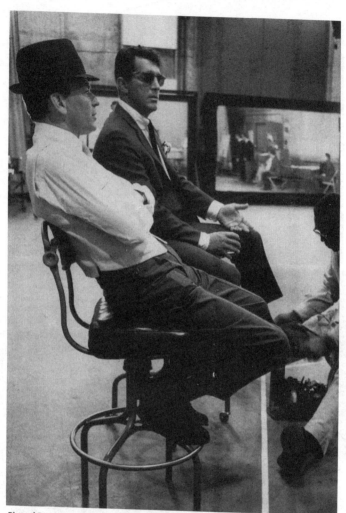

Pictoral Press

Amor y matrimonio

Frank, durante su primera etapa de éxito, en los cuarenta, junto a su esposa Nancy y los tres hijos de la pareja, Tina, Frank Jr. y la pequeña Nancy.

Brown Brothers

Jeanne Martin

Dean Martin y su segunda mujer, Jeanne (a su derecha), con todos sus hijos.

Sammy Davis Jr. y May Britt, el matrimonio interracial que amenazaba la elección de Kennedy como presidente. A pesar de todo, Frank les apoyó.

Cuando Marilyn
sufría alguna crisis
tras discutir con Frank
era Dino quien le
ayudaba a superarlo.

Un pletórico Sinatra
se deja querer por
Ava Gardner
y Marilyn Maxwell.

Jack Entratter, presidente del Sands, observa a Sinatra entre dos de sus romances de finales de los cincuenta, Lauren Bacall y Kim Novak.

La tempestuosa relación con Ava marcaría a Sinatra para toda su vida. Nunca habría otra mujer como ella.

Dino disfruta de su mayor pasión, el golf, junto a su nueva novia, Gail Renshaw.

Sammy y Altovise Gore (izquierda) apostaron por un matrimonio «abierto» en los setenta.

Algo más que trabajo

El programa «The Dean Martin Variety Show», que se mantuvo en antena durante casi una década, convirtió a Dino en uno de los hombres más populares del país.

Sammy bromea en el casino del Sands tras una actuación en 1960, algo impensable pocos años antes para un hombre de color.

Frank, Sammy y Dean junto al maestro Bing Crosby, grabando juntos y pasándolo en grande.

Mack Gray fue el mejor amigo de Dean durante más de tres décadas.

Sinatra, custodiado por su hijo y su inseparable amigo Jilly Rizzo. Les abre camino su guardaespaldas, Frankie Shaw.

Los años finales

Sinatra propició, en 1977, un emotivo reencuentro entre Dean y Jerry, dos décadas después de la ruptura de la popular pareja artística.

«Los locos de Cannonball» significa el regreso del Rat Pack en los ochenta. Frank, Dean y Sammy, de nuevo junto a Shirley, y ahora con Tom Selleck.

El «viejo ojos azules» con los «jóvenes» Springsteen y Dylan.

Archivo fotogramas

George Schlatter Productions

Más de una veintena de artistas colaboró en el homenaje a Sammy, poco antes de su muerte.

El trío, a finales de los ochenta, junto Gene Autry, otra leyenda de la música.

«La gira del reencuentro», en 1988, fue un intento inútil de recuperar la diversión de los viejos tiempos, aunque por unos días volvieron a ser los «señores» de la escena.

Bibliografía

LIBROS

Dallek, Rober: *J.F. Kennedy. Una vida inacabada*. Barcelona, Península, 2004.

Davis Jr., Sammy y Boyar, Jane y Burt: *Yes I Can: The Story of Sammy Davis Jr.* Nueva York, Farrar, Straus & Giroux, 1990.

Dellar, Fred y Peachey, Mal: *Sinatra night and day. A man and his music*. Londres, Chamaleon, 1997.

Demaris, Ovid: *Judith Exner. Mi vida*. Barcelona, Planeta, 1978.

Farrow, Mia: *Memorias. Hojas vivas*. Barcelona, Ediciones B, 1997.

Fishgall, Gary: *Sammy Davis Jr. Gonna Do Great Things*. Nueva York, Scribner, 2003.

Frattini, Eric: *Mafia, S.A.: Cien años de Cosa Nostra*. Espasa Calpe, 2005.

Gadner, Ava: Ava Gardner. *Con su propia voz*. Barcelona, Grijalbo, 1991.

Granata, Charles L.: *Sessions with Sinatra. Frank Sinatra and the art of recording*. Chicago, Chicago Review Press, 1999.

Hersh, Seymour M: *La cara oculta de J.F. Kennedy*. Barcelona, Planeta, 1968.

Irwin, Lew: Sinatra: *Una vida en imágenes*. Barcelona, Ediciones B, 1998.

Jacobs, George y Stadiem, William: Mr. S: *My life with Frank Sinatra*. Nueva York, Harper Paperbacks, 2004.

Kelley, Kitty: *A su manera. Biografía no autorizada de Frank Sinatra*. Barcelona, Plaza y Janés, 1987.

Levy, Shawn: *Rat Pack Confidential: Frank, Dean, Sammy, Peter, Joey and the last great show biz party*. Nueva York, Doubleday, 1998.

Lewis, Jerry y Kaplan, James: *Dean and me: (A love story)*. Nueva York, Doubleday, 2005.

MacLaine, Shirley: *Mis estrellas de la suerte*. Barcelona, Plaza & Janés, 1997.

Marino, Giuseppe Carlo: *Historia de la Mafia*. Barcelona, Ediciones B, 2002.

Martin, Deana y Holden, Wendy: *Memories are made of this: Dean Martin through his daughter's eyes*. Nueva York, Harmony, 2004.

Niven, David: *Traigan los caballos vacíos*. Barcelona, Noguer Ediciones, 1976.

Taraborrelli, J. Rani: *Sinatra. A su manera*. Barcelona, Ediciones B, 1998.

Tosches, Nick: *Dino. Living high in the dirty business of dreams*. Nueva York, Doubleday, 1992.

Pignone, Charles: *The Sinatra Treasures*. Londres, Virgin Books, 2004.

Rorabaugh, W.J.: *Kennedy y el sueño de los sesenta*. Paidós, 2005.

Seth Starr, Michael: *Mouse In The Rat Pack. The Joey Bishop story*. Nueva York, Taylor Trade Publishing, 2002.

Silber Jr., Arthur: *Sammy Davis Jr. Me and my shadow.* California, Samart Enterprises, 2003.

Sinatra, Nancy: *Frank Sinatra. An american legend.* Londres, Virgin Books, 1995.

Zheme, Bill: *The way you wear your hat: Frank Sinatra and the lost art of livin'.* Nueva York, Harper Paperbacks, 1999.

Notas de discos

Friedwald, Will: The Columbia years. A portrait of Frank Sinatra. Nueva York, Sony Legacy, 1997.

Kennedy, William: *So Frank is seventy five.* Nueva York Reprise Records, 1990.

Kline, Pete: *The Capitol years.* California, Capitol Records, 1990.

Kline, Pete y Ross, Ric: *Track by track.* California, Capitol Records, 1990.

Laredo, Joseph F.: *Dean Martin. The Capitol years.* California, Capitol Records, 1996.

Sinatra, Nancy: *The albums.* California, Capitol Records, 1990.

Sinatra, Nancy: *The legacy.* California, Capitol Records, 1990.

VVAA: *Frank Sinatra. The Capitol Single Sessions Discography.* California, Capitol Records, 1996.

VVAA: *Frank Sinatra. The V-Discs. Columbia Records,* New York, Columbia, 1994.

Zheme, Bill: *The Rat Pack live at The Sands.* Califonia, Capitol Recods, 2001.

Zheme, Bill: *Live & Swingin'.* Nueva York Reprise Records, 2003.

PÁGINAS WEB

Big Bands & Big Names: *www.bigbandsandbignames.com*

Blue-Eyes.Com. Home of Sinatra Music, Memorabilia, and More!: *www.blue-eyes.com*

The Dean Martin Fan Center Website: *www.deanmartinfancenter.com*

The FBI Files about Frank Sinatra: *www.fbi-files.com/celebrities/franksinatra/*

Frank Sinatra - The Main Event: *www.sinatra-main-event.de*

Frank Sinatra and the Mob: *http://crimemagazine.com/sinatra.htm*

The Official Sammy Davis Jr website: *www.sammydavis-jr.com*

Official Site of Frank Sinatra: *www.franksinatra.com*

Robert S. Ensler presents a tribute to Dean Martin: *www.deanmartin.tv*

Robert S. Ensler presents a tribute to Frank Sinatra: *www.fasinatra.com*

Robert S. Ensler presents a tribute to Sammy Davis Jr.: *www.sammydavisjunior.com*

Sammy Davis, Jr. discography: *http://members.ozemail.com.au/~lindenbrae/sdj/main.html*

Sinatra Family: *www.sinatrafamily.com*

AUDIOVISUALES

Coehn, Rob: *The Rat Pack*. HBO, 1998.

Garrison, Greg: The best of The Dean Martin Show. NBC, 2001.

Langer, Carole: *Rat Pack: The true stories of the original kings of cool*. A&E Home Video, 2001.

Kemsley, Steve: *The Rat Pack - Live from Las Vegas* (West End's Show). Image Entertainment, 2005.

Thomas, Rhys: *Las Rat pack's Vegas*. White Star, 2002.

VVAA: *Conferencia de prensa de presentación de La gira del reencuentro*. CBS, 1987.

VVAA: *Dean Martin. The One and Only*. White Star, 2005.

VVAA: *Frank Sinatra. The Man and the myth*. White Star, 2005.

VVAA: *Frank Sinatra Show. Welcome home Elvis*. ABC, 1960.

VVAA: *Sammy Davis, Jr. One Cool Cat*. White Star, 2005.

VVAA: *Sinatra & the Rat Pack: The story behind the original movie «Ocean's 11»*. Delta, 2002.

VVAA: *The best of The Frank Sinatra Show*. ABC, 2004.

GRABACIONES DE AUDIO Y VÍDEO NO OFICIALES

(26/07/53) *Frank Sinatra live at the Opera House*. Blackpool, Inglaterra.

(14/06/58) *Frank Sinatra live in Monte Carlo*. The Sporting Club, Mónaco.

(25/08/62) *Frank, Dean and Sammy at the 500 Club*. Atlantic City.

(6/09/63) *Frank, Dean and Sammy at the Sands Hotel*. Las Vegas.

(22/05/68) *Frank Sinatra live in Oakland*. Coliseum Arena, Oakland, California.

(16/11/70) *Frank Sinatra. The lost concert*. Londres.

(17/05/77) *Frank & Dean live in New York*. Westchester Premier Theatre, Tarrytown, Nueva York.

(13/06/83) *Dean Martin live in London*. Apollo Victoria Theatre, Londres.

(22/09/88) *The ultimate event*. Atlanta

(19/03/88) *The together again tour*. Seattle Center Coliseum, Seattle.a

Disco-filmografía del Trío

FRANK SINATRA

Discografía

The Song is You (Columbia, 1946)
Songs by Sinatra (Columbia, 1947)
Christmas songs by Sinatra (Columbia, 1948)
Frankly sentimental (Columbia, 1949)
Dedicated to you (Columbia, 1950)
Sing and dance with Frank Sinatra (Columbia, 1950)
Swing Easy (Capitol, 1954)
Songs for Young Lovers (Capitol, 1954)
In the Wee Small Hours (Capitol, 1955)
Songs for Swingin' Lovers! (Capitol, 1956)
High society (Capitol, 1956)
Tone poems of colors (Capitol, 1957)
This is Sinatra (Capitol, 1957)
Close to you (Capitol, 1957)
A Swingin' Affair! (Capitol, 1957)
A Jolly Christmas from Frank Sinatra (Capitol, 1957)
Pal Joey (Capitol, 1957)
Where are you? (Capitol, 1958)
Come Fly with Me (Capitol, 1958)

This is Sinatra, vol. 2 (Capitol, 1958)

(Frank Sinatra sings for) Only the Lonely (Capitol, 1958)

Look to your heart (Capitol, 1958)

Come dance with me (Capitol, 1959)

With Red Norvo Quintet: Live in Australia (Blue Note, 1959)

No one cares (Capitol, 1959)

Can-can (Capitol, 1960)

Nice'n'easy (Capitol, 1960)

All the way (Capitol, 1960)

Sinatra's swingin' session! (Capitol, 1961)

Come swing with me (Capitol, 1961)

Ring-A-Ding Ding (Reprise, 1961)

Sinatra swings (Reprise, 1961

I remember Tommy (Reprise, 1961)

Point of no return (Capitol, 1962)

Sinatra and strings (Reprise, 1962)

Sinatra and Swingin' Brass (Reprise, 1962)

Sinatra Sings of Love & Things (Reprise, 1962)

Sinatra & Sextet: Live in Paris (Reprise, 1962)

Sinatra Sings Great Songs from Great Britain (Reprise, 1962)

Sinatra & Basie (Reprise, 1963)

Finian's rainbow: Reprise musical repertory theatre (Reprise, 1963)

Guys and Dolls: Reprise musical repertory theatre (Reprise, 1963)

Kiss me Kate: Reprise musical repertory theatre (Reprise, 1963)

South Pacific: Reprise musical repertory theatre (Reprise, 1963)

The concert Sinatra (Reprise, 1963)

Sinatra's Sinatra (Reprise, 1963)

Robin and the seven hoods (Reprise, 1964)

Academy Award Winners (Reprise, 1964)

It Might as Well Be Swing (Reprise, 1964)

Sinatra '65 (Reprise, 1965)

September of My Years (Reprise, 1965)

Moonlight Sinatra (Reprise, 1966)

Strangers in the Night (Reprise, 1966)

That's Life (Reprise, 1966)

Sinatra at the Sands (Reprise, 1966)

Francis Albert Sinatra & Antonio Carlos Jobim (Reprise, 1967)

The Sinatra Family Wish You A Merry Christmas (Reprise, 1968)

Cycles (Reprise, 1968)

Francis A. Sinatra & Edward K. Ellington (Reprise, 1968)

My Way (Reprise, 1969)

A Man Alone (Reprise, 1969)

Watertown (Reprise, 1970)

Sinatra and Company (Reprise, 1971)

Frank Sinatra Conducts Music from Pictures (Reprise, 1972)

Ol' Blue Eyes Is Back (Reprise, 1973)

Some Nice Things I've Missed (Reprise, 1974)

The Main Event (Reprise, 1974)

Trilogy (Reprise, 1979)

She Shot Me Down (Reprise, 1981)

L.A. Is My Lady (Qwest, 1984)

Duets (Capitol, 1993)

Duets II (Capitol, 1994)

Filmografía

Las Vegas Nights (1941). Dir: Ralph Murphy.

Ship Ahoy (1942). Dir: Edward Buzzell.

Higher and higher (Cada vez más arriba, 1943) Dir: Tim Whelan.

Step Lively (Una joven a la aventura, 1943). Dir: Tim Whelan.

Anchors aweigh (Levando anclas, 1945). Dir: George Sidney.

Till the Clouds Roll by (Hasta que las nubes pasen, 1946). Dir: Richard Whorf.

It happened in Brooklyn (1947). Dir: Richard Whorf.

The Miracle of the Bells (El milagro de las campanas, 1948). Dir: Irving Pichel.

The kissing bandit (1948). Dir: Lazlo Benedek.

Take Me Out to the Ball Game (Llévame al partido, 1949). Dir: Busby Berkeley

On the Town (Un Día en Nueva York, 1949). Dir: Stanley Donen.

Double dynamite (Don Dólar, 1951). Dir: Irving Cummings.

Meet Danny Wilson (1952). Dir: Joseph Pevney.

From Here to Eternity (De aquí a la eternidad, 1953). Dir: Fred Zinnemann.

Suddenly (De repente, 1945). Dir: Lewis Allen.

Young at Heart (Siempre tú y yo, 1954). Dir: Gordon Douglas.

Not as a Stranger (No serás un extraño,1955). Dir: Stanley Kramer.

Guys and Dolls (Ellos y ellas, 1955). Dir: Joseph L. Mankiewicz.

The Tender Trap (El solterón y el amor, 1955). Dir: Charles Walters.

The Man with the Golden Arm (El hombre del brazo de oro, 1955. Dir: Otto Preminger.

High Society (Alta sociedad, 1956). Dir: Charles Walters.

Johnny Conchos (Johnny, el cobarde, 1956). Dir: Don McGuire.

Around the world in eighty days (La vuelta al mundo en ochenta días, 1956). Dir: Michael Anderson.

Pal Joey (Pal Joey, 1957). Dir: George Sidney.

The Pride and the Passion (Orgullo y passion, 1957). Dir: Stanley Kramer.

The joker is wild (La mascara del dolor, 1957). Dir: Charles Vidor.

Kings go forth (Cenizas bajo el sol, 1958). Dir: Delmer Daves.

Some Came Running (Como un torrente, 1958). Dir: Vincente Minnelli.

Never So Few (Cuando hierve la sangre, 1959). Dir: John Sturges.

A Hole in the Head (Millonario de ilusiones, 1959). Dir: Frank Capra.

Ocean's Eleven (La cuadrilla de los once, 1960). Dir: Lewis Milestone.

Can-Can (Can-Can, 1960). Dir: Walter Lang.

Pepe (Pepe, 1960). Dir: George Sydney.

The Devil at 4 O'Clock (El diablo a las cuatro, 1961). Dir: Mervyn LeRoy.

Sergeants 3 (Tres sargentos, 1962). Dir: John Sturges.

The road to Hong Kong (Dos frescos en órbita, 1962). Dir: Norman Panama.

The Manchurian Candidate (El mensajero del miedo, 1962). Dir: John Frankenheimer.

Come blow your horn (Gallardo y calavera, 1963). Dir: Bud Yorkin.

4 for Texas (Cuatro tíos de Texas. (1963). Dir: Robert Aldrich.

Robin and the 7 Hoods (Cuatro gángsters de Chicago, 1964). Dir: Gordon Douglas.

None But the Brave (Todos eran valientes, 1965). Dir: Frank Sinatra.

Von Ryan's Express (El coronel von Ryan, 1965). Dir: Mark Robson.

Marriage on the Rocks (Divorcio a la americana, 1965). Dir: Jack Donohue.

Cast a Giant Shadow (La sombra de un gigante, 1966). De Melville Shavelson.

Assault on a Queen (Asalto al Queen Mary, 1966). Dir: Jack Donohue.

The Naked Runner (Atrapado, 1967). Dir: Sidney J. Furie.

Lady in Cement (La mujer de cemento, 1968). Dir: Gordon Douglas.

The Detective (El detective, 1968). Dir: Gordon Douglas.

Dirty Dingus Magee (Duelo de pillos, 1970). Dir: Burt Kennedy.

That's Entertainment! (Érase una vez en Hollywood, 1974). Dir:Jack Haley Jr.

That's Entertainment, Part II (Hollywood, Hollywood, 1976). Dir: Gene Kelly.

Contract on Cherry Street (1977). Dir: William A. Graham.

The First Deadly Sin (El primer pecado mortal, 1980). Dir: Brian G. Hutton.

DEAN MARTIN

Discografía

Manhattan at midnight (Diamond, 1946)

Dean Martin (Apollo, 1951)

Dean Martin Sings (Capitol, 1953)

Swingin' Down Yonder (Capitol, 1955)

Pretty Baby (Capitol, 1957)

This is Dean Martin! (Capitol, 1958)

Dean Martin Sings - Nicolini Lucchesi Plays (Audiction, 1959)

Sleep Warm (Capitol, 1959)

A Winter Romance (Capitol, 1959)

Bells are Ringing (Capitol, 1960)

This Time I'm Swingin'! (Capitol, 1960)

Dino (Italian Love Songs) (Capitol, 1962)

Cha Cha de Amor (Capitol, 1962)

French Style (Reprise, 1962)

Dino Latino (Reprise, 1962)

Dean "Tex" Martin: Country Style (Reprise, 1963)

Dean "Tex" Martin Rides Again (Reprise, 1963)

Finian's rainbow: Reprise musical repertory theatre (Reprise, 1963)

Guys and Dolls: Reprise musical repertory theatre (Reprise, 1963)

South Pacific: Reprise musical repertory theatre (Reprise, 1963)

Kiss me Kate: Reprise musical repertory theatre (Reprise, 1963)

Robin and the seven hoods (Reprise, 1964)

Dream with Dean (Reprise, 1964)

Everybody Loves Somebody (Reprise, 1964)

The Door Is Still Open to My Heart (Reprise, 1964)

Dean Martin Hits Again (Reprise, 1965)

(Remember Me) I'm the One Who Loves You (Reprise, 1965)

Houston (Reprise, 1965)

Somewhere There's a Someone (Reprise, 1966)

Dean Martin Sings Songs from "The Silencers" (Reprise, 1966)

The Hit Sound of Dean Martin (Reprise, 1966)

The Dean Martin Christmas Album (Reprise, 1966)

The Dean Martin Tv Show (Reprise, 1966)

Hapiness Is Dean Martin (Reprise, 1967)

Welcome To My World (Reprise, 1967)

Gentle On My Mind (Reprise, 1968)

I Take A Lot Of Pride In What I Am (Reprise, 1969)

My Woman, My Woman, My Wife (Reprise, 1970)

For The Good Times (Reprise, 1971)

Dino (Reprise, 1972)

Sittin' On Top of the World (Reprise, 1973)

You're the Best Thing that Ever Happened to Me (Reprise, 1973)

Once in a While (Reprise, 1978)

The Nashville Sessions (Warner Bros., 1983)

Filmografía

My Friend Irma (1949). Dir: George Marshall (Con Jerry Lewis).

My Friend Irma Goes West (1950). Dir: Hal Walker (Con Jerry Lewis).

At War with the Army (1950). Dir: Hal Walker. (Con Jerry Lewis).

You're Never Too Young (Un fresco en apuros, 1951). Dir: Norman Taurog. (Con Jerry Lewis).

That's My Boy (1951). Dir: Hal Walker (Con Jerry Lewis).

Sailor Beware (¡Vaya par de marinos!, 1952). Dir: Hal Walker. (Con Jerry Lewis).

Road to Bali (Camino a Bali, 1952). Dir: Hal Walker. (Con Jerry Lewis).

Jumping Jacks (Locos del aire, 1952). Dir: Norman Taurog. (Con Jerry Lewis).

The Stooge (El cómico, 1953). Dir: Norman Taurog. (Con Jerry Lewis).

Scared Stiff (El castillo maldito, 1953). Dir: George Marshall (Con Jerry Lewis).

The Caddy (¡Qué par de golfantes!, 1953). Dir: Norman Taurog. (Con Jerry Lewis).

Money from Home (El jinete loco, 1953). Dir: George Marshall (Con Jerry Lewis).

Living It Up (Viviendo su vida, 1954). Dir: Norman Taurog. (Con Jerry Lewis).

3 Ring Circus (El rey del circo, 1954). Dir: Joseph Pevney. (Con Jerry Lewis).

You're Never Too Young (Un fresco en apuros, 1955). Dir: Norman Taurog. (Con Jerry Lewis).

Artists and Models (Artistas y modelos, 1955). Dir: Frank Tashlin. (Con Jerry Lewis).

Partners (Juntos ante el peligro, 1956). Dir: Norman Taurog. (Con Jerry Lewis).

Hollywood Or Bust (Loco por Anita, 1956). Dir: Frank Tashlin. (Con Jerry Lewis).

Ten Thousand Bedrooms (1957). Dir: Richard Thorpe.

Some Came Running (Como un torrente, 1958). Dir: Vincente Minnelli.

The Young Lions (El baile de los malditos, 1958). Dir: Edward Dmytryk.

Career (Los ambiciosos, 1958). Dir: Joseph Anthony.

Río Bravo (Río Bravo, 1959). Dir: Howard Hawks.

Ocean's Eleven (Cuadrilla de los once, 1960). Dir: Lewis Milestone.

Pepe (Pepe, 1960). Dir: George Sidney.

Bells Are Ringing (Suena el teléfono, 1960). Dir: Vincente Minnelli

Who Was That Lady? (¿Quién era esa chica?, 1960). Dir: George Sidney.

Ada (El tercer hombre era mujer, 1961). Dir: Daniel Mann.

All in a Night's Work (Todo en una noche, 1961). Dir: Joseph Anthony.

Who's Got the Action? (Trampa a mi marido, 1962). Dir: Daniel Mann.

Sergeants 3 (Tres sargentos, 1962). Dir: John Sturges.

The Road to Hong Kong (Dos frescos en órbita, 1962). Dir: Norman Panama.

4 for Texas (Cuatro tíos de Texas, 1963). Dir: Robert Aldrich.

Who's Been Sleeping in My Bed? (1963). Dir: Daniel Mann.

Toys in the Attic (Cariño amargo, 1963). Dir: George Roy Hill.

What a Way to Go! (Ella y sus maridos, 1964). Dir: J. Lee Thompson.

Kiss Me, Stupid (Bésame, tonto, 1964). Dir: Billy Wilder.

Robin and the 7 Hoods (Cuatro gángsters de Chicago, 1964). Dir: Gordon Douglas.

Marriage on the Rocks (Divorcio a la americana, 1965). Dir: Jack Donohue.

The Sons of Katie Elder (Los cuatro hijos de Katie Elder, 1965). Dir: Henry Hathaway.

The Silencers (Los silenciadores, 1966). Dir: Phil Karlson.

Murderers' Row (Matt Helm, agente muy especial, 1966). Dir: Henry Levin.

Texas (Texas Across the River, 1966). Dir: Michael Gordon.

Rough Night in Jericho (Noche de titanes, 1967). Dir: Arnold Laven.

The Ambushers (Emboscada a Matt Helm, 1967). Dir: Henry Levin.

5 Card Stud (El póker de la muerte, 1968). Dir: Henry Hathaway.

Bandolero! (Bandolero, 1968). Dir: Andrew V. McLaglen.

How to Save a Marriage (And Ruin Your Life)! (Como salvar un matrimonio, 1968). Dir: Fielder Cook.

The Wrecking Crew (La mansión de los siete placeres, 1969). Dir: Phil Karlson.

Airport (Aeropuerto, 1970). Dir: George Seaton.

Something Big (La primera ametralladora del Oeste, 1972). Dir: Andrew V. McLaglen.

Showdown (Amigos hasta la muerte, 1973). Dir: George Seaton.

Mr. Ricco (Desafío, 1975). Dir: Paul Bogart.

The Cannonball Run (Los locos del Cannonball, 1981). Dir: Hal Needham.

The Cannonball Run II (Los locos del Cannonball II, 1984). Dir: Hal Needham.

SAMMY DAVIS JR.

Discografía

Starring Sammy Davis, Jr. (Decca, 1955)
Sammy Davis, Jr. Just for Lovers (Decca, 1955)
Mr. Wonderful (Decca, 1956)
Here's Looking at You (Decca, 1956)
Sammy swings (Decca, 1957)
Boy meets girl (Decca, 1957)
It's all over but the swingin' (Decca, 1957)
Mood to Be Wooed (Decca, 1958)
All the way… and then some! (Decca, 1958)
Sammy Davis, Jr. at Town Hall (Decca, 1959)
Porgy and Bess (Decca, 1959)
Sammy Awards (Decca, 1960)
I Got a Right to Swing (Decca, 1960)
Wham of Sam! (Reprise, 1961)
Mr. Entertainment (Decca, 1961)
Belts the Best of Broadway (Reprise, 1962)
The Sammy Davis Jr. All-Star Spectacular (Reprise, 1962)
What kind of fool I am (Reprise, 1962)
Sammy Davis Jr. at the Cocoanut Grove (Reprise, 1963)
As Long As She Needs Me (Reprise, 1963)

Sammy Davis Jr. sings forget-Me-Nots for First Nighters (Reprise, 1963)

Finian's rainbow: Reprise musical repertory theatre (Reprise, 1963)

Guys and Dolls: Reprise musical repertory theatre (Reprise, 1963)

South Pacific: Reprise musical repertory theatre (Reprise, 1963)

Kiss me Kate: Reprise musical repertory theatre (Reprise, 1963)

Johnny Cool (United Artist, 1964)

Salutes the Stars of the London Palladium (Reprise, 1964)

Shelter of Your Arms (Reprise, 1964)

Robin and the seven hoods (Reprise, 1964)

Sammy Davis Jr. sings the Mel Torme's California Suite (Reprise, 1964)

Sammy Davis Jr. sings the Big Ones for Young Lovers (Reprise, 1964)

Golden Boy (Capitol, 1964)

When the feeling hits you: Sammy Davis Jr. meets Sam Butera & The Witnesses (Reprise, 1965)

Our shining hour (Verve, 1965)

If I ruled the world (Reprise, 1965)

The Nat King Cole Songbook (Rerpise, 1965)

Sammy's back on Broadway (Reprise, 1965)

The Sammy Davis Jr. Show (Reprise, 1965)

A man called Adam (Reprise, 1966)

Sounds of' 66 (Reprise, 1966)

Sammy Davis, Jr. Sings and Laurindo Almeida Plays (Reprise, 1966)

That's All! (Reprise, 1967)

Sammy Davis. Jr. sings the Complete "Dr. Doolittle" (Reprise, 1967)

Lonely is the name (Reprise, 1967)

Salt & Pepper (United Artist, 1968)

I've gotta be me (Reprise, 1968)

Sweet Charity (Decca, 1969)

The going's great (Reprise, 1969)

Something for everyone (Motown, 1970)

Sammy steps out (Reprise, 1970)

Sammy Davis Jr. now (MGM, 1972)

Portrait of Sammy Davis Jr. (MGM, 1972)

Sammy (MGM, 1973)

That's entertainment (MGM, 1974)

The song and dance man (20Th Century, 1977)

Stops the world-I want to get off (Warner Bros., 1978)

Sammy Davis Jr. in person 1977 (RCA, 1983)

Closests of friends (Applause, 1984)

Filmografía

Anna Lucasta (1959). Dir: Arnold Laven.

Porgy and Bess (1959). Dir: Otto Preminger.

Ocean's eleven (La cuadrilla de los once, 1960). Dir: Lewis Milestone.

Pepe (Pepe, 1960) Dir: George Sidney.

Sergeants 3 (Tres sargentos, 1962). Dir: John Sturges.

Convicts 4 (Cuatro convictos, 1962) Dir: Millard Kauffman.

Johnny Cool (1963). Dir: William Asher.

Robin and the 7 Hoods (Cuatro gángsters de Chicago, 1964). Dir: Gordon Douglas.

The threepenny opera (1964). Dir: Wolfgang Staudte.

Nightmare in the Sun. (1965). Dir: Marc Lawrence.

A man called Adam (Un hombre llamado Adam, 1966). Dir: Leo Penn.

Salt & Pepper (Sal y Pimienta, 1968). Dir: Richard Donner.

Sweet Charity (Noches en la ciudad, 1969). Dir: Bob Fosse.

One more time (1970). Dir: Jerry Lewis.

Save the children (1973). Dir: Stan Lathan.

Sammy stops the world (1979). Dir: Mel Shapiro.

The Cannonbal run (Los locos del Cannonball, 1981). Dir: Hal Needham.

The Cannonbal run II (Los locos del Cannonball II, 1984). Dir: Hal Needham.

That's Dancing! (Esto sí es bailar, 1985). Dir: Jack Haley Jr.

Moon Over Parador (Presidente por accidente, 1988). Dir: Paul Mazursky.

Tap (Tap dancing, 1989). Dir: Nick Castle

RAT PACK

Discografía (Selección)

Finian's rainbow: Reprise musical repertory theatre (Reprise, 1963)

Guys and Dolls: Reprise musical repertory theatre (Reprise, 1963)

South Pacific: Reprise musical repertory theatre (Reprise, 1963)

Kiss me Kate: Reprise musical repertory theatre (Reprise, 1963)

Robin and the seven hoods (Reprise, 1964)

Eee-o 11. The Best of the Rat Pack (Capitol, 2001)

Christmas with the Rat Pack (Capitol, 2002)

En vivo

Existen numerosas ediciones de tres registros en directo de Frank, Dean y Sammy. Aquí se ofrecen las referencias más populares y accesibles.

The Sands Hotel (Las Vegas), 7 de septiembre de 1963

The Rat Pack Live at The Sands (Capitol, 2001)

Live & Swingin: The Ultimate Rat Pack (Reprise, 2003)

Live at Villa Venice, noviembre de 1962

The Rat Pack Live at the Villa Venice (DVD Audio) (Reprise, 2004)

The Clan in Chicago (Traditional Line, 1994)

A Night On The Town With The Rat Pack (Empire Music, 2003)

On Stage (Phantom, 2004)

Live in St. Louis, 20 de junio de 1965

From Vegas to St. Louis (Snapper Music, 2001)

A Night On The Town With The Rat Pack (Empire Music, 2003)

On Stage (Phantom, 2004)

(Vídeo) *Live & Swingin': The Ultimate Rat Pack* (Reprise, 2003)

Filmografía (Selección)

Some Came Running (Como un torrente, 1958). Dir: Vincente Minnelli.

Ocean's Eleven (Cuadrilla de los once, 1960) Dir: Lewis Milestone.

Pepe (Pepe, 1960). Dir: George Sidney.

Sergeants 3 (Tres sargentos, 1962). Dir: John Sturges.

4 for Texas (Cuatro tíos de Texas, 1963). Dir: Robert Aldrich.

Robin and the 7 Hoods (Cuatro gángsters de Chicago, 1964). Dir: Gordon Douglas.

Marriage on the Rocks (Divorcio a la americana, 1965). Dir: Jack Donohue.

Salt & Pepper (Sal y Pimienta, 1968). Dir: Richard Donner.

One more time (1970). Dir: Jerry Lewis.

The Cannonbal run (Los locos del Cannonball, 1981). Dir: Hal Needham.

The Cannonbal run II (Los locos del Cannonball II, 1984). Dir: Hal Needham.

Índice